Mathias Schneid

Aristoteles in der Scholastik

Ein Beitrag zur Geschichte der Philosophie im Mittelalter

Mathias Schneid

Aristoteles in der Scholastik
Ein Beitrag zur Geschichte der Philosophie im Mittelalter

ISBN/EAN: 9783743390133

Hergestellt in Europa, USA, Kanada, Australien, Japan

Cover: Foto ©Thomas Meinert / pixelio.de

Manufactured and distributed by brebook publishing software (www.brebook.com)

Mathias Schneid

Aristoteles in der Scholastik

Aristoteles in der Scholastik.

Ein Beitrag

zur

Geschichte der Philosophie

im Mittelalter

von

Dr. Math. Schneid,
Professor der Philosophie am bisch. Lyceum.

Eichstätt.
Verlag der Krüll'schen Buchhandlung (H. Hugendubel).
1875.

Druck der C. Fr. Meyer'schen Buchdruckerei (Löper & Schaff) in Weissenburg.

Vorwort.

Nicht blos die Natur kennt Umwälzungen, welche ihre Gebilde entweder vernichten oder tief im Staube begraben, auch das Leben des Geistes wird von solchen Revolutionen heimgesucht. Eine solche Revolution für das wissenschaftliche Leben war die Völkerwanderung. Die Völkerwanderung und der damit verknüpfte Umsturz alles Bestehenden zerstörte die aufkeimende christliche Cultur. Die Schulen veröbeten, die classische Sprache verstummte, die Werke der großen Geister geriethen in immer größere Vergessenheit, der nur wenige Bruchstücke der alten Bildung, nur wenige Blätter der griechischen und lateinischen Weisheit zu entrinnen vermochten. Die wissenschaftliche Tradition war völlig unterbrochen; Jahrhunderte lang sah sich das Abendland der alten Civilisation und ihres erziehenden Einflusses beraubt. Erst das 13. Jahrhundert hat diesen Riß und diese Kluft in der menschlichen Geistesentwicklung ausgefüllt. Es hat die Schätze griechischer Weisheit, die ihm von den Arabern und von Constantinopel her zuströmten, sowie die Gedanken der Väter in sein Wissen aufgenommen und dadurch die Continuität der Wissenschaft wieder hergestellt und einen wahren Fortschritt der Bildung und des Wissens angebahnt.

Noch einmal hat eine ähnliche Umwälzung im Reiche der Wissenschaft stattgefunden. Der Protestantismus und der ihm verwandte Humanismus hätten sich in der Strömung der alten Wissenschaft unmöglich behaupten können. Die Anerkennung der mittelalterlichen Wissenschaft durch sie wäre eine Verurtheilung der eigenen Existenz gewesen. Das Erste, was sie deßhalb thaten, war, daß sie das ganze mittelalterliche Leben und Denken im Staube begruben und auf neuem Boden ein neues Wissens= gebäude aufzuführen versuchten. Unabhängig von der geistigen Entwicklung der ganzen Vergangenheit, der heidnischen wie christlichen, suchte jeder auf eigene Faust und nach eigener Originalität sein wissenschaftliches Haus zu bauen. Der Riß und Bruch mit der Vergangenheit war noch größer als vor dem 13. Jahrhunderte.

Nachdem all die Versuche, auf einem neuen Princip die geistige Welt aufzubauen, elendiglich Fiasko gemacht, fühlt man das Bedürfniß lebhaft, mit der Vergangenheit wieder anzu= knüpfen Aber man glaubt, daß diesem Bedürfniß Genüge geschehen sei, wenn man die großen Geister des Heidenthums wieder auferweckt, wenn man die Weltanschauung eines Plato und Aristoteles wieder in unser Geistesleben einführt. Das ganze Mittelalter soll begraben bleiben. Und warum? Weil es keine eigene Wissenschaft besitzt, weil die Jahrhunderte, welche man mit Scholastik bezeichnet, nur von fremden Gedanken ge= lebt. Diese und ähnliche zahllose Vorurtheile thürmen sich wie Berge vor der mittelalterlichen Wissenschaft auf. Die Schriften des Plato und Aristoteles kannte man vor dem 13. Jahrh. nicht, weil man sie nicht besaß. Das Hinderniß war ein phy= sisches. Die Folianten eines Albertus Magnus und Thomas besitzen wir in unseren Bibliotheken, aber wir kennen sie nicht, weil Lüge und Vorurtheil sie zutiefst der Vergessenheit anheimgegeben haben. Das Hinderniß für die Continuität

mit dem mittelalterlichen Wissen ist ein moralisches und darum
viel schwerer zu heben.

Wir stimmen mit Trendelenburg vollkommen überein,
wenn er schreibt: „Es muß das Vorurtheil der Deutschen auf=
gegeben werden, als ob für die Philosophie der Zukunft noch
ein neu formulirtes Princip müsse gefunden werden. Das
Princip ist gefunden; es liegt in der organischen Weltan=
schauung, welche sich in Plato und Aristoteles gründete, sich
von ihnen her fortsetzte und sich in tieferer Untersuchung der
Grundbegriffe sowie der einzelnen Seiten und in Wechselwirkung
mit den realen Wissenschaften ausbilden und nach und nach
vollenden muß." *) Ja, das Prinzip ist gefunden; die groß=
artige und weitangelegte Weltauffassung des Stagiriten ist es,
zu der wir zurückkehren müssen. Aber nicht stimmen wir mit
dem Berliner Aristotelifer überein, wenn er glaubt, daß die
organische Weltauffassung des Plato und Aristoteles im Mittel=
alter sich nicht fortsetzte. Im Gegentheile, wir sind der festen
Ueberzeugung, daß das einheitliche und universale Wissens=
system der sokratischen Schule sich unter den Händen der scho=
lastischen Lehrer fortgesetzt, vertieft und wesentlich entwickelt
hat. Der Menschengeist hat im Mittelalter nicht geschlafen, er
hat rüstig weiter gearbeitet in der Erforschung der Wahrheit
und gerade im Sinne des peripatetischen Systems hat er
weitergebaut.

Den Beweis für diese unsere Behauptung soll die vor=
liegende Schrift geben. Sie soll einen Hauptirrthum, ja die
Quelle aller Vorurtheile gegen die Scholastik beseitigen helfen,
indem sie nachweist, daß die scholastischen Lehrer, obwohl Peri=
patetiker, sich der Autorität des „Philosophen" nicht gefangen
geben, sondern frei und selbstständig sich bewegen und eine
eigene Philosophie besitzen.

---

*) Logische Untersuchungen, 3. Aufl. Leipzig 1870, Vorw. p. IX.

Möge dieser schwache Versuch, dessen Mängel wir wohl fühlen, ein Scherflein beitragen, auf daß auch in unseren Tagen, wie im 13. Jahrhundert, die wissenschaftliche Tradition wieder hergestellt werde. Gehen wir, um abermals an ein Wort Trendelenburg's anzuknüpfen, gehen wir mit der Geschichte und verfolgen wir „die Entwicklung der großen Gedanken in der Menschheit", aber verfolgen wir sie nicht blos bis zum Mittelalter, sondern auch im Mittelalter. Nur so wird die Continuität eine wahre sein, und die Philosophie zum Besitze des ganzen menschlichen Wissens aller Jahrhunderte gelangen — sie wird wieder zur Weltweisheit werden.

Eichstätt, den 30. Juli 1875.

Einleitung.

Viele und schwere Vorwürfe und Anklagen hat man gegen die mittelalterliche Wissenschaft erhoben. Die Hauptanklage, um die sich alle anderen gruppiren, ist die des **Aristotelismus**. Wie die Väter blinde Anhänger des Plato gewesen, so habe die Philosophie des Stagiriten die Scholastiker beherrscht. Die vollständige Herrschaft der aristotelischen Philosophie sei der Grund, warum der philosophische Gedanke im Mittelalter keine Fortschritte gemacht, warum dasselbe keine selbstständige Philosophie besitzt. Und nicht blos das; die sklavische Hingabe an Aristoteles habe auch die christliche Wahrheit tief geschädigt. Durch die Vermengung der heidnischen Philosophie mit den Offenbarungswahrheiten sei der Same zu all den späteren Irrthümern und Häresien ausgestreut worden; der Rationalismus, wie der Pantheismus hätten in ihr die Quelle.

Diese Anklage des Aristotelismus gehört nicht erst der neueren Zeit an. Schon zur Blüthezeit der Scholastik haben einige an Albert d. Gr., dem heil. Thomas und anderen Lehrern getadelt, daß sie in Behandlung der Dogmen die aristotelische Philosophie gebrauchen und dadurch das Ansehen der Theologie verdunkeln. Allgemein wurde dieser Vorwurf jedoch erst im 15. Jahrhundert gemacht. Die Platoniker und Aristoteliker der Renaissance, wie Gemisthus Pletho, Ficinus, Franz Picus von Mirandula, Laurentius Valla, Nizolius, Ramus, Pomponatius, Cäsalpinus und ihre zahlreichen Anhänger begannen den heftigsten Kampf gegen die Scholastik.*) Außer vielen anderen Vorwürfen, die der peripatetischen Schule ob ihrer barbarischen

---

*) Cf. Werner, der heil. Thomas v. Aquin III. Bd. p. 466 ff.

Sprache und ihres Formelkrames gemacht wurden, kehrte ganz beson=
ders der immer wieder, daß sie den Plato und alle wissenschaftliche
Tradition verschmäht habe und sklavisch dem Aristoteles gefolgt sei, dessen
Schriften die Peripatetiker zum größten Theil unecht und verfälscht
besessen. Die Leidenschaft und Gehässigkeit, mit der dieser Kampf ge=
führt wurde, möge man aus den gemeinen Beschimpfungen ersehen,
die den Thomisten und Skotisten fast in jedem Werke angethan wer=
den. Sie heißen „meri imitatores ac vere servum pecus," „ver-
veces aut juvenci omnis judicii ac rationis expertes ducuntur ad
lanienam," oder „quos nemo vere doctus neque docti viri neque
philosophi nomine dignos arbitratur." *)

Vom Humanismus erbte der Protestantismus den Haß gegen
die peripatetische Schule. Bekannt sind die Schmähungen Luthers über
Aristoteles als „den unverschämtesten Verläumder und schlauesten Be=
trüger des Geistes, der die Kirche solange mit der griechischen Larve
geäfft hat". Die spätere protestantische Wissenschaft hat wohl die
aristotelische Philosophie milder beurtheilt, aber den Vorwurf hat sie
nicht zurückgenommen, daß durch sie im Mittelalter die christliche
Lehre sehr corrumpirt worden.

Der Vater der neueren Philosophie ist Cartesius. Aber wer weiß
nicht, daß das Charakteristikum dieser Philosophie im Gegensatze zur
alten Schule besteht? Cartesius will die Wissenschaft vom Grund aus
neu construiren; er will neue Principien gewinnen. Und warum?
weil die falschen Principien des Aristoteles so sehr alle vorausgehende
Wissenschaft occupirt hätten, daß auch die wenigen Gegner des Ari=
stoteles nicht zu gesunden Lehren haben kommen können; er wolle
die Wissenschaft von der Diktatur und Tyrannei des Stagiriten be=
freien. In seiner Geringschätzung der Scholastik verstieg er sich so
weit, daß er jene für die Geeignetsten zur Philosophie erklärte, die
am wenigsten von dem wüßten, was bis jetzt als Philosophie gelehrt
worden. **) Wer die Bedeutung und weite Verbreitung der cartesiani=

---

*) Aus dem Werke des Nizolius „Antibarbarus seu de veris principiis et
vera ratione philosophandi contra pseudophilosophos". Noch heftiger schmähen
und lästern diese Humanisten gegen die Averroisten in Oberitalien. Der Commen=
tator wird mit den gemeinsten Ausdrücken überhäuft. Man lese die Schrift von
Vives „de causis corruptarum artium".

**) Unde concludendum est, eos qui quam minimum didicerunt eorum

schen Schule im 16. und 17. Jahrhundert kennt, der kann sich erklären, wie es in der Geschichte der Wissenschaft zu einem Axiom werden konnte, daß das Mittelalter nur blinder Aristotelismus gewesen. Die mit Luther verwandte Lehre des Bajus und Jansenius, daß der Geist durch die Erbsünde alle Fähigkeit für das Wahre und Gute verloren habe, führte beide zu derselben Verwerfung der aristotelischen Philosophie und zu denselben Invektiven. Im zweiten Bande seines Augustinus widmet Jansenius ein ganzes Buch zur Begründung der Klage, daß die kirchlichen Lehrer die falsche Philosophie des Aristoteles in die Theologie aufgenommen und dadurch alles Verständniß für den Glauben verloren hätten.

Es darf uns nicht wundern, wenn wir bei den Geschichtschreibern der Philosophie im vorigen Jahrhundert dieselbe Anklage als ausgemacht überliefert finden. Brucker handelt in einem eigenen Paragraphen seiner Historia critica philosophiae von der „Ἀριστοτελομανία" der Scholastiker. Von dem hl. Thomas schreibt er: .... mancipii instar servire Stagiritae coactus est et veritatem quoque illi tyranno servire coëgit.*) In ähnlichen Epitheta drücken Tiedemann, Tennemann und andere das Verhältniß der Peripatetiker zu Aristoteles aus. Obwohl Buhle viele Werke der Scholastik aus eigenem Studium kennt und kritischen Blick besitzt, so konnte er sich doch nicht über das Vorurtheil seiner Zeit erheben. Auch er redet an vielen Stellen von „blinder Anhänglichkeit" an den Fürsten der Peripatetiker. Die große Gelehrsamkeit des Albertus Magnus ist ihm „bloß Sammlerfleiß"; „ein eigenes philosophisches oder theologisches System hatte er nicht.... Auch einen originalen Plan der Behandlung und Ausführung einer philosophischen Disciplin oder einzelnen Materie trifft man in keiner Schrift des Albertus an. Er ist entweder bloßer Commentator eines aristotelischen Buchs oder Compilator dessen, was dieser und jener seiner Vorgänger über irgend einen Gegenstand behauptet und gemeint hatten, wobei die Reflexionen, welche er einstreut, nicht nur sehr sparsam, sondern auch gewöhnlich sehr unbedeutend sind."**)

Leibniz ist der erste, der entschieden eintrat für Aristoteles und

---

omnium, quae hactenus nomine philosophiae insigniri solent, ad veram percipiendam quam maxime esse idoneos. Op. philos. in praef. Amstelod. 1677.
*) Tom. III. period. II. p. III. l. II. c. 3.
**) Geschichte der Philosophie Bd. I. p. 857 u. a. O.

die Scholastik und zum Studium der letztern aufforderte. Aber wie in manch andern Punkten, so verhallte auch hierin sein Wort ungehört. Erst die eklektische Schule in Frankreich hat, wie sie die Werke der mittelalterlichen Lehrer der Vergessenheit entrissen, so auch die Verdienste derselben vielfach anerkannt. Wir erwähnen die Leistungen des Viktor Cousin und seiner Schüler Hauréau, Michelet, Rousselot, Janet, Rénan und anderer, die sich hierin ihnen anschlossen, wie Jourdain, Montet, Huet, Barthélemy=St. Hilaire. Aber trotz der Anerkennung, welche sie der Scholastik zollen und der Lobsprüche, mit denen sie besonders einzelne Lehrer überhäufen, kehrt doch bei allen mehr oder weniger der Vorwurf wieder, daß die mittelalterliche Philosophie zu sehr von Aristoteles sich abhängig gemacht habe. Diese Abhängigkeit ist nach Cousin so groß gewesen, daß wenig gefehlt hat, und Aristoteles wäre von der Kirche canonisirt worden.*) Rousselot drückt sich in seinen Studien über den hl. Thomas folgendermaßen aus: „S. Thomas est un homme du passé en philosophie, il marche aveuglément sur les pas d'Aristote et des Arabes surtout."**)

Zu denjenigen, welche die Scholastik günstiger beurtheilen, gehört ganz besonders Ritter. Er erklärt die Anklage des Servilismus der Scholastik für „eine Fabel alter Unwissenheit",***) die er durch seine geschichtliche Darstellung der mittelalterlichen Philosophie „gründlich gehoben zu haben glaube". Er spricht von Freiheit und Selbstständigkeit der Forschung im Mittelalter. Ganz besonders hoch steht ihm Albertus Magnus, dessen Fleiß, umfassende Gelehrsamkeit und Selbstständigkeit der Forschung er nicht genug zu rühmen weiß. Er hat sich nicht von der Auktorität des Aristoteles „fortreißen lassen"; „er weiß, was von ihr gebraucht werden kann, was zu verwerfen ist."†) Aber dafür, daß Ritter die scholastischen Lehrer von der Anklage blinder Anhänglichkeit lospricht, macht er ihnen einen andern nicht minder schwer wiegenden Vorwurf. Die Aufgabe, welche die mittelalterliche Wissenschaft zu lösen suchte, ist nach ihm eine theologische; sie suchte die verschiedenen theologischen Lehren in ein System zu bringen. Zu diesem Systeme benützten die scholastischen Lehrer den Aristoteles als

---

*) Cours de l'hist. de la Philos.
**) Études sur la philos. du moyen âge, introd. Paris 1841.
***) Geschichte der Philos. Bd. 7 in der Einleitung.
†) Das. Bd. 8 p. 185 u. a. O.

Mittel und Folie, weßhalb sie bereitwillig von ihm abwichen, wo er dem Glauben entgegen war. Die Peripatetiker studirten Aristoteles nicht aus Liebe zur philosophischen Forschung, sondern lediglich um durch ihn das weltliche Wissen dem Glauben dienstbar zu machen. Wie die Kirche damals alle weltliche Macht und alle irdischen Dinge sich zu unterwerfen strebte, so sollte auch alles weltliche Wissen der Theologie dienen. Diese Einseitigkeit ist Ursache, warum wir bei den scholastischen Theologen keine freie Wissenschaft und überhaupt keine philosophische Fortbildung und selbstständige Forschung finden. Diese Aufnahme der aristotelischen Philosophie in die Theologie ist nach Ritter sogar ein Hauptgrund des Verfalles der Scholastik, wie sie auch Ursache ist, daß in dieser Zeit die Naturwissenschaft und die Kunst so sehr vernachlässigt wurden. So nimmt Ritter wieder mit vollen Händen, was er der alten Wissenschaft zurückerstattet hat. *) Diese und ähnliche Beschuldigungen finden wir bei manch andern Forschern der Neuzeit, die der Scholastik wohlgesinnter gegenüberstehen, wie bei dem verdienstvollen Jourdain, Erdmann **) u. dergl. Dort hätten sie Aristoteles verlassen, wo das Dogma entgegenstand; sonst nicht. Nicht selten lassen sie durchblicken, daß die Scholastiker mitunter auf Kosten der Wahrheit den Aristoteles zum Zeugen der Glaubenslehren gemacht, wie sie auch spöttisch auf die Consequenz der Kirche aufmerksam machen, die bald den Aristoteles verboten, bald dessen Studium befohlen habe.

Die katholischen wissenschaftlichen Richtungen der neuen und neuesten Zeit machen hievon nicht nur keine Ausnahme, sondern übertreffen mitunter die anderer Gegner der Scholastik an Heftigkeit und Maßlosigkeit. Die Schmähungen eines Hermes, Hirscher und Günther wider die alte Schule können nur mit denen der Platoniker und Humanisten im 15. Jahrhundert verglichen werden. Günther singt das Lied „von der Herrschaft des antiken Begriffs" in all seinen Werken alle Tonarten hindurch. Die Ontologisten in Italien, wie Gioberti und Rosmini, bleiben nicht zurück. Besser denken ihre Gesinnungsgenossen in Belgien und Frankreich von der thomistischen Schule, weil sie in

---

*) Geschichte der Philosophie Bd. 7. p. 122 ff. 154. 166 u. a. O. Ritter besitzt für das katholische Wesen zu wenig Verständniß, um den Leistungen der katholischen Wissenschaft im Mittelalter vollständig gerecht werden zu können.

**) Grundriß der Geschichte der Philosophie Bd. I. p. 412 u. a. O.

der Lehre des hl. Thomas ihr System finden wollen. Daß der Traditionalismus, welcher der Vernunft jede höhere Erkenntniß abspricht, es für das größte Unglück halten muß, daß die Lehrer des Mittelalters den Heiden Aristoteles in die Theologie aufgenommen und dadurch letztere dem Rationalismus überantwortet haben, versteht sich von selbst. Einzeln stehende katholische Forscher, wie Dischinger, Frohschammer, Michelis, W. Rosenkrantz,*) N. Thömes **) und andere klagen in nicht minder starken Ausdrücken die Scholastiker des Aristotelismus an. Dem Dischinger ist zwar „der hl. Thomas sowohl als positiver, als auch als spekulativer Theologe groß und er bleibt ein Muster für den wissenschaftlichen Ernst, wie die Theologie behandelt werden soll", aber seine „spekulativen Principien, welche er mit geringer Modifikation aus Aristoteles schöpfte, sind disharmonisch und unhaltbar, obwohl Thomas die groben Irrthümer gegen die Kirchenlehre, welche aus den falschen Principien des Aristoteles fließen, in den Consequenzen abzuschwächen bemüht ist".***) In ähnlicher, nur schärferer Weise äußert sich Frohschammer an vielen Stellen seiner Werke, und in noch höherem Grade Michelis. Dieser wirft der Scholastik nicht blos Aristotelismus vor, sondern arabischen Aristotelismus. Die scholastische Philosophie und Theologie habe sich auf dem durch die Araber corrumpirten Aristoteles aufgebaut. „Diese Herrschaft des arabischen Aristotelismus in der kirchlichen Philosophie und Wissenschaft würde auch jetzt noch, wenn auch nur scheinbar aufrecht erhalten, zu einem unabsehbaren Uebel für die Kirche und ihre wahre Aufgabe in der Menschheit werden." †)

Dieß ist die Auffassung vom Verhältniß des Aristoteles zur mittelalterlichen Wissenschaft, die sich fast unbestritten seit dem 15. Jahrhundert in der Geschichte der Philosophie fortpflanzt. Und diese Auf-

---

*) „Wissenschaft des Wissens" und „Principien der Theologie" an verschiedenen Stellen.

**) Divi Thomae Aquinatis opera et praecepta, quid valeant ad res ecclesiasticas politicas sociales. Berolini 1875. An vielen Stellen schreibt Thömes das Mangelhafte der thomistischen Doktrin der allzugroßen Hingabe an Aristoteles zu, z. B. p. 72.

***) Die spekulative Theologie des hl. Thomas v. Aquin. Landshut 1858 in der Vorrede.

†) 50 Thesen über die Gestaltung der kirchlichen Verhältnisse der Gegenwart. Leipzig 1868. These 27—33.

fassung ist noch nicht das Schlimmste; noch mehr zu beklagen ist, daß sie Ursache ist, daß die Werke der alten Lehrer so wenig studirt werden. Wie sollte man auch Mühe und Eifer einer Wissenschaft zuwenden, die für nichts anderes gilt als für eine armselige und schlecht gelungene Copie aristotelischer Irrthümer? Und wenn sich trotzdem mitunter solche finden, welche sich dieser Mühe unterziehen, so gehen sie mit Vorurtheilen an das Studium und lesen nicht selten das aus den alten Werken heraus, was sie hineingetragen. Solange man die Peripatetiker des Mittelalters als Nachbeter aristotelischer Theorien ansieht, ist eine gerechte und vollständige Würdigung ihrer Wissenschaft unmöglich.

Es haben wohl zu jeder Zeit einzelne gewiegte Männer sich gegen diese Anklagen erhoben, aber sie haben es nur gethan an einzelnen Stellen ihrer Werke. So haben in neuester Zeit Kleutgen, Stöckl, Sanseverino und andere die alten Lehrer in Schutz genommen und vertheidigt, aber mit Ausnahme einer jüngst erschienenen italienischen Schrift*) wüßten wir kein Werk, das speciell die Stellung des Aristoteles in der Scholastik behandelt. Wir haben deßhalb den Versuch gewagt, in einer eigenen Schrift den Einfluß und die Stellung des Stagiriten in der Scholastik zu behandeln, um zu zeigen, daß die alten Lehrer nichts weniger als sklavische Anhänger aristotelischer Lehren gewesen. Wir glaubten diesen Zweck am besten dadurch zu erreichen, wenn wir im ersten Theile unserer Schrift die **Gründe angeben, welche die Scholastiker bewogen, den Aristoteles mehr als einen andern Philosophen zu studiren**, und im zweiten darthun, **welchen Gebrauch sie von der aristotelischen Lehre machen**. Die Werke der Scholastiker selber sollen uns die Antwort auf die beiden Fragen geben.

---

*) L'Aristotelismo della Scolastica nella storia della philosophia, considerazione critiche per Salv. Talamo. Napoli 1873. Das Werk ist ein Abdruck von sehr gediegenen Artikeln, die in der philosophischen Zeitschrift „la scienza e la fede" erschienen sind. Wir werden öfters auf diese fleißige Arbeit verweisen.

I. Abschnitt.

Die Gründe, welche die Scholastiker zum Studium der aristotelischen Philosophie veranlaßten.

Es ist eine gewöhnliche Ansicht, daß die scholastischen Lehrer aus keinem anderen Grunde mit solchem Eifer der aristotelischen Philosophie sich hingaben, als beßwegen, weil sie damals das ganze wissenschaftliche Leben beherrschte. Der Strudel der allgemeinen Begeisterung für Aristoteles habe auch die mittelalterlichen Lehrer mit fortgerissen. Gerade das Gegentheil ist wahr. Die allgemeine Begeisterung für Aristoteles und zwar für den corrupten arabischen Aristoteles war zu einer großen Gefahr für das Abendland geworden. Um diese Gefahr abzuwenden und den falschen Aristotelismus zu bekämpfen, studirten sie die aristotelische Philosophie. Das war ihr erster Beweggrund. Der zweite Grund lag in der wissenschaftlichen Aufgabe, welche die Scholastiker zu lösen hatten. Sie sollten die christliche Wahrheit in ein System bringen und das reiche Material, das die Väter und die späteren Jahrhunderte aufgehäuft, zu einem harmonischen Ganzen einen, und dazu hielten sie die Philosophie des Stagiriten vor jeder andern brauchbar.

Um diese beiden Gründe vollständig würdigen zu können, müssen folgende Punkte behandelt werden: 1. der arabische Aristotelismus und seine Verbreitung im Abendlande; 2. die kirchlichen Verbote gegen denselben; 3. der Kampf der Scholastiker gegen den arabischen Aristotelismus; 4. die Franziskaner und die arabische Philosophie; 5. die wissenschaftliche Aufgabe des 13. Jahrhunderts und die Brauchbarkeit des Aristoteles zu derselben.

1. Der arabische Aristotelismus und seine Verbreitung im Abendlande.

Unter den Abbassiden, besonders unter dem Chalifen Al-Mamum, fand die aristotelische Philosophie Eingang bei den Arabern. Syrische Christen, besonders Nestorianer, waren es, die diese Bekanntschaft vermittelten. Sie dienten theils als Aerzte bei den Arabern, theils suchten sie Schutz für ihre religiösen Ansichten. Sie übersetzten jedoch den Aristoteles nicht aus dem Griechischen in das Arabische, sondern zuvor in das Syrische und dann in das Arabische; nur wenige Uebersetzungen wurden unmittelbar aus dem Griechischen in's Arabische gefertigt.*) Die aristotelische Philosophie gelangte bei den Arabern im 9. und 10. Jahrhundert zu großem Aufschwung. Außer Alkendi und Alfarabi ist es ganz besonders Avicenna, der die Philosophie des Stagiriten in großem Maßstabe adoptirte. Die Chalifen förderten sie und errichteten ihr Schulen. Wie später die Jugend zu Tausenden nach Paris und Bologna zog, so pilgerte man damals in Schaaren zu den Schulen von Aegypten und besonders nach Bagdad.**)

Zu noch größerer Blüthe gelangte die arabische Philosophie gegen Ende des 11. Jahrhunderts in Spanien unter Hakem II. Hier ist es Averroës (Ibn Roschd), dem sie ihren Höhepunkt verdankt. Averroës, ein abgöttischer Verehrer des Aristoteles, verfaßte außer vielen anderen philosophischen und medicinischen Schriften fast zu allen Werken des Stagiriten mehrfache Commentare. Große Berühmtheit erlangte sein „großer Commentar", in dem er mit Scharfsinn und Aufwand von großer Gelehrsamkeit die aristotelischen Werke exponirte. Doch kannte auch Averroës den Aristoteles nicht aus dem Urtexte, sondern aus arabischen Uebersetzungen, die selber wieder, wie schon bemerkt, von syrischen sich herleiteten.

Der Umstand, daß Averroës, wie die übrigen arabischen Philosophen, den Aristoteles aus dritter Hand empfing, läßt begreifen, daß zwischen dem arabischen Aristoteles und dem griechischen ein großer Unterschied besteht. Dazu kommt noch, daß die aristotelische Philosophie nicht unverfälscht zu den Arabern gelangte, sondern in neuplatonischem Gewande. Wir finden deßhalb bei den arabischen Philosophen alle Grundlehren eines Plotin und Porphyrius. Sie lehren insgesammt die Emanation aller Wesen aus Gott, die Ewigkeit der Welt, die Erleuchtung aller Menschen durch den intellectus separatus, das Fatum u. s. w. Mit Recht definirt darum Rénan die arabische Philosophie als einen Aristotelismus, der von neuplatonischen Ideen influenzirt

---

*) Averroës et l'Averroisme par E. Rénan. Trois. édit. Paris 1866. p. 51.
**) Recherches critiques sur les anciennes traductions latines d'Aristôte par A. Jourdain. Paris 1843. p. 89 ff.

ist — c'est la doctrine d'Aristôte modifiée par l'influence de certaines théories neoplatoniciennes.*)

Der Gegensatz zwischen dieser Philosophie und den Lehren des Koran liegt auf der Hand. Die Philosophen suchten diesen Gegensatz damit auszugleichen, daß sie in der Religion eine doppelte Wahrheit enthalten wähnten: eine buchstäbliche oder im Wortlaute enthaltene, welche für das gewöhnliche Volk gehöre, und eine tiefere, durch die bildliche Darstellung verhüllte, für den Weisen oder Philosophen. Weil aber dieser Ausweg den offenen Widerspruch zwischen Religion und Philosophie nicht immer zu heben vermochte, so nahmen sie zu dem neuplatonischen Satze ihre Zuflucht, daß solche religionswidrige Lehren nur auf dem Standpunkte der Vernunft berechtigt wären, nicht aber auf dem des Glaubens. Bei so ausgesprochener Religionsfeindlichkeit darf es uns nicht Wunder nehmen, wenn die Philosophen bei den Arabern verhaßt waren; sie erschienen ihnen als Religionslose und Feinde der religiösen Uebungen. Die Araber in Spanien trieben mit großem Eifer alle Arten von Wissenschaft mit Ausnahme der Philosophie und Astronomie, die sie haßten. Wollte ein Sultan sich populär machen, so verfolgte er die Philosophen. Auch den Averroës und viele mit ihm trieb dieser Haß in die Verbannung. Die Abneigung der Muselmänner gegen die Philosophie mag auch der Hauptgrund sein, warum die arabischen Philosophen ihre eigenen philosophischen Ansichten in die Commentare und Bearbeitungen anderer Philosophen niederlegen; sie durften dieselben nicht ohne Gefahr als die ihrigen ausgeben. So dürfte es auch gekommen sein, daß sie ihre neuplatonische Lehre dem Aristoteles unterschoben und denselben in ihrem Sinne interpretirten.**)

Die schon erwähnte Abneigung der Araber gegen die Philosophie verursachte, daß Averroës bei seinen Landsleuten wenig Anhänger***) fand, desto mehr aber fand er bei den Juden. Ihr größter Philosoph Maimonides kann mit Recht der zweite oder jüdische Averroës genannt werden. Er wußte die Juden für die averroistischen Lehren so zu begeistern, daß, wie Wilhelm von Auvergne bemerkt, †) es

---

*) Dictionaire des sciences philosophiques, t. III. art. Ibn-Roschd.
**) Rénan, op. c. p. 57 ff.
***) Ibid., op. c. p. 40.
†) De leg. c. 1. Postquam Caldais sive Babyloniis et genti Arabum commixti sunt (Judaei), miscuerunt se studiis eorum et philosophiae et se-

unter den der Herrschaft der Sarazenen unterworfenen Juden kaum einen einzigen gab, der von denselben nicht inficirt gewesen. Die jüdischen kirchlichen Behörden führten einen heftigen Kampf gegen Maimonides und seine Anhänger; sie verdammten ihre Schriften und excommunicirten ihn und seine Schüler. Der hundertjährige Kampf endigte mit einem vollständigen Sieg der Philosophie; das Judenthum wurde zum Träger des Rationalismus — elle (victoire) eut pour résultat de faire du peuple juif le principal représentant du rationalisme durant la seconde moitié du moyen âge. *) Durch die Juden, nicht durch die Araber, wurde Averroës als der größte und berühmteste Philosoph gefeiert; ihnen galt er als die anima und intelligentia Aristotelis. Die Werke des Ibn Roschd wurden im 13. und besonders im 14. Jahrhundert unzählige Mal in's Hebräische übersetzt. Es entstanden förmliche Uebersetzerfamilien. Unter diesen Uebersetzern finden sich mehrere, die im Auftrage und mit reichlicher Unterstützung Friedrich II. arbeiteten. Die Werke des Averroës wurden bei den Juden commentirt und studirt und zum Unterrichte benützt, wie bei den Arabern und Scholastikern der Stagirite. Seine Schriften gelten ihnen geradezu als aristotelisch, während die eigentlichen aristotelischen Werke bei ihnen wenig gekannt sind. **)

Bedenkt man nun, daß die Juden schon damals den Handel von Spanien, Frankreich, Italien und auf dem ganzen Mittelmeere besorgten, daß sie wegen ihrer Kenntniß in den Sprachen und Wissenschaften überall gesucht und zum Unterricht benützt wurden (in Anba-

---

cuti sunt opiniones philosophorum, nescientes legis suae credulitates.... Hinc est, quod facti sunt in lege erronei et in fide ipsius Abrahae haeretici, maxime postquam regnum Sarracenorum diffusum est super habitationem eorum. Exinde enim aeternitatem mundi et alios Aristotelis errores secuti sunt multi eorum. Hinc est quod pauci veri Judaei, hoc est, qui non in parte aliqua credulitatis suae Sarraceni sunt aut Aristotelicis consentientes erroribus in terra Sarracenorum inveniuntur de his, qui inter philosophos commorantur.

*) Rénan p. 183.
**) Dieß ist der Grund, warum der arabische Text des Averroës so selten geworden, während die hebräischen Uebersetzungen zu Hunderten in unseren Bibliotheken sich finden. Rénan, op. c. p. 84. Für die Kenntniß der arabischen Philosophie ist deßhalb die hebräische Sprache nothwendiger, als die arabische. Ibid. p. 185.

lusien und in vielen Städten Frankreichs bestanden stark besuchte Akademien und Schulen, die von Juden geleitet wurden), daß sie wegen ihres Geldes an den Höfen der Fürsten gern gesehen wurden: so läßt sich erklären, wie schnell und leicht die arabische Philosophie allüberall im Abendlande Eingang fand.

Noch mehr als den Juden verdankt die arabische Philosophie ihre weite Verbreitung und ihren tiefgreifenden Einfluß auf alle Verhältnisse dem Hohenstaufenkaiser Friedrich II. Selber Muselmann in Sitte, Einrichtung und Denkweise, machte er seinen Hof zum Centrum der arabischen Weisheit. Er selbst kannte arabisch und hatte die arabische Philosophie studirt; seine Umgebung war aus Muselmännern und Juden zusammengesetzt. Auch die Söhne des Averroës sollen eine Zufluchtsstätte an seinem Hofe gefunden haben. Wer immer mit seiner Religion und dem Papste zerfallen war, der war bei ihm gut aufgenommen.*) Mit sehr vielen jüdischen und arabischen Gelehrten stand er in Briefwechsel. Sein Streben ging darauf hinaus, mit Hülfe der averroistischen Lehren die kirchliche Wissenschaft von den Hochschulen seines Reiches zu verdrängen und dem Rationalismus und muhamedanischer Sitte Eingang zu verschaffen. Zu diesem Zwecke ließ er durch Michael Skotus,**) den Liebling am Hohenstaufenhofe, die Werke des Averroës und anderer arabischer Autoren in's Lateinische übersetzen und diese Uebersetzungen an den Universitäten seines Reiches, besonders in Italien, verbreiten. Außerdem arbeiteten an seinem Hofe in Sizilien Sarazenen und Juden an ähnlichen Uebersetzungen. Das Werk des Vaters setzte mit gleichem Eifer der Bastarde Manfred in Italien fort. Er ließ wiederholt durch Hermann

---

*) Les gens de mauvais aloi affluaient à cette cour. On y voyait des eunuques, un harem, des astrologues de Bagdad avec de longues robes et des juifs richement pensionnés par l'empereur pour traduire les ouvrages de science arabe. Ibid. p. 288. Cf. Raumer, Geschichte der Hohenstaufen, Bd. III, 7. Buch.

**) Rénan p. 205 ff. Nach Jourdain hat Friedrich keine neue Uebersetzung der aristotelischen Werke besorgen lassen. Michael Skotus hat seine Uebersetzungen des Aristoteles zu Toledo vollendet c. 1217; erst später kam er an den Hof Friedrichs nach Sicilien und übersetzte dort verschiedene Werke aus dem Arabischen in's Lateinische. Jourdain, recherches sur les anciennes traductions latines d'Aristôte. Paris 1843. chap. III. §. 14.

den Deutschen*) die Werke des Averroës in's Lateinische übersetzen und damit die Schulen beglücken. So wurden bald nach Beginn des 13. Jahrhunderts die arabischen Philosophen, namentlich die Commentare des Ibn Roschd, bei den Lateinern bekannt und bis zur Mitte desselben Jahrhunderts waren fast alle Werke des Averroës und Aristoteles aus dem Arabischen in's Lateinische übersetzt und allüberall verbreitet. **)

Der Same, den die Juden und Hohenstaufen ausstreuten, trug gar bald traurige Früchte. Die arabische Wissenschaft brachte einen ungeheuern Schatz von Kenntnissen in's Abendland; ein neues ungeahntes Wissensfeld eröffnete sich, das außerordentliche Vortheile für Wissenschaft und Cultur versprach. Die Begeisterung und Bewunderung für die neuen Lehren und der Wissenstrieb wurde auf das höchste gesteigert. Viele verschlangen diese Lehren, wie W. v. Auvergne, ein Zeitgenosse, schreibt, ***) ohne sie nur zu untersuchen; man nahm sie einfach an und hielt sie für ausgemacht wahr. Getragen von der Kaisermacht fand dieser Pseudo-Aristotelismus überall Eingang, selbst an Hochschulen, welche bisher als Hauptbollwerke des Glaubens und der Sitte gegolten. An der Universität Paris gab es in der Artisten-Fakultät nicht wenige Lehrer, die dem Averroismus leidenschaftlich huldigten und ihrem Unglauben offen vor ihren Schülern Ausdruck gaben. Wir werden später ausführlich von den Verwüstungen noch reden müssen, die der Arabismus an der Universität angerichtet.

Und nicht blos in die Schulen fanden diese glaubensfeindlichen Lehren Eingang, auch im Volke richteten sie großes Unheil an. Die vielen Irrlehren des 13. Jahrhunderts hatten mehr oder minder im Arabismus ihre Quelle. Wir werden nachweisen, daß Amalrich von

---

*) Jourdain glaubt, daß Manfred nicht neue Uebersetzungen anfertigen ließ, sondern daß er nur neue Copien von den bereits vorhandenen Uebersetzungen des Aristoteles an die Universitäten austheilen ließ. Op. c. p. 164. Dagegen sagt Roger Bakon ausdrücklich, daß Hermann der Deutsche im Dienste des Manfred gestanden und verschiedene Werke des Aristoteles übersetzt habe — Hermannus Alemannus est translator Manfredi nuper a D. rege Carolo devicti. Op. tertium cap. 25. Cf. Rénan op. c. p. 211 und Jourdain chap. III. §. 11.

**) Rénan p. 201. 215.

***) Et quoniam multi deglutiunt positiones istas absque ulla investigatione discussionis et perscrutationis recipientes illas et etiam consentientes illis et pro certissimis habentes, conveniens est de ipsis considerationes facere. De an. cap. VIII. pars III.

Bena und David von Dinanto ihre Irrthümer aus dem corrumpirten Aristoteles der Araber schöpften. Nicht minder stehen die Ketzereien der Katharer, Waldenser und Albigenser mit den philosophischen Irrthümern der Araber im Zusammenhang. So gehörten z. B. zur Lehre der Katharer die Sätze: Die Materie ist ewig und alles Schaffen nur eine Thätigkeit auf gegebenen Stoff; der Schöpfer und das Geschöpf sind gleichzeitig und keines älter als das andere.*) Die vorausgehenden Jahrhunderte hatten allerdings manchen kühnen und verwegenen Dialektiker hervorgebracht, dessen Lehren mit den Sätzen des Christenthums nicht harmonirten; man denke an Abälard, Gilbert Porretanus, Skotus Erigena, aber all diese wollten nicht den Glauben bekämpfen, sie waren nicht bewußte Häretiker.**) Erst das 13. Jahrhundert kennt ausgesprochene und bewußte Ungläubige, solche, die sich alle Mühe gaben, durch Wort und Schrift die kirchliche Lehre zu erschüttern und zu bekämpfen; erst das 13. Jahrhundert kennt das Wort de tribus impostoribus oder von den drei Betrügern (Moses, Mahomed und Jesus). Indifferentismus, Atheismus, Pantheismus und selbst krasser Materialismus sind keine Seltenheit, namentlich unter den Gebildeten.

Das friedliche ***) Zusammenleben der Christen, Juden und Araber in Spanien, Sicilien und Frankreich mag wohl zu diesem religiösen Indifferentismus nicht wenig beigetragen haben, aber der eigentliche Vater des Unglaubens im 13. Jahrhundert ist Averroës. Er gilt dem ganzen Mittelalter als der „impius" κατ' ἐξοχήν; ihm schreibt man das Wort de tribus impostoribus zu; er soll unter

---

*) Raumer, b. cit. W. III. Bd. p. 125.

**) Abälard schreibt die schönen Worte: Nolo sic esse philosophus, ut recalcitrem Paulo; non sic esse Aristoteles, ut secludar a Christo. Opp. Paris. 1849. T. I. p. 680.

***) Die Araber waren in Spanien gegen die Christen viel toleranter als in Afrika. Die Christen konnten ungehindert ihre Religion bekennen und ihre sonstigen Gebräuche pflegen. Nicht selten fanden Heirathen statt zwischen Christen und Muhamedanern, sogar von Seite der katholischen Fürsten in Spanien. Die arabische Sprache wurde den Christen sehr geläufig, wie sie auch fleißig die arabischen Gelehrtenschulen besuchten, an denen die Wissenschaften, namentlich die mathematischen und medicinischen, so außerordentlich blühten. Jourdain, op. c. p. 90 ff.

diesem Titel ein Buch verfaßt haben.*) Auf ihn häufen die christ=
lichen Peripatetiker Verwünschungen und Flüche aller Art. „Ille maledictus Averroës", so lesen wir oft in den Werken des Skotus; „ca-
nem illum rabidum Averroëm" ist der Titel, den Petrarka ihm gibt;
„maledictus iste .... adversarius noster procacissimus" wird er
von Gerson**) genannt. Er ist der Erzhäresiarch, der Erzgottes=
lästerer. Und wenn in der Kirche zu Pisa ein Lichtstrahl, der vom
englischen Lehrer ausgeht, einen stolzen Muselmann zu Boden streckt,
so ist es Averroës; er repräsentirt in all den Kunstwerken, welche die
christliche Wissenschaft verherrlichen, die gottlose Wissenschaft. Fassen
wir all das zusammen, so können wir ahnen, welch großen Einfluß
die arabische Philosophie in so kurzer Zeit auf die Geister erlangt und
welch großes Unheil und Verderben sie überallhin gebracht hatte.

Noch größer wird die Herrschaft des Averroës und sein Einfluß
im 14. und 15. Jahrhundert. Er wird der Commentator $\kappa\alpha\tau'$ $\dot{\varepsilon}\xi o\chi\dot{\eta}\nu$.
„Aristoteles ejusque commentator Averroës" ist das stehende Wort.
Zum vollständigen Siege gelangte er in Oberitalien; hier verdrängte
er Jahrhunderte lang die christliche Wissenschaft fast ganz. Die be=
rühmte Universität Padua gehörte lange Zeit ausschließlich dem Aver=
roismus***), und Vertreter desselben finden sich an ihr bis tief hinein
in das 17. Jahrhundert. Außer Padua waren es die Universitäten
Bologna, Ferrara und Neapel, an denen der Averroismus eifrig cul=
tivirt wurde.

Wie im 13. Jahrhundert, so wurde auch in den drei folgenden
Jahrhunderten der Averroismus der Träger des Indifferentismus und
des Religionshasses. Besonders gestaltete sich derselbe in Padua ge=
radezu zu einer Quelle der Gottlosigkeit. Petrarka erzählt uns einen
vielsagenden Zug.†) Es besuchte ihn in Venedig ein Averroist. Als
er im Laufe der Rede Stellen vom Apostel Paulus citirte, rief dieser
schäumend und voller Verachtung ihm zu: „Tuos et ecclesiae doctor-
culos tibi habe!" Als Petrarka den Apostel vertheidigte, sagte der
Philosoph unter höhnischem Lächeln: „Et tu esto Christianus bonus;

---

*) Es ist nicht ausgemacht, ob ein Buch unter diesem Titel existirt hat und
noch weniger, ob es Averroës verfaßt. Rénan, op. c. p. 297.

**) Tract. in Magnificat. T. IV. Antverp. 1706.

***) Rénan, op. c. chap. III. L'Averroisme dans l'école de Padoue.

†) Ibid. p. 333.

ego horum omnium nihil credo. Et Paulus et Augustinus tuus hique omnes alii quos praedicas, loquacissimi homines fuere. Utinam tu Averroim pati posses, ut videres quanto ille tuis his nugatoribus major sit." Und doch huldigte damals alles, was sich in Padua und Venedig zu den Gebildeten zählte, solchen gräßlichen Lehren. Selbst Ordenspriester, wie der Augustiner Paul v. Venedig, nahmen die averroistischen Lehren mit all ihren religionsfeindlichen Consequenzen an. So darf es uns nicht wundern, wenn bei Beginn des 16. Jahrhunderts die averroistische Doktrin die fast officielle Philosophie von ganz Italien ist. So schien der Islam eine geistige Weltherrschaft sich zu erobern, nachdem er sein weltliches Uebergewicht durch die Kreuzfahrer verloren hatte.

2. Die kirchlichen Verbote aristotelischer Werke.

Die Kirche erkannte recht wohl die große Gefahr, welche der geoffenbarten Wahrheit und der christlichen Cultur durch diesen arabischen Peripateticismus drohte. Sie verfehlte nicht, frühzeitig gegen diesen Pseudo-Aristotelismus einzuschreiten. Das Provincial-Concil von Paris verurtheilte schon im Jahre 1209 die Irrthümer des Amalrich und David von Dinanto. Zugleich verbot es die öffentliche und private Lektüre der aristotelischen Bücher über die Naturphilosophie und deren Commentare.*) Die Lehre des Amalrich und David ist platter Pantheismus. Man war lange darüber nicht einig, wie diese pantheistischen Irrthümer mit der aristotelischen Naturphilosophie in Beziehung gebracht werden konnten.**) Nun aber steht geschichtlich fest,

---

*) Die betreffende Stelle lautet: „Quaternuli Magistri David de Dinant infra natale episcopo Parisiensi afferantur et comburantur, nec libri Aristotelis de naturali philosophia, nec Commenta legantur Parisiis publice vel secreto. Et hoc sub poena excommunicationis inhibemus. Apud quem inveniuntur quaternuli magistri David a natali Domini in antea pro haeretico habebitur. Novus thesaurus Anecdot. t. IV. p. 166. Lutetiae Paris. 1717. Cf. Talamo, L'Aristotelismo c. VII. Falsch ist es obigem Dekrete zufolge, wenn Raumer im citirten Werke die Bücher des Aristoteles durch das Concil verbrennen läßt. Bd. VI. p. 565.

**) So bezweifelt Ritter, „ob schon die Ketzereien des David von Dinant aus dem Aristoteles hervorgingen." Bd. VII. p. 87 Anm. Dagegen behauptet Günther, daß der Pantheismus des Amalrich und David aus dem damaligen Aristotelismus herausgewachsen ist. Curisth. u. Herakl. p. 322.

daß die beiden Irrlehrer, die einen großen Anhang hatten, sich auf
den Aristoteles beriefen und ihre Lehren als die seinigen ausgaben.
Albert d. Gr. nämlich macht sich mit den Sophismen des David
viel zu schaffen und kommt öfters in seinen Werken darauf zurück,
wobei er ausdrücklich bemerkt, daß David den größten Theil seiner
Irrthümer den physischen und metaphysischen Werken des Stagiriten
entnommen, die er falsch verstand oder absichtlich falsch interpretirte.*)
Ebenso findet Rénan eine große Analogie zwischen den Lehren der ge=
nannten Häretiker und dem arabischen Peripateticismus. Namentlich
soll nach ihm der Realismus des Amalrich mit dem des Avicebron
sehr verwandt sein.

Doch das Verbot der Synode scheint dem Uebel nicht gesteuert zu
haben. Selbst Professoren der Theologie, wie Simon von Tournay,
bekennen die verdammten Häresien. Deßhalb gibt der päpstliche Legat
Robert Courçon im Auftrag Innocenz III. i. J. 1215 der Universität
eine neue Studienordnung, in der die Bücher von Amalrich und Da=
vid auf's neue verdammt und zugleich die öffentliche Lektüre der phy=
sischen und metaphysischen Werke des Aristoteles verboten werden. **)

Aber auch dieses zweite Verbot hatte keinen durchgreifenden Er=
folg; im Gegentheil, die neue Lehre verbreitete sich immer mehr auch
bei den Theologen, so daß Papst Gregor IX. in einem Briefe an

---

*) Albertus Magnus weist nach, daß David in seinem Buche de Tomis die
aristotelische Psychologie und Metaphysik vielfach verwerthet, jedoch sie falsch
deutet. Darum finden wir oft die Worte: Omnis iste error provenit ex prava
intelligentia dictorum Aristotelis oder David prave intellexit litteram Aristotelis. Das Wenige, das der hl. Thomas über die Lehre des David in S. th. I.
qu. 3. a. 8 anführt, läßt gleichfalls keinen Zweifel, daß die Irrthümer desselben
aus der aristotelischen Philosophie stammen. Nach Thomas hat David Gott für
die materia prima gehalten — Deum esse materiam primam.

**) Et quod legant libros Aristotelis de Dialectica tam veteri quam nova
in scholis ordinarie et non ad cursum. Legant etiam in scholis ordinarie
duos Priscianos vel alterum ad minus. Non legant in festivis diebus nisi
philosophos et Rhetoricos et Quadrivialia et Barbarismum et Ethicam si
placet, et quartum Topicorum. Non legantur libri Aristotelis de Metaphysica et naturali Philosophia, nec summae de eisdem aut de doctrina magistri
David de Dinant aut Amalrici haeretici, aut Mauritii Hispani. Du Boulay,
Hist. univ. t. III. p. 81. Paris. Ueber die Bedeutung von „Mauritii Hispani"
cf. Talamo, op. c. p. 269. Rénan will das „Mauritii" für eine Verstümmelung
von Averroës halten. Op. c. p. 222.

die theologische Fakultät strengen Tadel ausspricht über die Theologen, die, statt der Doktrin der Väter zu folgen, in die Theologie philosophische Irrthümer aufnehmen und dadurch die Reinheit des Glaubens trüben.*) Und drei Jahre später (1231) sendet er derselben Universität eine Bulle, in welcher er den Magistern in der Fakultät der freien Künste strenge untersagt, jene naturwissenschaftlichen Bücher zu lesen, die zu Paris verboten worden sind, und zwar auf solange sollte dieses Verbot in Kraft bleiben, bis diese Bücher corrigirt und verbessert seien — quousque examinati fuerint et ab omni errorum suspicione purgati. **)

Zu solchem Einschreiten sahen sich die kirchlichen Behörden noch öfter veranlaßt. Im Jahre 1240 verurtheilte der Bischof Wilhelm von Paris im Vereine mit den Lehrern der Universität zehn Thesen, die sämmtlich ihren arabisch-aristotelischen Ursprung nicht verläugnen können.***) Sieben Jahre später sitzt der päpstliche Legat Otto zu Gericht über die Irrthümer von zwei Theologieprofessoren der Sorbonne, welche Logik und Philosophie zum Nachtheil des Glaubens mißbraucht hatten. Das Dekret erwähnt noch andere Lehrer der Philosophie und Theologie, die nicht zufrieden mit der Methode und Lehre der Väter Philosophie und Theologie zum Schaden der letztern vermengen. †) Trotzdem hörte man nicht auf, alle Werke des Aristoteles, auch die verbotenen, öffentlich zu lesen und zu commentiren. Urban IV. sah sich dadurch gezwungen, die Bulle Gregors IX. bezüglich des Verbotes der physischen und metaphysischen Bücher des Aristoteles zu erneuern

---

*) Talamo, op. c. p. 270.

**) Die betreffende Stelle lautet vollständig: Ad haec jubemus ut magistri artium unam lectionem de Prisciano et unam post aliam ordinario semper legant et libris illis naturalibus, qui ex certa causa prohibiti fuere Parisiis non utantur: quousque examinati fuerint et ab omni eorum suspicione purgati Magistri vero et scholares Theologiae in facultate, quam profitentur, se studeant laudabiliter exerceri, nec Philosophos se ostentent sed satagant fieri Theodidacti, nec loquantur in lingua populi et populi linguam Hebraeam cum Asotica confundentes, sed de illis tantum in scholis quaestionibus disputent, quae per libros theologicos et sanctorum Patrum tractatus valeant terminari.

***) Bonaventura zählt diese zehn verworfenen Sätze auf: In II. Sent. dist. 23. a. 2. qu. 3.

†) Talamo, op. c. p. 275 seq.

und auf's neue einzuschärfen im Jahre 1262.*) Gleichwohl verbreitete sich das Gift der neuplatonischen Irrthümer unter der Firma des Aristoteles immer weiter; hartnäckig hingen viele den averroistischen Lehren an, besonders der Lehre von dem einzigen Intellekt. Albert b. Gr. und der heil. Thomas erwähnen öfters in ihren Werken der weiten Verbreitung und der Gefährlichkeit des Averroismus.

Um der Gefahr zu steuern, verdammt Bischof Stephan Tempier von Paris im Jahre 1269 dreizehn Artikel, die Hauptirrthümer des arabischen Peripateticismus enthaltend.**) Aehnliche Censurirungen und Verbote folgten noch mehrere, ohne jedoch ihren Zweck zu erreichen. Durften die Pseudo-Peripatetiker nicht offen lehren, so suchten sie geheim und im Stillen die Gemüther der studirenden Jünglinge mit ihren Lehren anzustecken. Um den kirchlichen Obern gegenüber sich zu decken, nahmen sie, wie die Araber, zu der Lehre ihre Zuflucht, daß ihre Doktrin nur für die Philosophie Geltung hätte, aber nicht für die Theologie — ea esse nota et vera secundum Philosophum, sed non secundum fidem catholicam. Neuerdings mußte die höchste kirchliche Behörde einschreiten. Im Auftrage des Papstes Johann XXI. wurden vom Bischof von Paris in Uebereinstimmung mit der theologischen Fakultät die unsinnigen und geradezu gotteslästerlichen Irrthümer, die an der Artistenfakultät von einigen gelehrt wurden, verurtheilt und zugleich wurde ein Syllabus dieser Irrthümer hergestellt. Dieser Syllabus zählt über zweihundert Irrthümer auf, die allen Gebieten des Wissens, der Theologie und Philosophie angehören.***) Diese Lehren zerstören die bisherige Lehre von Gott und dem Menschen, sie stellen die Auktorität der hl. Schrift in Frage, läugnen die Wirksamkeit der Sakramente, die Auferstehung der Todten, erklären den Glauben für eine Fabel und hinderlich für Wissenschaft und Wahrheit; kurz sie machen eine wahre sittliche und sociale Ordnung unmöglich. †) Und damit man ja nicht glaube, daß blos in

---

*) Die Bulle findet sich: Du Boulay, Hist. Univ., t. III. p. 366.

**) Zum Beweise seien einige Sätze notirt: intellectus omnium hominum est unus et idem numero — mundus est aeternus — nunquam fuit primus homo — anima, quae est forma hominis, secundum quod homo, corrumpitur corrupto corpore.

***) Du Boulay führt sie auf: t. III. p. 433.

†) Wir führen als die Hauptirrthümer an: Deus non potest facere plures animas in numero — intellectus est unus numero omnium, licet omnino

Paris solche Verbote erfolgten, bemerken wir, daß andere Universitäten
in ähnlicher Weise gegen die averroistischen Jrrthümer vorgehen muß=
ten; so z. B. erzählt die Geschichte von mehreren Verurtheilungen an
der Universität Orford. Soviel Unheil und Verderben hatte die ara=
bische Philosophie so schnell über das Abendland gebracht.

Ueber die Tragweite dieser Verbote aristotelischer Werke ist viel
gestritten worden. Die Einen haben in diesen Verboten eine nicht ge=
ringe Beschränkung der Freiheit der Wissenschaft gefunden und darum
der Kirche bittere Vorwürfe gemacht; Andere suchten diese Verbote
dadurch zu rechtfertigen, daß sie sagen, die Kirche hätte nicht den
eigentlichen Aristoteles verboten, sondern die von den Arabern gemach=
ten Auszüge, Compendien und Commentare aristotelischer Werke.
Dieser Ansicht ist Jourdain,*) Liberatore,**) Sighart ***) und An=
dere. Aber so günstig diese Ansicht für die kirchliche Auktorität ist,
so scheint sie doch nicht richtig zu sein. Die Dekrete, in welchen ge=
wisse Bücher des Aristoteles verboten werden, sprechen zu klar und
lassen uns hierüber keinen Zweifel. Sie unterscheiden nämlich ganz

---

separetur a corpore hoc, non tamen ab omni — anima separata non est
alterabilis secundum philosophiam, licet secundum fidem alteretur — non
fuit primus homo nec ultimus erit — mundus est aeternus — creatio non
est possibilis, quamvis contrarium sit tenendum secundum fidem — resurrectio futura non debet credi a philosopho, quia impossibilis est investigari
per rationem — sermones theologi sunt fundati in fabulis — fabulae et
falsa sunt in lege christiana, sicut et in aliis — quod lex christiana im-
pedit addiscere — non est curandum de fide, si dicatur esse aliquid hae-
reticum.

*) Jourdain kann nicht glauben, daß die arabisch=aristotelische Philosophie
zu den Jrrthümern des Amalrich und David Veranlassung gewesen, weshalb er
die verurtheilten libri naturales nicht für die aristotelische Physik, sondern nur
für einen Auszug aus derselben hält, den vielleicht der Jude David gemacht;
vielleicht auch seien es Auszüge aus Avicenna und Algazel gewesen, die unter dem
Namen des Stagiriten coursirten. Op. c. p. 194 ss.

**) Die Erkenntnißlehre des heil. Thomas v. Aquin. Mainz 1861 (Ueber=
setzung aus dem Italienischen) p. 109. Liberatore citirt für seine Ansicht auch
Rénan; dieser aber behauptet ganz entschieden, daß nicht Auszüge oder lediglich
Commentare der aristotelischen Werke verurtheilt worden, sondern die aristotelischen
Werke selber. Ce qui reste indubitable, c'est que le concil de 1209 frappa
l'Aristôte arabe, traduit de l'arabe, expliqué par des Arabes. Op. c. p. 221.

***) Albertus Magnus, sein Leben und seine Wissenschaft. Regensburg 1857
p. 58.

genau zwischen den Werken des Aristoteles und den von den Arabern gemachten Commentaren und Summen. So heißt es im Dekret von 1209 ausdrücklich: nec libri Aristotelis de naturali philosophia nec commenta *) legantur. Und dieselbe Unterscheidung macht das Statut des Robert Courçon. Ja noch mehr; letzteres führt diejenigen Werke des Aristoteles auf, welche gelesen werden dürfen, wie die Ethik und Topik, und stellt diesen gegenüber andere aristotelische Bücher, die nicht gelesen werden dürfen. Daraus scheint doch klar hervorzugehen, daß Aristoteles selbst und nicht Bearbeitungen von ihm verboten wurden. Dieser Auffassung huldigen auch die besten Kenner und Vertheidiger der mittelalterlichen Philosophie, wie Kleutgen, **) Sanseverino ***) und Talamo. Ebenso huldigen Rénan, wie schon bemerkt, Cousin und Hauréau †) der Ansicht, daß der aus dem Arabischen übersetzte Aristoteles verboten worden.

Aber wenn das kirchliche Verbot den Aristoteles selbst getroffen, wie war es dann möglich, daß trotz dieses öfters wiederholten Verbotes ein heil. Thomas und Bonaventura, ein Heinrich von Gent, Alexander von Hales und andere gleichzeitige gefeierte Lehrer das Studium „des Philosophen" mit solchem Eifer betrieben? Die Einen meinen, diese Lehrer hätten das Verbot nicht gekannt. Aber wer möchte wohl glauben, daß ein Albert d. Gr., der die als häretisch erklärten

---

*) Unter diesen „commenta" verstehen die meisten (z. B. Mansi und Hauréau) den großen Commentar des Averroës. Aber dieser dürfte um die Zeit von 1209 noch nicht übersetzt gewesen sein, da Michael Skotus c. 1217 als der erste die Werke des Averroës in's Lateinische übertrug. Wahrscheinlich sind es die Commentare des Avicenna, die damals schon verbreitet waren. Jourdain bemerkt ganz richtig, daß die arabisch-lateinischen Uebersetzungen immer die Commentare bei sich haben. Diese richtige Bemerkung hätte ihn dazu führen sollen, daß unter dem Ausdruck des Concils „libri Aristotelis de naturali philosophia nec commenta" der wahre Aristoteles mit den arabischen Commentaren verboten worden. Da nun diese Commentare im neuplatonischen Sinne abgefaßt sind, so ist auch nicht schwer einzusehen, wie ein in solcher Weise interpretirter Aristoteles zu den Irrthümern eines Amalrich und David Veranlassung sein konnte.

**) Theologie der Vorzeit; 3. Bd. p. 199 ff.

***) Philosophia Christiana; pars I. p. 111 sequ. Neapoli 1862. Auch Raumer im c. W. läßt „den Gebrauch aristotelischer, besonders seiner metaphysischen und physik. Schriften" von der Kirche untersagt sein. Bd. VI. p. 565.

†) De la philosophie scolastique. Paris 1850. Tom. I. p. 390—411.

Lehren des David und Amalrich so gut kennt, nicht gewußt habe, daß zugleich mit der Verurtheilung dieser Irrlehrer auch einige Werke des Aristoteles verboten worden? Andere wollen die der Kirche treu ergebenen Lehrer dadurch von der Makel des Ungehorsams reinigen, daß sie bemerken, das Verbot habe nur für die Universität Paris gegolten und nicht für die anderen Schulen. Die gefeierten Scholastiker hätten aber nicht zu Paris, sondern an anderen Orten den Aristoteles gelesen und commentirt, wie z. B. Albertus in Cöln und der heil. Thomas in Italien ihre aristotelischen Werke verfaßt haben. Das ist die Ansicht Kleutgen's. Doch diese Entschuldigung geht nicht; sie ist nicht einmal für die beiden großen Verehrer des Aristoteles richtig; denn es ist ziemlich sicher, daß Albert zu Paris die arabischen Werke des Stagiriten kennen gelernt und daß er dort die meisten seiner Commentare verfaßt habe.*) Vom heil. Thomas ist es ebenfalls wahrscheinlich, daß er seine Commentare zu den physischen und metaphysischen Werken des Aristoteles zu Paris begonnen und in Italien vollendet; bezüglich der meteorologischen Commentare scheint es unzweifelhaft zu sein.**)

Wie nun, werden wir diese Männer als ungehorsam erklären oder werden wir annehmen, sie hätten sich eine specielle Erlaubniß zu ihren aristotelischen Studien erbeten? Keines von beiden. Das erstere nicht, weil wir so diesen ausgezeichneten Lehrern Schmach zufügen würden; nicht das letztere, weil uns eine Erlaubniß nicht nöthig scheint. Unsere Ansicht ist diese. Wir stimmen vor Allem mit Talamo nicht überein, wenn er das Verbot aristotelischer Werke für ein allgemeines, die ganze Kirche betreffendes hält.***) Die Synode von Paris konnte kein allgemeines Verbot erlassen; die Bulle Gregor IX. ist nur eine Bestätigung der Synodalbeschlüsse und enthält nichts, was auf eine Verallgemeinerung des Verbotes hinweisen könnte; sie trägt nur den Charakter einer Verordnung für die Universität Paris. Das geht

---

*) Cf. Talamo p. 302 u. Sighart op. c. cap. 9.
**) Dieselben enthalten folgende Stelle: Orizontes plures sunt et diversae secundum diversas partes terrae habitabilis. Non enim est idem horizon habitantibus „hic Parisius" et habitantibus Romae. In l. II. lect. 10.
***) Talamo glaubt: weil Paris damals das Centrum für die Gelehrten aller Nationen gewesen, beßhalb habe ein für Paris gegebenes Verbot auch allgemein für die civilisirte Welt verbindende Kraft; p. 303.

ganz deutlich aus dem Verfahren des vierten Concils vom Lateran
hervor, in welchem die Beschlüsse der Synode von Paris bezüglich
der Verdammung des Amalrich bestätigt werden, aber keineswegs des
Verbotes aristotelischer Werke derselben Synode erwähnt wird. Ein
klarer Beweis, daß die Kirche das Studium aristotelischer Werke nur
für Paris, aber nicht für die ganze christliche Welt untersagt hat.
Wenn aber dieß, dann ist es unmöglich, daß die kirchliche Auktorität
durch ihre Dekrete die aristotelische Philosophie als solche habe treffen
wollen; ihr Verbot kann nur in lokalen Verhältnissen begründet ge=
wesen sein.*)

Wenn wir die Verbote selber betrachten, so finden wir einen be=
deutenden Unterschied. Das erste vom Jahre 1209 verbietet unbedingt
die private und öffentliche Lektüre der libri naturales; das zweite
mildert insofern den ersten Beschluß, als es alle andern von den
Arabern erhaltenen Werke für geeignet zum Unterricht hält und nur
die physischen und metaphysischen davon ausnimmt. Die Bulle Gre=
gor IX. geht in dieser Milderung noch weiter; sie erlaubt auch diese
Bücher, sobald sie corrigirt sind, d. h. sobald der unverfälschte Text
des Aristoteles hergestellt ist. Selbstverständlich kann das „quousque
examinati fuerint et ab omni errorum suspicione purgati" keinen
andern Sinn zulassen, als daß für jene, welche in der Absicht der
Correktur an das Studium dieser Schriften gehen, gar kein Verbot
vorhanden sein soll. Nun aber wissen wir, daß alle diese fraglichen

---

*) Dieß deutet auch die Verschiedenheit der Strafe an, welche die Bücher
des David und des Aristoteles traf. Die ersteren mußten in kurzer Frist dem
Bischof ausgeliefert und verbrannt werden; bei wem sie nach dieser Frist getroffen
wurden, der sollte für einen Häretiker gelten. Nichts von all dem wurde für
die aristotelischen Bücher bestimmt; es wurde nur ihre Lektüre unter der Strafe
der Excommunication verboten. Offenbar wollte damit das Concil sagen, daß die
aristotelischen Bücher an sich nicht verderblich wären, sondern daß nur ihre Lek=
türe in den jetzigen Verhältnissen Gefahr bringen könnte. Das scheint auch der
Sinn der Worte Roger Bakons zu sein, wenn er schreibt: Tarde venit aliquid
de philosophia Aristotelis in usum Latinorum quia naturalis Philosophia ejus
et metaphysica cum commentariis Averrois et aliorum libris in temporibus
nostris translatae sunt; et Parisiis excommunicabantur ante annum Domini
1237 propter aeternitatem mundi et temporis et propter librum „De divina-
tione somniorum", qui est tractatus „De somno et vigilia" et propter multa
alia erronee translata. Comp. Theol. Cf. Charles, Roger Bacon. Paris 1861
p. 412.

Lehrer nicht vor dem Erlaß der Bulle i. e. vor 1231 ihre aristotelischen Studien begannen, sowie wir auch wissen, daß sie in keiner andern Absicht dieselben begonnen haben, als um den Stagiriten von den arabischen Entstellungen zu reinigen. Wenn Clemens IV. die Bulle Gregor's auf's neue bestätigt und einschärft, so will das nur sagen, daß bis zum Jahre 1262 diese Correktur noch nicht vollzogen war. Die Scholastiker konnten deßhalb gar nicht gegen das Verbot fehlen, weil es für sie nicht vorhanden war. Sobald daher Albert d. Gr. und der hl. Thomas den reinen Aristotelismus hergestellt hatten, hört das Verbot aristotelischer Werke auf. Es folgen wohl noch oft, wie wir oben gesehen, Verurtheilungen der averroistischen Lehren, aber nirgends finden wir mehr die physischen und metaphysischen Bücher darunter. Im Gegentheil, die aristotelischen Werke werden immer mehr in den christlichen Schulen benützt und das Ansehen des „Philosophen" steigt immer mehr, bis hundert Jahre später die Kirche sein Studium geradezu befiehlt.

Klar dürfte sich daraus ergeben, daß sich die Kirche in diesem Verfahren keinen Widerspruch und keine Inconsequenz hat zu schulden kommen lassen. Verboten hat sie den schlecht übersetzten und mit Irrthümern vermengten Aristoteles der Araber zu einer Zeit, da dessen Lektüre viele Gefahren für die Glaubenslehre einschloß; empfohlen und befördert hat sie das Studium des gereinigten und so zu sagen christianisirten Aristoteles. Wo soll da ein Widerspruch liegen? Im Gegentheil, das Verfahren der Kirche muß jedem Vernünftigen als weise und klug erscheinen.

3. Der Kampf der Scholastiker gegen den arabischen Aristotelismus.

Die Schritte der Kirche gegen die verderblichen Lehren der arabischen Philosophie hatten, wie wir gesehen, nur geringen Erfolg. Auf die Auktorität des „Philosophen" pochend, trotzten die zügellosen Geister den Anordnungen der kirchlichen Behörden. In dieser bedrängnißvollen Lage schickte die Vorsehung der Kirche zwei Männer zu Hülfe — den hl. Franziskus und Dominikus. Die geistigen Söhne dieser beiden Ordensstifter begannen einen geistigen Kreuzzug gegen den unter aristotelischem Banner kämpfenden Islam. Mehr als das irdische Jerusalem zu erobern, galt es in diesem Kampfe vielmehr das himmlische Jerusalem zu retten und zu vertheidigen, jenes geistige Reich himmlischer Wahrheit, die uns Christus gebracht und in seiner Kirche hinterlegt hat. Die Vorsehung wollte, daß das Leben der bedeutendsten Männer aus beiden Orden gerade in diese Zeit fiel. Alexander von Hales, Albert d. Gr., Thomas, Vincenz von Beauvais, Duns Skotus, Roger Bakon, Heinrich von Gent und die große Zahl ihrer hervorragenden Schüler lebten fast zu gleicher Zeit.

Nach einem doppelten Plane konnten diese christlichen Streiter ihren Feldzug gegen die Mauren eröffnen, entweder defensiv, indem sie die aristotelische Philosophie verschmähten und als falsch zurückwiesen und in der bisherigen Weise die Dogmen des Christenthums vertheidigten; oder offensiv, indem sie die aristotelische Philosophie zu der ihrigen machten und so die Gegner auf dem eigenen Boden mit den eigenen Waffen schlugen. Obwohl es nicht an solchen fehlte, welche den ersteren Weg empfahlen und alle heidnische Wissenschaft aus der Kirche verbannt wissen wollten,*) wählten die Führer in diesem Streite den letzteren. Sie machten es ähnlich wie die Väter. Als in den ersten Jahrhunderten der Glaube durch die Neuplatoniker und Alexandriner bekämpft und die Auktorität des Plato gegen das Christenthum mißbraucht wurde, da studirte ein Origenes, Basilius, Tertullian und besonders der hl. Augustin den Plato, um auf wissenschaftlichem und philosophischem Wege die Gegner zu widerlegen und das viele Gute der platonischen Philosophie für die christliche Wahrheit zu verwerthen. Daher kommt es, daß die Väter die platonische Philosophie mehr benützten als eine andere: die Zeitverhältnisse zwangen sie dazu.**) In ähnlicher Weise nöthigten die Zeitverhältnisse die Lehrer des 13. Jahrhunderts, die Philosophie des Aristoteles vor jeder andern zu studiren. Nicht Begeisterung und Liebe zum Stagiriten ist es in erster Linie, was sie seine Werke so eifrig studiren und commentiren läßt, sondern die Liebe zur christlichen Wahrheit und Sitte, die sie schützen und vertheidigen wollen. Im Gegentheil sie werden Aristoteliker, um einen unnatürlichen Aristotelismus zu be=

---

*) Heinrich von Gent und Roger Bakon reden öfters tadelnd von solchen Theologen, welche die Philosophie verschmähen; cf. Werner, op. c. I. Bd. p. 871; Hauréau, t. I. p. 418.

**) Cf. das philosophische System Platons in seiner Beziehung zum christlichen Dogma von Dr. Becker. Freiburg 1862. p. 14 ff.

kämpfen; sie erheben sich gegen jene, die fanatisch und sklavisch dem Aristoteles folgen und denen alles Denken und alle Wissenschaft im „Philosophen" aufgeht. Um diese Wahrheit recht einleuchtend zu machen, wollen wir uns die Haupthelden in diesem Kampfe etwas näher besehen.

Alexander v. Hales († 1245), der die Blüthezeit der Scholastik eröffnet, kennt wohl die arabische Philosophie und die aristotelischen Werke und benützt sie, um die christliche Lehre in ein System zu bringen, aber er ist weniger polemisch. Vielmehr ist dieß der Fall bei seinem Zeitgenossen Wilhelm v. Auvergne, dem späteren Bischof von Paris († 1249). Wilhelm kennt Aristoteles und die arabischen Philosophen ganz genau, er bekämpft sie in seinen Hauptwerken „de universo" und „de anima" fast auf jeder Seite. Gleichwohl nennt er den Averroës nur ein einziges Mal; er gebraucht dafür die Bezeichnung: Aristoteles et sequaces ejus graeci et arabes*) oder qui famosiores fuerant in disciplinis Aristotelis. **) Meistens richtet sich seine Polemik gegen Aristoteles allein, den er für den Urheber dieser Irrthümer hält. In den genannten beiden Werken sind diejenigen Punkte, welche die arabischen Irrthümer berühren, sehr ausführlich behandelt. Fast der ganze zweite Theil der Schrift „de universo" handelt von der Lehre der intelligentiae separatae. Ebendaselbst wird die Ewigkeit der Welt, der Fatalismus, sowie die falsche Auffassung der Araber von der göttlichen Vorsehung widerlegt. In seiner Psychologie wird die averroistische Lehre vom thätigen Verstand, der vom Menschen getrennt, alle Menschen vernünftig macht, als falsch und grundlos zurückgewiesen und ausführlich nachgewiesen, daß der Intellekt ein allen Einzelnen wesentlich zukommendes Vermögen sei. Nicht minder wird die Frage über die Unsterblichkeit der Seele im sechsten Capitel des Buches de anima eingehend untersucht, weil, wie er bemerkt, die Lehre zu seiner Zeit von vielen angefochten wurde. Daß er als Bischof von Paris seine kirchliche Gewalt zur Unterdrückung ebenderselben falschen Lehren gebrauchte, haben wir schon erwähnt.

In einer noch viel stärkeren Weise tritt bei Albert d. Gr. der

---

*) Opp. Paris. 1674. t. II. p. 205. u. t. I. p. 868 et alibi.
**) Ibid. t. I. p. 618. An einer andern Stelle heißt es: Avicenna et alii qui in parte ista Aristoteli consenserunt; cf. Rén. p. 226.

polemische Charakter hervor. Zu seiner Zeit war auch die arabische Philosophie schon weit verbreitet und hatte viele Anhänger gewonnen.*) Besonders ist es die Lehre vom intellectus separatus, die vielfach in die Schulen eingedrungen war und großen Schaden stiftete.**) Seine Polemik geht deßhalb ganz besonders gegen die Einheit des Intellekts. Auf Geheiß des Papstes Alexander IV. schrieb er in Rom eine eigene Schrift gegen diesen Irrthum „de unitate intellectus contra Averroistas", die er später fast unverändert seiner Summa einverleibte.***) In seinem Opusculum de natura et origine animae, sowie in seinem Commentar zum dritten Buch de anima und zur Metaphysik wird gleichfalls dieser „absurde und abscheuliche" †) Irrthum widerlegt. Als er, schon hochbetagt, sich aus dem Kampfe zurückgezogen hatte, sendet ihm ein Ordensgenosse aus Paris elf averroistische Sätze, welche von einigen Lehrern vertheidigt würden, auf daß er die schon oft bekämpften Sätze durch sein Ansehen vernichte.††) Albert schrieb dagegen ein eigenes Buch unter dem Titel „liber determinativus ad Parisienses", welches Peter von Prussia noch in Händen hatte, aber jetzt verloren ist.

Man sollte es kaum für möglich halten, daß ein so entschiedener

---

*) Et hic error (sc unitas intellectus) in tantum invaluit, quod plures habet defensores. S. th. II. tr. XIII. qu. 77. edit. Jammy. t. XVIII. p. 379.

**) Qui error periculosus est nimis et contra hunc errorem jam quidem disputavi, cum essem in curia. Ibid. p. 380.

***) Haec omnia aliquando collegi in curia existens ad praeceptum Domini Alexandri Papae: et factus fuit inde libellus, quem multi habent et intitulatur contra errores Averrois et hic etiam posita sunt ut perfectior sit scientia summae Ibid sub fine p. 394.

†) Error omnino absurdus et pessimus et facile improbabilis. t. V. p. 202. In „de anima" t. III. p. 139: Sed hoc videtur omnino mihi deliramento simile et inducam ad hoc quatuor rationes fortissimas.

††) Der Brief lautet: Venerabili in Christo Patri ac Domino Alberto, Episc. quondam Ratisp. Frat. Aegidius Ord. Praed. licet indignus cum salute glorificare Deum in doctrinis. Articulos quos in Scholis proponunt Magistri Parisiis, qui in philosophia majores reputantur, Vestrae Paternitati, tanquam vero intellectui illuminato, transmittere dignum duxi, ut eos jam in multis congregationibus impugnatos, vos otio vestri imperii terminetis. Primus est, quod intellectus omnium hominum est unus et idem numero etc. . . . Cf. Talamo p. 280 und Rén. p. 269.

Gegner der arabischen Irrthümer selber des Arabismus verdächtigt
werden könnte. Ritter, dem Renan nachschreibt,*) bemerkt zu öfteren
Malen, daß sich der doctor universalis von den neuplatonischen Leh=
ren der Araber nicht ganz rein zu bewahren wußte. In mehr als
einer Beziehung neige er der Emanationslehre zu. Einmal lehre Al=
bert, daß Gott der allgemein thätige Verstand sei (intellectus universaliter agens), aus dem beständig die Intelligenzen ausfließen.**)
Dann schließe sich Albert auch darin der Emanationslehre an, „daß
er das Ausgehen der Geschöpfe als etwas betrachtet, was nothwendig
durch absteigende Grade hindurch gehen muß, weil die Ursache voll=
kommener ist, als die Wirkung." Ebenso soll auch in der Bestim=
mung der Thätigkeit der causa secunda die Emanationslehre enthalten
sein.***) Ferner soll er in seiner Engellehre den Arabern folgen.
Albert denkt „in ähnlicher Weise, wie die Araber, daß Engel und
Gott in unserem Intellekte wirksam seien, und schreibt ihnen einen
thätigen Verstand zu, welcher uns erleuchte." †) Wir können auf
diese und ähnliche Bemerkungen, welche Albert des Arabismus zeihen,
hier nicht näher eingehen. Für jeden Kenner der Scholastik steht es
ohnedieß fest, daß Albert der entschiedenste und unzweideutigste Gegner
der arabischen Irrthümer ist. Wenn er Gott den allgemein thätigen
Verstand nennt, so hat das mit der Lehre der Araber vom thätigen
Verstande nichts zu schaffen. Gott ist nur insofern der intellectus
universaliter agens, als er der höchste Grund der Erkennbarkeit der
Dinge, aller geschöpflichen Intelligenz und alles geschöpflichen Wissens
ist. „Ohne Voraussetzung eines allgemein thätigen Verstandes, welcher
die Dinge vorher gedacht hat, wären diese nicht denkbar, und wenn
der höchste Grund aller Dinge nicht eine Intelligenz wäre, so würde
es auch keine anderweitigen Intelligenzen geben können." ††) Ebenso=

---

*) p. 234 ff.
**) Ritter, op. c. Bd. VIII. p. 199 ff. 207. Die Stelle findet sich de caus.
et proc. univ. tr. IV. I. und lautet: Primum principium est indeficienter
fluens, quo intellectus universaliter agens indesinenter est intelligentias
emittens.
***) Ibid. p. 209. 224.
†) Ibid. p. 234.
††) Oportet ergo, quod una propria sit intelligentia, quae causa sit
intellectualitatis in omnibus his, et quae in omnibus his intellectualis scientiae sit causa: sicut enim in visibilibus unum est agens visum per actum

wenig ist es arabische Lehre, wenn nach Albert Gott dem Menschen in übernatürlicher Weise unmittelbar oder mittelbar durch einen Engel eine Wahrheit kund thut. Eine solche Erleuchtung hebt durchaus nicht die eigene Verstandesthätigkeit des Menschen auf; sie ist etwas ganz anderes als die Erleuchtung des einzigen Intellekts der Araber, der getrennt vom Menschen im Menschen das Erkennen bewirkt. In all den fraglichen Punkten lehrt der doctor universalis nicht anders, als der heil. Thomas,*) Bonaventura und die übrigen scholastischen Lehrer. Und doch wird Niemand dieselben des arabischen Peripateticismus beschuldigen.

Eine noch mehr hervorragende Rolle in diesem Kampfe nimmt der Schüler Alberts ein, der hl. Thomas. Er erkannte die große Gefahr, welche dem christlichen Glauben in dem arabischen Pantheismus drohte und darum erhob er sich mit der ganzen Kraft und Schärfe seines Geistes wider ihn. Der Kampf gegen den Averroismus war ihm eine Lebensaufgabe. Mirum est, schreibt sein Biograph Wilhelm von Tocko, quam graviter, quam copiose S. Thomas in illam vanissimam sententiam semper invehereretur. Captabat ubique tempora, quaerebat occasiones, unde ipsam traheret in disputationem, pertractam vero torquebat, exagitabat, monstrabatque non a christiana solum, sed ab omni quoque alia, peripateticaque praecipue philosophia dissentire.**) Ganz besonders geht sein Kampf

---

in omnibus, quod est actus lucidi sive luminis, sic est etiam necesse, quod in omnibus intellectualibus sive scibilibus secundum scientiam intellectivam unum sit agens omnes intelligentias sive scientias: et hoc est lumen intellectus primi. De caus. et pr. un. l. II. tr. III. c. 12. Est intellectus universaliter agens, ad omnia se habens sicut intellectus artificis ad artificiata, ita scilicet, quod intellectus artificis ex se et non per habitum artis artificiata producat. Ibid. l. II. tr. I. c. 24. Diese Stellen machen klar, daß die Ausdrücke „indeficienter fluens" und „intelligentias emittens" durchaus nicht die Emanationslehre enthalten. Cf. Stöckl, „Geschichte der Philosophie des Mittelalters". Bd. II. p. 376 u. 377.

*) Cf. S. th. I. qu. 79. a. 4. Der englische Lehrer nennt hier Gott den „intellectus separatus", der den menschlichen Intellekt (animam intellectivam) unterstützt im Erkennen — quo anima juvetur ad intelligendum. Ueber die Erleuchtung durch Engel lehrt der Aquinate nicht anders, als sein Lehrer Albert; cf. S. th. I. qu. 103. a. 1. und qu. 111. a. 1. und c. G. l. III. c. 79 u. 81.

**) Rénan p. 237. Cf. Bolland. Act. Ss. Martyr. t. I. p. 666.

gegen bie Einheit des Intellekts. Immer und immer wieder kommt
er in seinen beiden Summen auf benselben zurück. Das genügte ihm
aber noch nicht; er schrieb ein eigenes Buch de unitate intellectus
contra Averroistas, weil, wie er in demselben bemerkt, dieser Irr=
thum bei vielen Eingang gefunden und mit großer Hartnäckigkeit fest=
gehalten wird.*) Diese Schrift soll der englische Lehrer im Jahre
1269 zu Paris verfaßt haben; im selben Jahre, in welchem Bischof
Stephan die Hauptirrthümer des Pseudo=Aristotelismus verdammte.
Unter den „Averroistae" sollen die Professoren an der Pariser Uni=
versität zu verstehen sein, weßhalb dieselbe bisweilen auch den Titel
„contra Averroïstas Parisienses" trägt.**) Es ist dieß um so
wahrscheinlicher, als er in seiner S. c. G.***) ausdrücklich von Theo=
logieprofessoren spricht, welche die Lehre vom intellectus separatus
bekennen. In der genannten Schrift spricht er ebenfalls mit Ent=
rüstung von Bekennern des christlichen Namens, die sich dieses Irr=
thums nicht schämen.

In der Bekämpfung dieses Grundirrthums geräth der so ruhige
und kalte Dialektiker in Feuer und wird leidenschaftlich. Worte und
Ausdrücke, so bitter und scharf, wie er sie sonst keinem Gegner gegen=
über gebraucht, sind ihm geläufig, sobald er es mit Averroës und
seinen Anhängern zu thun hat. Am Ende des Opuskulums fordert
er die Averroisten auf, nicht im Geheimen die Jugend zu verführen,
die solche schwere Lehren noch nicht zu fassen vermöchte, sondern offen
aufzutreten; sie würden dann ihn und viele andere Liebhaber der
Wahrheit auf dem Kampfplatz finden. †) Mitunter geht er in diesem

---

*) Inolevit jam dudum circa intellectum error apud multos ex dictis
Avorroys sumens exordium .... contra quem jam pridem multa conscripsi-
mus. Sed quia errantium impudentia non cessat veritati reniti, propositum
nostrae intentionis est, iterato contra eundem errorem conscribere alia, quibus manifeste praedictus error confutaretur. Diese Verbreitung bestätigt W.
v. Tokko mit den Worten: Quem errorem cum essent scholares Golardiae
imitantes, qui Averroys erant communiter sectantes; poterat praedictus
error plures inficere. Bolland., Acta Ss. loc. cit.

**) Es wird dem hl. Thomas auch ein Werk zugeschrieben unter dem Titel:
Liber contra Magistros Parisienses; cf. Rén. p. 270.

***) Unde et a quibusdam nostri temporis christianae fidei professoribus,
ponentibus intellectum agentem separatum, dictum est expresse, quod intellectus agens sit Deus L. II. c. 85.

†) Haec igitur sunt, quae in destructionem praedicti erroris conscripsi-

Eifer zu weit. So ist es sicher nicht richtig, wenn er dem Averroës vorwirft, daß er mit seiner Lehre vom einzigen Intellekt keinen Peripatetiker für sich habe, da es jetzt ausgemacht ist, daß schon die ersten Schüler des Aristoteles den Verstand als einen getrennten aufgefaßt haben.

Nach der Lehre vom intell. separatus ist es besonders noch jene über die Ewigkeit der Welt *) und die Unmöglichkeit der Schöpfung, welche theils in selbständigen Werken, theils an vielen Stellen seiner Summen und in ganzen Büchern seiner Physik (in VIII. Phys.) bekämpft und eingehend widerlegt wird. Die irrige Auffassung der Araber bezüglich der reinen Geister oder Intelligenzen wird in einer eigenen Schrift **) zurückgewiesen und die christliche Lehre ausführlich gerechtfertigt. Die Fragen über die Unsterblichkeit, das Individuationsprincip, die Erkenntnißweise der Intelligenzen, das Fatum ***) werden ausführlich erörtert, weil in diesen Punkten Averroës irrig gelehrt. Dieser polemische Charakter zieht sich überhaupt durch alle Werke des englischen Lehrers hindurch; er nimmt überall Bedacht auf die herrschenden Irrthümer des arabischen Aristoteles. Die Bekämpfung des Averroës und namentlich seines psychologischen Pantheismus setzt sich der Engel der Schule, fast jedes Blatt seiner Werke bekundet es, als ein Hauptziel seiner literarischen Thätigkeit. Hierin liegt eines seiner Hauptverdienste; wir möchten fast sagen sein Hauptverdienst und sein größter Ruhm. Mit Recht feiern deßhalb alle Kunstwerke des Mittelalters den englischen Lehrer als den gewaltigen Sieger über die arabische Weltweisheit; der durch ihn niedergestreckte Muselmann ist Averroës.

Der Engel der Schule hat unter seinen Ordensgenossen keinen

---

mus, non per documenta fidei sed per ipsorum philosophorum rationes et dicta. Si quis autem gloriabundus de falsi nominis scientia velit contra haec, quae scripsimus, aliquid dicere, non loquatur in angulis, nec coram pueris, qui nesciunt de causis arduis judicare, sed contra hoc scriptum scribat, si audet, et inveniet non solum me, qui aliorum sum minimus, sed multos alios, qui veritatis sunt cultores, per quos ejus errori resistetur vel ignorantiae consuletur.

*) De aeternitate mundi contra murmurantes. Dieses opusc. soll der Engel der Schule ebenfalls gegen die Pariser Lehrer geschrieben haben. Cf. Rén. p. 239.

**) De substantiis separatis seu de angelorum natura in 19 cap.

***) Ueber das Fatum handelt ein eigenes opusc. „de fato" in 5 Artikeln.

gefunden, der so sehr in seine Doktrin eingegangen wie der Augustiner
Aegybius von Colonna († 1316). Deßhalb darf es uns auch
nicht Wunder nehmen, wenn er von seinem Lehrer den Eifer in der
Bekämpfung der arabischen Peripatetiker geerbt. Fast alle seine Werke
sind diesem Kampfe gewidmet. Seine Schrift de erroribus philosophorum ist ein genauer Katalog, welcher die gefährlichen Irrthümer
eines Alkendi, Avicenna, Maimonides und ganz besonders des Averroës aufzählt und behandelt.*) Letzterer ist wegen seiner Religions-
verachtung ganz besonders verfolgt. In seinen Quodlibeta, in welchen
er die Lehre vom intell. separatus widerlegt, wird Aristoteles
ob dieser Lehre entschuldigt, aber dem Averroës es zum schweren
Vorwurf gemacht, daß er zu seiner Zeit, wo die christliche Lehre
schon verbreitet war, noch einem solchen Irrthum angehangen.**)
Ausschließlich sind der Widerlegung der averroistischen Doktrin die
beiden Schriften gewidmet: de materia coeli contra Averroem und
de intellectu possibili quaestio aurea contra Averroym. Wie
Aegybius seinen Orden für den Thomismus gewonnen, so blieb
im Orden der Augustiner der polemische Charakter gegen Averroës
im ganzen 14. Jahrhundert vorherrschend.

Unter den Lehrern aus dem Dominikanerorden ist im 13. und
14. Jahrhundert keiner zu nennen, der sich nicht an dem geistigen
Kreuzzug gegen die Mauren betheiligt. Nach Albert und Thomas
muß an erster Stelle Raimund Martin, ein Spanier, erwähnt
werden. Er disputirte nicht blos mündlich mit Juden und Sarazenen
in Spanien und Afrika (er war des Hebräischen, Chaldäischen und
Arabischen kundig), sondern verfaßte auch mehrere Schriften wider

---

*) Cf. Rén. p. 252.
**) Forte ista inconvenientia philosophus non praevidit. Ipse enim fuit
homo nec oportet quod praeviderit omnia inconvenientia, quae possent accidere ex positionibus suis; imo est valde probabile, quod istud inconveniens non viderit de infinitate intellectuum. Nam Commentator ejus Averroës (filii ejus dicuntur fuisse cum imperatore Frederico, qui temporibus
nostris obiit, unde constat fuisse tempora quo fides christiana erat valde
dilatata, et quo constat quod apud christianos esset solemnis mentio de statu
animarum separatarum), Averrois, inquam, debuit videre hoc inconveniens.
Et tamen ipse commentator fuit hujus opinionis assertor, quod esset unus
intellectus. Aristotelis vero temporibus non erat ea solemnis mentio de
statu animarum separatarum. Quodl. II. qu. 20.

sie, wie z. B. eine eigene Summa wider die Sarazenen. *) In seinem „pugio fidei adversus Mauros et Judaeos" handelt der erste Theil von den philosophischen Irrthümern der Araber. Die Ewigkeit der Welt, die Einheit des Verstandes (die ihm eine an Wahnsinn streifende Irrlehre ist)**) und die Läugnung der Vorsehung werden widerlegt. Besonders sind es die Lehren des Algazel, die ihn beschäftigen.

Außer Aegydius von Lessines muß Bernard von Trilia († 1292) angeführt werden. Er schrieb meistens psychologische Werke,***) in denen die betreffenden Irrthümer der Araber behandelt werden. Gegenüber der Lehre des Avicenna vom thätigen Verstande, welcher der Seele die Ideen eingießt, betont er ganz besonders die sinnliche Erfahrung, von der unser Erkennen bedingt ist.

Wir übergehen Peter von Auvergne und Herväus Natalis, †) um noch einen der bedeutendsten Dominikaner zu nennen — Heinrich von Gent. Er nimmt regen Antheil an dem Geisterkampfe seiner Zeit. Obwohl in vielen Punkten von der Lehre des heil. Thomas abweichend, steht er ihm in der Bekämpfung des Arabismus nicht viel nach. In seinen Quodlibeta diskutirt er die Lehre vom thätigen Verstand ausführlich und widerlegt sie auf vielfache Weise; dasselbe geschieht in seiner Theologie. Er wohnte auch der Versammlung von Theologen an, welche unter dem Vorsitze des Bischofs Tempier den Averroismus 1277 verwarf.

Wenn man von dem Kampfe gegen den arabischen Aristotelismus redet, so darf Einer nicht verschwiegen werden, der förmlich gegen denselben wüthete. Es ist Raimund Lullus. ††) Er setzte sich die Bekehrung der Ungläubigen zur Lebensaufgabe. Die halbe Welt durchzog er, um Fürsten und Bischöfe zur Vernichtung des Islam aufzufordern. Bald aber bemerkte er im Averroismus ein nicht geringes Hinderniß für die Verwirklichung seines Lieblingsplanes. Er sah die

---

*) Werner, op. c. Bd. I. p. 622 u. 623.

**) Quod quidem est phreneticorum deliramentis simillimum. Pugio fidei. Paris 1651 p. 182.

***) Hieher gehört seine Schrift de cognitione animae, die eine vollständige Psychologie bietet. Cf. Hauréau, op. c. tom. II. p. 252 suiv.

†) Er bekämpft den Arabismus in seinen beiden Schriften: de aeternitate mundi und de materia coeli.

††) Cf. Stöckl, op. c. Bd. II. p. 926 ff.

Gelehrten und christlichen Fürsten selber den arabischen Irrthümern
verfallen. Nunmehr weihte er alle seine Kraft der Bekämpfung des
Averroismus (er lernte arabisch, studirte den Koran und alle arabischen Philosophen) und schrieb zahllose Werke (man sagt gegen 400),
die fast alle in diese Richtung fallen. Besondere Erwähnung verdienen
die „duodecim principia philosophiae" oder „lamentatio philosophiae contra Averroistas." Die Philosophie erscheint darin mit ihren
zwölf Principien vor Lullus und beklagt sich bitter über die Schmach, die
ihr von den Averroisten zu Paris zugefügt worden, indem diese als
Aufgabe der Philosophie ansehen, die Dogmen des Christenthums als
irrig und unvernünftig zu erweisen. Die zwölf Principien geben der
Philosophie das Zeugniß, daß sie nicht feindlich gegen den Glauben
gesinnt, sondern eine Magd der Theologie sei. Nur der Intellekt
schweigt und aufgefordert zu reden, antwortet er, daß er zu Paris
von den Averroisten durch falsche Lehren ganz erstickt und verfinstert
worden. Lullus wird dann von der Philosophie gebeten, den König
der Franken zum Einschreiten gegen dieses freche Treiben der Averroisten zu veranlassen, was Lullus auch zu thun verspricht. Von den
vielen anderen Streitschriften seien einige genannt, wie z. B. liber
contradictionis inter Raymundum et Averroistam de centum
syllogismis circa mysterium trinitatis; liber de reprobatione
errorum Averrois; de ente simpliciter per se contra errores
Averrois; liber de existentia et agentia Dei contra Averroem. *)

Wie wir gesehen, macht die Bekämpfung der arabischen Philosophie
eine wesentliche Thätigkeit der Lehrer des 13. Jahrhunderts aus. Dasselbe würden wir finden, wenn wir die Scholastiker des 14. Jahrh. behandelten. Dasselbe würde uns später wieder begegnen dem Averroismus
in Italien gegenüber. Seiner dreihundertjährigen Herrschaft steht ein
dreihundertjähriger Kampf zur Seite, den bald einzelne Lehrer, bald
ganze Orden dagegen geführt. Und als im 16. und 17. Jahrhundert
in Spanien durch den Predigerorden und die Jesuiten die Scholastik
wieder aufblühte, finden wir abermals die Bekämpfung averroistischer
Lehren als einen Charakterzug. Allerdings tritt diese polemische Richtung nicht mehr in der Stärke hervor, wie im Mittelalter. Das

---

*) Weitere diesbezügliche Schriften citirt Rénan p. 257 u. 258. In Afrika,
wo er viel mit Arabisten disputirte, soll er bei einer Gelegenheit allein 160 Anhänger des Averroës bekehrt haben; cf. Hauréau, op. c. t. II. p. 236.

Collegium Conimbricense z. B. behandelt noch einmal in dem Commentar zu „de anima" ausführlich die averroistische Lehre.

Von diesem Standpunkte aus muß man die Aufnahme des Aristoteles in die christliche Wissenschaft betrachten, und dann ist es unmöglich, in den Lehrern des Mittelalters nur Sklaven zu erblicken, die sich von fremden Gedanken nähren und deren höchste Aufgabe es ist — in verba magistri jurare. Angesichts dieser Thatsachen klingt es unbegreiflich, wie z. B. Michelis immer und immer wiederholen kann, daß die Scholastik auf den arabischen Aristoteles sich aufgebaut und dadurch corrumpirt worden sei. Nein, die Scholastik hat sich im Gegensatz und im Kampfe mit dem arabischen und averroistischen Aristoteles entwickelt; gerade die Bekämpfung dieses Aristotelismus war die Veranlassung, die aristotelische Philosophie sich anzueignen. Groß war die Gefahr, die der christlichen Cultur im 13. Jahrhundert drohte; tief hatten die arabischen Irrthümer und die Sittenlosigkeit, welche sie im Gefolge hatten, in alle Verhältnisse sich eingefressen. Der Glaube wankte, die Sitten waren verweichlicht; eine falsche Mystik hatte die Ascese angesteckt und zahlreiche Sekten erzeugt, die unter der Maske der Frömmigkeit Sittenverderbniß verbreiteten. Wenn dieses Gift wieder vom Leibe der Christenheit ausgestoßen, wenn der Averroismus trotz der Unterstützung der Kaisermacht nur an einzelnen Universitäten sich halten konnte, wenn aus diesem Kampfe die christliche Wissenschaft zu ihrer höchsten Blüthe sich erhob: so danken wir das diesen Helden, die mit der Schärfe des geistigen Schwertes dem Islam auf seinem raschen Siegeslaufe Halt geboten und die Weltherrschaft dem christlichen Gedanken sicherten.

4. Die Franziskaner und die arabische Philosophie.

Fast alle, die in der neueren Zeit über die scholastische Philosophie geschrieben, beschuldigen die Franziskaner des Arabismus. Am weitesten geht hierin Rénan.*) Nach der Universität von Paris ist ihm die Franziskanerschule ein Hauptheerd des Averroismus. Er hat überhaupt von diesem Orden eine ganz falsche Auffassung. Er erblickt in der Gründung und Einrichtung desselben etwas Revolutionäres und Unkirchliches. Nach ihm wollte der Franziskanerorden eine Reform

---

*) Op. c. p. 259 et suiv.

am Christenthume vornehmen, die über den Papst und die Hierarchie hinausging, gewissermaßen ein neues Christenthum etabliren. In diesem antikirchlichen Geiste findet er den Schlüssel für die heftige Bekämpfung des Thomismus und der als kirchlich geltenden Philosophie.

Schon Alexander von Hales soll die arabische Doktrin in den Orden eingeführt und sich ihr ergeben haben. Dessen Schüler und Nachfolger auf der Lehrkanzel, Joh. v. Rochelle, soll ihr noch mehr gehuldigt und die ganze Psychologie des Avicenna angenommen haben. Von Roger Bakon sei es ohnedieß ausgemacht, daß er den intellectus separatus lehrt, und seine Schriften seien voll des Lobes über Avicenna und Averroës. Duns Skotus gilt dem Rénan ebenfalls als entschiedener Anhänger des Averroës in der Lehre von der Priorität der allgemeinen Materie, aus der alle Dinge werden.*) Skotus nebst Ockam macht er auch verantwortlich für die Lehren eines Meister Eckhart und Genossen, die mit den arabischen Lehren der Franziskanerschule verwandt sein sollen.

Wie Rénan findet auch Hauréau den Arabismus bei den Söhnen des heil. Franziskus. Der doctor irrefragabilis soll so ziemlich seine Psychologie dem Avicenna entnommen haben.**) So sei z. B. der psychologische Grundsatz, daß nur Gleiches durch Gleiches erkannt wird, arabischen Ursprungs. Von den 1277 zu Paris verdammten Sätzen gehören, wie er glaubt, die meisten der Franziskanerschule an.***) Daß diese Sätze averroistisch oder mit den arabischen Irrthümern verwandt, sei bekannt. Doch hätte diese Censurirung, die durch den Erzbischof Robert Kilwardeby auch auf Oxford, den Hauptsitz der Franziskaner, ausgedehnt worden, wenig gefruchtet; denn die Franziskaner hätten fortgefahren im Geiste des Averroës zu lehren.†) Unzweifelhaft hätte Skotus über die materia prima die averroistische

---

*) Si Duns Scot s'éloigne d'Averroës sur des points de détail, comme sur la quiddité provenant de la forme, sur les trois dimensions essentielles à la matière avant l'adjonction de la forme, ces détails secondaires ne peuvent faire méconnaître l'identité de la thèse fondamentale: antériorité de la matière générique, à la quelle participent tous les êtres, par antithèse à la pure création de saint Thomas. Ibid. p. 265.

**) Op. c. t. I. p. 430 et suiv.

***) La plupart des propositions censurées appartiennent à l'école franciscaine. T. II. p. 215.

†) T. II. p. 217.

Lehre adoptirt, wenn er auch in Detailfragen von derselben abweiche und sie bekämpfe.

Weniger als die beiden Vorgänger macht Ritter den Franziskanern den Vorwurf des arabischen Aristotelismus, aber gleichwohl findet auch er Anklänge und Spuren desselben. Duns Skotus ist ihm nicht unabhängig „von der Weltanschauung der arabischen Aristoteliker";*) er adoptire sogar ihre Lehre über den Einfluß der Gestirne auf unsern Willen. Die Erkenntnißlehre des Roger Bakon sei arabisch, „indem er der menschlichen Seele nur den leidenden Verstand zuschreibt, den thätigen Verstand aber außer ihr setzt, nur daß er denselben nicht im Himmel, sondern in Gott sucht."**) Auch bei Bonaventura entdeckt Ritter „pantheistische Neigungen".

Wir geben zu, daß im Franziskanerorden sich mehrere untergeordnete Lehrer gefunden, die den arabischen Irrthümern mehr oder minder gehuldigt. Eine gewisse Uebertreibung der Dialektik und eine Art von Sucht nach Subtilitäten und vielfachen Distinktionen, die durch Skotus in die Schule gekommen, haben mancher kühnen Lehrmeinung Vorschub geleistet. Dafür scheint die auch auf Oxford ausgedehnte Censurirung von 1277 zu sprechen, wie auch das Generalkapitel von 1295 auffordert, der von den Meistern des Ordens gelehrten Doktrin treu zu bleiben und vor neuen, exotischen und verdächtigen Lehrmeinungen warnt. ***) Nicht aber geben wir zu, daß die großen Lehrer des Ordens, wie ein Alexander v. Hales, Skotus, Bonaventura, Roger Bakon, Johann v. Rochelle und ihre hervorragenden Schüler arabische Aristoteliker gewesen. Wir werden diese unsere Ansicht beweisen.

---

*) Op. c. Bd. VIII. p. 360.

**) Ibid. p. 481 u. 484. Auch Jourdain ist der Ansicht, daß Skotus die Einheit des Intellekts gelehrt habe. Op. c. t. II. p. 59.

***) Decretum est ad comprimenda ferocia et peregrina ingenia, ne quis adolescens quippiam a se excogitatum sive notulas a se collectas, sive quaestiones suo ingenio compositas auderet aliis extra sodalitium communicare, immo potius sequeretur doctrinam a suis magistris traditam, eorumque tereret vestigia. Lectoribus sive magistris serio cautum est, ne exoticas, novas, aut suspectas opiniones aliis traderent vel ipsi defenderent. Du Boulay, hist. univ. t. III. p. 511. Cf. Talamo, op. c. p. 308 ff. T. vertheidigt in einem eigenen Paragraph die Franziskanerschule gegen den Arabismus.

Alexander v. Hales ist weniger Philosoph als Theolog. Er hat keine Schriften oder Commentare über Aristoteles hinterlassen. Doch kennt er, wie schon erwähnt, die arabische und aristotelische Philosophie und verwerthet sie fleißig und häufig, wo er sie für brauchbar findet zum Aufbau seines theologischen Systems. Dabei hat er sich sorgfältig gehütet, einen arabischen Irrthum sich anzueignen. Hauréau muß ihm selber das Zeugniß ausstellen, daß er in der Erklärung der Dogmen skrupulös zu Werke gegangen, um nicht gegen die Kirchenlehre zu verstoßen.*) Ueberdieß hat Papst Clemens IV. die Summa theologiae 72 Theologen zur Prüfung vorgelegt und, nachdem diese sie correkt befunden, allen Schulen und Lehrern der Theologie empfohlen, weßhalb sie lange Zeit nicht blos bei den Franziskanern, sondern auch bei den Dominikanern in großem Ansehen gestanden. Der heil. Thomas beruft sich oft auf die Auktorität des doctor irrefragabilis. Hauréau behauptet wohl, daß Alexander v. Hales seine Psychologie dem Avicenna entnommen, aber derselbe Hauréau gibt an derselben Stelle die Definition des Alexander v. Hales von der Seele, welche ganz und gar aristotelisch und scholastisch ist. Auch seine anderen psychologischen Lehren sind mit geringen Abweichungen dieselben, wie wir sie bei einem heil. Thomas und Albert finden.

Wenn man Rénan reden hört, so hätte der Schüler des doctor irrefragabilis, Johann v. Rochelle († 1271), die ganze Psychologie des Avicenna gelehrt. Aber wenn wir seine Schrift de anima zur Hand nehmen, was finden wir? Wir finden darin alle peripatetischen Lehren des 13. Jahrhunderts. Die Seele ist nach ihm eine einfache, geistige Substanz; sie ist Formalprinzip des Leibes und belebt ihn. Die Seelenkräfte sind aufgezählt und unterschieden, wie bei den anderen scholastischen Lehrern. Ganz besonders ist der Unterschied zwischen dem höheren und niederen Erkennen betont. Es ist wahr, er bezieht sich in diesen Entwicklungen vielfach auf Avicenna; so folgt er demselben z. B. in der Auffassung des sensus interior, aber wer wird ihm das zum Vorwurf machen? Hauréau gibt Auszüge und eine Skizze dieses Traktates,**) die uns erkennen lassen, wie gewandt und sicher und eingehend man im 13. Jahrhunderte

---

*) T. I. p. 431.
**) T. I. p. 475—493.

psychologische Fragen behandelte. Er muß diesem Manuscripte, das nach ihm sehr verdiente, dem Staube der Bibliothek von St. Viktor entrissen zu werden, das schöne Zeugniß ausstellen: „Voici un témoin précieux, un témoin irrecusable, le premier d'entre nos docteurs qui ait composé, sur la nature et sur les facultés de l'âme, un traité vraiment didactique." *)

Eine eigenthümliche Erscheinung unter den mittelalterlichen Lehrern ist Roger Bakon († 1294). Er studirte den Aristoteles aus den Commentaren von Averroës und Avicenna. Letzterer steht ihm besonders hoch; er gilt ihm als „der vorzüglichste Nachahmer und Interpret des Aristoteles, als Führer und Fürst der Theologie." **) Der arabische Einfluß auf seine Lehren läßt sich nicht läugnen. Er ist besonders groß auf seine Psychologie und Erkenntnißlehre. Wer jedoch glauben wollte, Roger Bakon habe dem psychologischen Pantheismus der Araber gehuldigt, würde sich sehr täuschen. Es ist ein sehr wesentlicher Unterschied zwischen seiner Lehre und der des Averroës. Bakon nimmt im Menschen eine vernünftige Seele an, die eine geistige Substanz ist und sich mit dem Leibe zu Einer Natur und Person vereinigt. Diese Seele ist in ihrer Existenz unabhängig vom Leibe und darum unsterblich. ***) Bezüglich der höheren Erkenntniß besitzt die Seele einen intellectus possibilis, der seiner Substanz nach unvergänglich ist. Dieser menschliche Intellekt vermag aber nicht Tugend und Wissenschaft zu erkennen, sondern er muß vom intellectus agens erleuchtet werden. †) Der thätige Intellekt gleicht in seiner Thätigkeit

---

*) T. I. p. 482.

**) Quoniam ubique Avicenna fuit perfectus imitator et expositor Aristotelis atque dux et princeps philosophiae post eum, ut dicit Commentator ..., propter hoc sententiae Avicennae, quae plana et perfecta est, adhaerendum est. Op. Maj. ed. Jebb p. 262.

***) Cf. Op. Maj. p. 89. 180. 261 et alib.

†) Die Lehre über den intell. agens findet sich ausführlich: Op. Maj. p. 26. c 5. Die Hauptstelle lautet: Ponunt (philosophi) intellectum agentem et possibilem; anima vero humana dicitur ab eis possibilis, quia de se est impotens ad scientias et virtutes, et eas recipit ab aliunde. Interius agens dicitur, qui influit in animas nostras, illuminans ad scientiam et virtutem; quia licet interius possibilis possit dici agens ab actu intelligendi, tamen sumendo intellectum agentem, ut ipsi sumunt, vocatur influens et illuminans possibilem ad cognitionem veritatis. Et sic intellectus agens secundum

der Sonne. Wie diese die Körper erleuchtet und die Finsterniß verscheucht, so auch erleuchtet der thätige Intellekt die Seele beim Erkennen. Die Potenzialität der Seele wird durch den thätigen Intellekt aktualisirt. Dieser intellectus agens ist aber kein Theil der Seele, sondern er ist von ihr getrennt. Gott selber ist im letzten Grunde der intellectus agens, der als die Sonne der Wahrheit den Menschengeist erleuchtet. Der Menschengeist kann nämlich keine Wahrheit erkennen, außer in der urgeschaffenen Wahrheit. Wer sieht nicht sofort, daß der intellectus agens des Bakon etwas anderes ist als der thätige Verstand bei den Arabern? Nach den Arabern ist die Seele nicht geistig und unsterblich; nach Bakon ist sie eine vom Körper unabhängige und unsterbliche Substanz. In der arabischen Philosophie gehört das Erkennen nicht dem Menschen an, sondern dem intellectus separatus; nach dem Oxforder Franziskaner vollzieht sich die Erkenntniß im Menschen und ist eine menschliche Thätigkeit; allerdings bedarf der menschliche Intellekt der Illumination Gottes. Der intellectus agens ist bei Bakon Gott, während die Pseudo-Aristoteliker eine Sphäre des Himmels dazu machen. Wenn Roger Bakon bisweilen diesen Intellekt als einen Engelgeist faßt, der die Menschen im Erkennen erleuchtet, so bemerkt er ausdrücklich, daß diese Intelligenz nicht aus sich die Wahrheit mitzutheilen vermöchte, sondern nur in Folge der Erleuchtung von Gott.*) Daß Bakon selber seine Erkenntnißlehre nicht mit der des Averroës identificirt wissen wollte, geht klar daraus hervor, daß er die averroistische Lehre vom einzigen Intellekt einen „schändlichen Irrthum" nennt, einen Irrthum, der ihn sehr zweifeln lasse, ob das Gute, das Averroës lehre, von ihm selber sei.**) Sollen wir die Lehre Bakon's

---
majores philosophos non est pars animae, sed est substantia intellectiva alia et separata per essentiam ab intellectu possibili.

*) Op. Maj. p. 355 u. op. tert. p. 74.

**) Charles citirt in seinem Werke über Bakon ein Manuscript, dem wir folgende Stelle entnehmen: Duo sunt de erroribus suis magnis (Averrois), licet enim in multis dicat optime, tamen in quibusdam turpiter errat, ut patet de unitate intellectus in omnibus, et in quibusdam aliis, sicut ubique noto hoc, ubi opportunum. Per eum scire possumus, quod nihil est perfectum in humanis inventionibus, et credendum est, quod ea quae bene scripsit accepit ab aliis propter pinques errores quos ex sensu proprio interserit. Nam nunquam homo sic fundatus, ut scriptura sua declarat, posset ita turpiter errare, si ex suo sensu tam nobilia scripta emanarent. p. 321.

mit einer späteren philosophischen Richtung vergleichen, so scheint sie uns dem Ontologismus sehr ähnlich zu sein, viel ähnlicher als dem Averroismus. Dabei wollen wir nicht verschweigen, daß in untergeordneten Fragen der Franziskaner von Oxford dem Arabismus gehuldigt hat. Wie bekannt, hat er außerordentlich die Naturwissenschaften betrieben und ganz besonders die Astrologie. Letztere gilt ihm in gewisser Beziehung als die höchste Wissenschaft. Wie die Araber, schreibt er den Himmelskörpern einen ungeheuren Einfluß auf die Menschen und ihre Handlungen und Geschicke zu. Wenn er auch den Willen nicht geradezu und direkt von den Gestirnen beherrscht sein läßt, so üben dieselben auf Leib und Seele doch solchen Einfluß, daß in Folge desselben der Wille sehr von seiner Freiheit einbüßt. Die Geburt des Menschen, seine Lebensdauer, Gesundheit und Krankheit, Temperament, Leidenschaften, Eintritt des Todes hängen von den Gestirnen ab. *)

Wir übergehen den heil. Bonaventura und die „pantheistische Neigungen", die Ritter in ihm entdeckt haben will, da er anerkanntermaßen sich weniger mit der aristotelischen Philosophie befaßte, ja sogar eine gewisse Abneigung gegen den „Philosophen" verräth. Sein Schwerpunkt liegt in der mystischen Richtung. Wir bemerken nur noch, daß es eine ganze Schaar von Lehrern im Franziskanerorden gibt, die dem seraphischen Lehrer folgen.**) Diese alle kann somit im Voraus der Vorwurf des Arabismus nicht treffen. Sehen wir nun, ob die andere Richtung im Orden, der Duns Skotus seinen Namen gegeben, den Vorwurf verdient. Was den doctor subtilis betrifft, so ist unter den damaligen Lehrern vielleicht keiner, der den Averroës ob seiner Lehre vom thätigen Intellekt so sehr verfolgt, als er. Er verflucht ihn — ille maledictus Averroës; sein Irrthum ist ihm äußerst gefährlich, da er nicht nur den Glauben, sondern auch die Philosophie destruirt; ein Mensch, der einem solchen Irrthum huldigt, verdiene, daß man ihn von dem Verkehr mit vernünftigen

---

*) Cf. Roger Bakon von Dr. Leonh. Schneider, p. 83 ff.
**) Es sei davon der einzige Joannes Gualensis citirt, von dem mehrere theologisch-mystische Werke sich Anerkennung verschafft haben; cf. Hauréau, t. II. p. 229 et suiv. Es sei noch erwähnt, daß Raimund Lullus, der unermüdliche Kämpfer gegen den Islam, bei den Franziskanern studirt und das Kleid der mindern Brüder getragen habe.

Wesen ausschließe.*) Auch die anderen Irrthümer der Arabisten bekämpft er. Rénan meint wohl, Skotus hätte die Ewigkeit der Materie gelehrt, weil er der generischen und allgemeinen Materie eine Priorität zuschreibt. Aber die Lehre des Skotus von der materia prima hat mit der Ewigkeit der Materie nichts zu thun. Während der englische Lehrer die materia prima als formlos und ganz unbestimmt erklärt, läßt Skotus im Gegensatz zu ihm dieselbe bestimmt und formirt sein, so daß die allgemeine Materie schon vor ihrer Bestimmung zu den verschiedenen Arten der Dinge Sein und Wirklichkeit besitzt. Aber er stimmt mit dem heil. Thomas vollkommen überein, daß die materia prima von Gott geschaffen und nicht ewig ist. Allerdings ist richtig, daß diese Lehre des Skotus von der Materie, wenn sie auf den Menschen angewendet wird, sich dem Averroismus günstig zeigt. Hat nämlich die Materie schon aus sich eine Bestimmung, dann kann die Menschenseele dem schon bestimmten Stoffe nur noch eine sekundäre Bestimmung und Formirung geben, d. h. die Verbindung der Seele mit dem Leibe ist nur eine accidentelle, ähnlich wie der intellectus separatus im Erkennen sich mit dem Menschen accidentell vereinigt. Die Thomisten haben diesen schwachen Punkt der skotistischen Doktrin wohl erkannt und ihn in ihrem Kampfe verwerthet. So bemerkt z. B. Aegydius Colonna in seinem trefflichen Traktate de gradibus formarum accidentalium zu öfteren Malen, daß die Annahme von mehreren substantialen Formen im Menschen zur Lehre des Averroës führe und den Glauben zerstöre.**) Gewiß

---

*) Nec breviter invenitur aliquis philosophorum notabilis qui hoc neget; licet ille maledictus Averroës in fictione sua III. de anima, quae tamen non est intelligibilis nec sibi nec aliis, ponat intellectum esse quandam substantiam separatam mediantibus phantasmatibus nobis conjungibilem: quam conjunctionem nec ipse nec aliquis sequax ejus adhuc potuit explicare nec per illam conjunctionem salvare hominem intelligere. . . . Qui (error) pessimus est et solius Averrois, non tantum contra veritatem Theologiae, sed etiam contra veritatem Philosophiae . . . . et per consequens talis errans esset a communitate hominum et naturali ratione utentium exterminandus. In lib. IV. Sent. dist. 43. qu. 2.

**) Cum ergo ostensum sit, quod ponere gradus formarum est dicere animam uniri corpori per accidens; ponere hujusmodi gradus est incidere in positionem commentatoris et est evellere totam fidem. 1493 ohne Angabe des Druckortes.

aber ist, daß Skotus seine Lehre nicht für averroistisch hielt und daß er sich gegen solche Consequenzen verwahrte, als ob durch seine Lehre von der Materie die substantiale Einheit des Menschen aufgehoben würde.

Man hat auch öfters den Kampf zwischen Skotisten und Thomisten so aufgefaßt, als wären die Skotisten auf Seite des Averroës gestanden und deßhalb von den Thomisten so heftig befehdet worden. Dieser Kampf steht jedoch mit dem Arabismus in gar keiner Beziehung. Das Hauptstreitobjekt war das Individuationsprincip und die Lehre von der Einheit der Form im Compositum. Gerade aber bezüglich des Princips der Individualität weichen sowohl Thomisten als Skotisten von Averroës ab. Im Gegentheil die Skotisten suchten in diesem Kampfe den heil. Thomas und seine Anhänger des Averroismus zu verdächtigen. Wilhelm von Lamarre, Varron und Duns Skotus beschuldigen die Lehre des Aquinaten, das Individualitäts-Princip sei die Materie, des Averroismus. Kommt die Individualität von der Materie, ruft Wilhelm von Lammare, dann verschwindet die menschliche Persönlichkeit mit der Zerstörung des Körpers. Das aber ist die falsche und verwegene Lehre des Averroës. Aus diesem Grunde erklären sie die thomistische Lehre als verderblich für den Glauben und zur Häresie führend. Es gelang ihnen sogar, daß bald nach dem Tode des heil. Lehrers im Jahr 1276 einige Sätze von ihm censurirt und als des Arabismus verdächtig zu Paris verdammt wurden. *)

Die Vorwürfe, daß Skotus mit den Irrungen der deutschen Mystiker im 14. und 15. Jahrhundert in Verbindung zu bringen sei, läugnen wir entschieden, da sie durch nichts gerechtfertigt sind. Daß die deutschen Mystiker von dem arabischen Peripateticismus nicht frei gesprochen werden können, ist klar; aber daß Skotus die Quelle ist, aus der sie ihn geschöpft, ist eine willkürliche Annahme.

So steht denn fest, daß die Häupter der Franziskanerschule in dem großen Kampfe gegen die arabische Weltweisheit nicht unthätig gewesen oder gar auf Seite des Islam gestanden: sie haben treulich

---

*) Es sind drei Thesen, die Consequenzen aus der Lehre des englischen Lehrers über das Individuationsprincip enthalten. Die Censurirung erfolgte durch eine Versammlung von Theologen, wurde jedoch bald wieder aufgehoben; cf. Jourd., op. c. t. II. p. 48.

mitgeholfen in der Niederwerfung der geistigen Weltherrschaft der
Araber; es ist nichts ungeschichtlicher, als den Söhnen des heil. Fran=
ziskus die wohlverdienten Lorbeeren streitig zu machen. Die beiden
Orden lagen oft in argem Haber, wenn es galt ihre Schulmeinungen
zu vertreten; aber sie waren stets einig, wenn es galt, die christliche
Wahrheit und christliches Leben gegen getaufte und ungetaufte Musel=
männer zu vertheidigen.

5. Die wissenschaftliche Aufgabe des 13. Jahrhunderts und die Brauchbarkeit des Aristoteles zu derselben.

Es gibt nichts Unwahreres, als wenn man den Vätern Mangel
an gründlicher Wissenschaft und philosophischer Kenntniß vorwirft,
weil sie uns keine Systeme und Summen hinterlassen. Die Zeit der
Väter war keine Zeit des Unterrichts und des Schreibens, es war
die Zeit der Thaten. Die ersten drei Jahrhunderte hatten sie einen
blutigen Kampf auf der Arena des Colosseums und auf dem Blut=
gerüste zu bestehen, um der christlichen Cultur den Eingang in die
Welt zu erzwingen. Dann folgte ein 600jähriger Kampf gegen die
falsche Gnosis des Heidenthums, gegen die Irrlehren, die im eigenen
Schooße entstanden. Gleichwohl haben uns die Väter eine große
Anzahl von Folianten hinterlassen, die Zeugniß geben, daß sie tiefe
Wissenschaft besessen. Allerdings sind in denselben die philosophisch=
theologischen Materien nicht systematisch und erschöpfend behandelt,
sondern mehr fragmentarisch, wie es eben die Zeitverhältnisse oder
das Bedürfniß der Gläubigen oder der Angriff der Gegner erforderte.
Aber aus der Behandlung dieser einzelnen Fragen ersehen wir, daß
sie eine ganze Wissenschaft besessen, denn man kann partikuläre Dinge
nicht tief und erschöpfend behandeln, wenn man nicht richtige Prin=
cipien und ein wissenschaftliches Verständniß des Ganzen besitzt. So
finden wir wohl bei den Vätern keinen Wissensbau, aber kostbare
Funde und reiches Material zum Baue. Auch die ersten Jahrhun=
derte der Scholastik konnten diesen Bau nicht aufführen. Die Lehrer
im 9. und 10. Jahrhundert hatten vollauf zu thun, die Wunden zu
heilen, welche die Völkerwanderung, die Staatsumwälzungen, die
Revolutionen und Kriege geschlagen, und die Völker aus einer völligen
Barbarei und Unwissenheit herauszureißen. Erst im 11. und 12. Jahr=
hundert begegnen wir den ersten Versuchen, die Glaubenslehren in

ein System zu bringen und sie übersichtlich und einheitlich darzustellen. Den Anfang hiezu macht Anselm von Canterbury; er sucht mittelst der Vernunft so tief als möglich in die Geheimnisse des Glaubens einzudringen, aber immer unter Voraussetzung des Glaubens — credo ut intelligam. Noch mehr hat Abälard die von Anselm eingeschlagene Richtung verfolgt; er begründet den Glauben aus der heiligen Schrift, den alten Philosophen und der Vernunft. Ein schon ziemlich vollständiges System der Theologie finden wir in dem trefflichen Werke des Hugo von St. Viktor „de sacramentis". Die „libri sententiarum" des Lombardus sind ebenfalls eine systematisch geordnete Zusammenstellung der Dogmen und ihrer Folgesätze sammt Angabe der Beweise aus der heiligen Schrift, den Vätern und der Vernunft. Auch das Werk des Alanus „de arte sive de articulis fidei catholicae" gehört hieher; es verwerthet die Philosophie mehr, als die Letztgenannten und kann als die erste systematisch gefaßte Apologie des Christenthums gelten.

Aber trotz all der Bemühungen und trefflichen Leistungen dieser Theologen enthalten ihre Werke doch nur Versuche und Ansätze zu einem System. Es war eben keine kleine Aufgabe, alles bisherige Wissen der Väter, Philosophen und Theologen in einen einheitlichen Organismus, zu einem Ganzen zu vereinigen. Es fehlte dazu alles. Es fehlte eine fixe und constante Terminologie; der Sprachgebrauch war noch zu sehr schwankend; es fehlte an einer Philosophie, die klare Begriffe und durchschlagende Principien gewährte.

Das Bedürfniß nach einer solchen systematischen Zusammenfassung machte sich deßhalb gegen Ende des 12. und im 13. Jahrhundert immer fühlbarer. Es zeigte sich so recht in der Schriftauslegung. Hier herrschte große Unsicherheit und vielfaches Schwanken. Auch die besten Ausleger wie Hugo von St. Viktor gehen sehr willkürlich zu Werke. Jeder schafft sich seine eigene Methode der Auslegung. Die allegorische Deutung wurde nicht selten zu weit ausgedehnt und mißbraucht. Nicht minder wird der Mangel systematischer Behandlung in der Philosophie gefühlt. Zeigen wir das an einem Manne, der gewissermaßen auf der Uebergangsstufe in die Blüthezeit der Scholastik steht. Es ist Wilhelm v. Auvergne. Er kennt wohl die aristotelisch-arabische Philosophie und er ist unermüdlich in ihrer Bekämpfung, wie wir gesehen, aber sie findet sich bei ihm noch weniger verwerthet. Deßhalb schwankt er fortwährend zwischen den platonischen

Lehren eines Abelard v. Bath und Bernhard v. Chartres und den aristotelischen Ansichten.*) Dieß zeigt sich ganz besonders in seiner Psychologie; er will sich vom Platonismus losmachen, bleibt aber noch stark Platoniker. So ist es gekommen, daß sich bei ihm vielfach widersprechende und unvermittelte Ansichten finden. Er sieht das Unverträgliche und Entgegengesetzte derselben nicht ein, weil noch kein System vorhanden ist, das Ordnung und Unterordnung und Ausscheidung in dieses reiche Material bringt, ein System, das jeder Lehre ihren Platz anweist. Werner schließt deßhalb seine Untersuchungen über die Psychologie Wilhelm's mit den Worten: „Ziehen wir die Schlußsumme aus unseren bisherigen Anführungen und Auseinandersetzungen, so ergibt sich als unzweifelhaftes Resultat für Wilhelms Zeitalter ein Zustand philosophischer Bildung, der die nachfolgenden Bemühungen der peripatetisch geschulten theologischen Summisten des 13. Jahrhunderts als ein Bedürfniß für jene Zeit, und die Errungenschaften jener Bemühungen als einen wirklichen geistigen Fortschritt erkennen läßt. Mag man über die peripatetische Scholastik des Mittelalters wie immer denken, Schule und Methode, encyclopädische Ueberschau und systematische Zusammenfassung des in irgend einem Zeitalter Gedachten und Gewußten bleiben immer die ersten und fundamentalsten Bedingungen eines geordneten und geregelten Erkenntnißstrebens und Wissenschaftsbetriebes; unser Traktat de anima aber, der am Eingang des 13. Jahrhunderts steht, ist durch sich selber ein lebendiges Zeugniß dessen, daß es dazumal an dem Genannten noch merklich fehlte, und ein durchgreifendes Medium und Vehikel tüchtiger Denkschulung noch nicht aufgebracht war." **)

All diesen Uebelständen half mit einem Male das Bekanntwerden mit Aristoteles ab. In seiner Philosophie fanden sie eine Wissenschaft, die alle Zweige menschlicher Erkenntniß umfaßte und die trotz ihrer Universalität organisch und systematisch gegliedert war. Wie sie in die Weite gieng, so gieng sie auch in die Tiefe. Sie gewährte Schärfe der Begriffe, wissenschaftliche Methode und weittragende Principien. Diese Encyclopädie alles natürlichen Wissens benützten

---

*) Werner weist dies nach in seiner Schrift „Wilhelms von Auvergnes Verhältniß zu den Platonikern des XII. Jahrhunderts", Wien 1873.

**) „Die Psychologie von W. v. Auvergne". Wien 1873 p. 68. Cf. Raumer op. c. Bd. VI. p. 575.

die mittelalterlichen Lehrer als Unterbau, um darauf die Glaubens=
wahrheit aufzubauen und die Harmonie beider zu zeigen.

Man hat oft die Frage gestellt, warum die Scholastiker nicht
die platonische Philosophie der aristotelischen vorgezogen haben, da
doch erstere in ihrem Inhalte dem Christenthum viel näher stehe, als
die aristotelische. Man glaubte den Grund hiefür darin zu finden,
daß Plato damals zu wenig bekannt war. Es ist richtig, daß die
Werke Platon's bis zum 13. Jahrhundert soviel wie nicht gekannt
waren. Man besaß bis zum 13. Jahrhundert nur den Timäus*)
und diesen nur in Uebersetzungen; erst im 13. Jahrhundert findet
sich auch eine Uebersetzung von Phädon im Gebrauch. Aber wenn
man auch die platonischen Werke weniger kannte, so kannte man die
platonischen Lehren aus den Werken der Väter, besonders aus dem
heil. Augustin. Hatten ja doch mehrere unter den scholastischen Leh=
rern des 11. und 12. Jahrhunderts mit Vorliebe den Plato benützt,
so daß man sie in der Geschichte der Philosophie als „Platoniker"
bezeichnet wie Abälard, Bernhard von Chartres, Walter v. Mortaigne,
Gilbert und ganz besonders Abelard von Bath. Ferner kamen im
13. Jahrhundert auch alle platonischen Werke theils von den Arabern,
theils von Constantinopel in's Abendland, so daß man fast zur selben
Zeit im Abendlande die Werke des Plato und Aristoteles besaß. Die
Unkenntniß der platonischen Philosophie kann somit nicht der Grund
sein, warum sie dem Aristoteles den Vorzug gaben. Der Grund ist
einzig der: sie hielten den Aristoteles für die wissenschaftliche Aufgabe,
die sie zu lösen hatten, nämlich einen christlichen Wissensbau aufzu=
führen, für viel geeigneter als Plato. Um diesen Punkt, der für
die Beurtheilung der Scholastik von weittragender Bedeutung ist, völlig
klar zu machen, wollen wir einige Gründe näher erörtern, welche
ganz besonders die Lehrer des 13. Jahrhunderts veranlaßten, den
Aristoteles jedem andern Philosophen vorzuziehen.

1. Was für jede Wissenschaft unerläßlich nothwendig, wenn sie
systematisch behandelt werden soll, und was noch mehr für eine
Encyclopädie der Wissenschaften nothwendig ist, das ist strenge logische
Behandlung. Bei wem aber hätten die scholastischen Lehrer die logische
Behandlung besser erlernen können, als bei dem Vater der Logik.

---

*) Cf. Hauréau, Histoire de la philos. scolastique. Paris 1872 tom. I.
chap. VI. Cf. Ritter op. c. Bd. 7. p. 70 u. 80.

Allerdings hat Plato wichtige Punkte der Logik erörtert, aber dieselben finden sich zerstreut in seinen Dialogen. Erst Aristoteles hat die Logik zur Wissenschaft ausgebildet, vielfach erweitert und systematisch behandelt. Keiner hat es wie er verstanden, die Tiefen unseres Geistes zu erforschen, die Akte des Denkens gewissermassen zu seciren und ihre Gesetze festzustellen und zu begründen. In seinen logischen Schriften hat er der Wissenschaft ein Instrument verliehen, dessen richtige Handhabung sie den Irrthum vermeiden und sicher auf dem königlichen Wege der Wahrheit einherschreiten läßt. Mit Recht schreibt von diesem Instrumente Trendelenburg: Quae exposuit, ea, quoniam non dies commenta est, nec dies delebit; valuerunt per duo millia annorum; agnoscuntur, suspiciuntur vel ab iis hodie philosophis, qui ab Aristotelis logica quam longissime recessisse videantur. *) Wie wahr dieß ist, beweist die Thatsache, daß, sobald die logischen Schriften des Stagiriten bekannt wurden, auch die entschiedensten Platoniker des Mittelalters sie benützten und den Aristoteles als Logiker dem Plato vorzogen. **)

2. Außer der Logik erfordert ein wissenschaftliches System ganz besonders eine gute M∶thode. Aber gerade bezüglich der Methode muß unbedingt dem Aristoteles der Vorrang vor jedem andern Philosophen eingeräumt werden. Gerade in der methodischen Behandlung differenziren Plato und Aristoteles am meisten, viel mehr als im Lehrinhalt. Plato folgt einseitig der synthetischen Methode; er schweift im Allgemeinen, nur dem Idealen zugekehrt. Dazu kommt noch, daß er seine Lehren in die dialogische Form kleidet, welche eine streng wissenschaftliche Behandlung an und für sich ausschließt. Dagegen sehen wir Aristoteles die beiden Wege wandeln, auf denen der menschliche Geist zum Wissen gelangt, die Induktion und Deduktion. Er steigt vom Singulären zum Allgemeinen auf, um dann progressiv vom Allgemeinen aus die Erkenntniß zu vervollkommnen und zu vollenden. Daher kommt es, daß Aristoteles seinen Gegenstand immer erschöpfend behandelt und daß bei ihm alles einheitlich zusammenhängt. Und weil er im Gegensatz zu Plato die Erfahrung außerordentlich

---

*) Elementa Logices Aristoteleae. edit. VI. Berol. 1868 in praef.
**) Ritter, op. c. Bd. 7. p. 120 ff. Hat doch der Neuplatoniker Porphyrius die berühmte Isagoge zum Organon des Aristoteles geschrieben, die noch immer den aristotelischen Werken vorgedruckt wird.

betont und Schritt für Schritt ihr folgt, erhalten seine Untersuchungen eine ganz besondere Sicherheit und Präcision.*) Sehr wohl hat Albert d. Gr. diesen methodischen Unterschied zwischen den beiden großen Philosophen erkannt, wenn er sagt: Hoc (meo judicio) omnis causa fuit controversiae inter Platonem et Aristotelem quod ille rationes universalium sequi voluit, et ex illis rerum principia quaesivit. Aristoteles autem non sic, sed ex naturis rerum quaesivit principia rei. **)

3. Mit den beiden genannten Vorzügen hängt ein dritter innig zusammen. Plato bedient sich einer blühenden, rhetorischen und nicht selten mit Poesie durchwebten Sprache. Er trägt seine Lehren gern in Bildern, Fabeln, in mythischer und allegorischer Darstellung vor. Aber wer weiß nicht, daß eine solche Darstellung, so sehr sie die Zuhörer zu packen und hinzureißen vermag, der wissenschaftlichen Klarheit sehr Eintrag thut und leicht zu Mißverständniß und unrichtiger Auffassung Anlaß gibt? Es hat sich deßhalb schon der heil. Augustin des öfteren beklagt, daß Plato und seine Schule ihre Ansichten, und gerade in den wichtigsten Fragen, verbergen und im Dunkeln lassen. Höher ist darum zu schätzen der schmucklose, trockene und mathematische Styl des Stagiriten, der alles auf den kürzesten Ausdruck zurückführt und nie mehr Worte gebraucht, als absolut

---

*) In neuerer Zeit hat Gastmann eine sehr gediegene Schrift „de methodo philosophandi Aristotelica" (Groningae 1845) veröffentlicht. Nach ihm liegt der Vorzug der aristotelischen Methode darin, daß Aristoteles überall von der Erfahrung ausgeht. Ex his igitur apparet, quod ab initio ostendere instituimus, Aristotelem in omnibus omnino disciplinis a singulis quibusque rebus sensui obviis contemplandis indagandisque inquirendi initium fecisse. Ibid. p. 62.

**) In l. II. Sent. Dist. I. a. 4. Ebenso macht der englische Lehrer an vielen Stellen auf die Vortrefflichkeit der aristotelischen Methode aufmerksam. So schreibt er in der quaest. de spirit. creat. art. III.: Harum autem duarum opinionum diversitas ex hoc procedit, quod quidam ad inquirendam veritatem de natura rerum processerunt ex rationibus intelligibilibus, et hoc fuit proprium Platonicorum; quidam vero ex rebus sensilibus, et hoc fuit proprium Philosophiae Arist. ut dicit Simplicius in commento super praedicamenta. Cf. in l. I. Metaph. lect. XV. Es ist deßhalb nicht richtig, wenn Gastmann schreibt: Post Scholasticos autem praeter observationem, „Aristotelis methodum esse analyticam" nihil fere hac de re dictum inveneris. Op. c. p. 21. Die Scholastiker haben recht wohl die Vorzüge der aristotelischen Methode vor der platonischen gekannt.

nothwendig. Wenn man die Wörter mit Münzen vergleicht, so ist zu sagen, daß Aristoteles jene wissenschaftlichen Münzen, jene termini geprägt hat, die bis auf den heutigen Tag ihren Werth behalten und das wissenschaftliche Leben vermitteln.

Diese nüchterne Darstellungsweise haben alle Scholastiker sehr zu würdigen gewußt; sie bemerken diesen Vorzug an vielen Stellen. So lesen wir bei Albert: Plato sicut et alii antiqui omnia per metaphoricas similitudines tradiderunt, quae de physicis intellexerunt. Cujus causa fuit, quia per propria exprimere quae senserunt nesciverunt.*) Und der heil. Thomas,**) Skotus und die übrigen Lehrer tadeln oft die bildliche Darstellung des Plato als eine unwissenschaftliche, die für einen Philosophen nicht passe, weil dieser ex propriis und nicht per enygmata lehren müsse. Aus demselben Grunde loben sie den Aristoteles, wenn er sich hütet, veraltete, dunkle und mangelhafte Termini zu gebrauchen. So schreibt der englische Lehrer: Non est consuetudo Aristotelis defectivis locutionibus uti, quamvis sit breviloquus. ***)

4. Die Methode des Aristoteles hat dadurch noch mehr gewonnen, daß er der Erste ist, der in fast all seinen Untersuchungen h i s t o r i s ch zu Werke geht. Er begründet den Nutzen der Geschichte in der Wissenschaft ausdrücklich und deßhalb führt er immer, bevor er an die Lösung einer Frage geht, die Ansichten der alten Philosophen an. Er diskutirt all die verschiedenen Meinungen und die Zweifel und Schwierigkeiten, die sich bei einer Frage erheben. So beginnt er z. B. seine Untersuchung de anima folgendermassen: Verum enimvero necesse est considerantes de anima, et de his dubitantes ac ambigentes quae nos oportet procedentes invenire atque percipere,

---

*) De anima l. III. tr. II. c. 10. In seinem Commentar zur Metaphysik beklagt er sich sehr über diejenigen Philosophen, welche „fabulose" philosophiren und hält sie nicht für werth, daß man sich mit ihnen befaßt. Sed in ista philosophia non est dignum cum studio intendere de his, quae fabulose sunt sophizata. In l. III. Met. tr. II. c. 10.

**) Consuetudo sua (Aristotelis) est semper ad propositum ex propriis argumentari. In Phys. l. VIII. lect. I. Cf. In Met. l. I. lect. XV.; l. III. lect. XI. und In Phys. l. I. lect. XV.

***) In l. II. de Coelo lect. XVII. In demselben Commentar l. III. lect. III. heißt es: Non est consuetudo Aristotelis, ut ex abusivis locutionibus argumentetur.

in medium eorum antiquorum afferamus opiniones, qui de anima tractarunt aliquid atque dixerunt, ut ea quidem accipiamus, quae bene sunt dicta, ab iis autem caveamus, quae non bene recteque dicta fuere (I. c. 2.). Dadurch hat sich Aristoteles nicht wenig um die Geschichte der Philosophie verdient gemacht, so daß Ravaisson keinen Anstand nimmt, ihn den Begründer der Geschichte der Philosophie zu nennen. Den Peripatetikern des Mittelalters blieb auch dieses Verdienst nicht verborgen; sie anerkennen es an vielen Stellen und folgen dieser historischen Methode. Consuetudo Aristotelis fuit, schreibt der Aquinate, fere in omnibus libris ut inquisitioni vel determinationi veritatis praemitteret dubitationes emergentes.*) Wir brauchen nicht weiter auseinanderzusetzen, daß wir bei Plato von einer Rücksichtnahme auf die wissenschaftliche Tradition, die Einwürfe der Gegner und deren Bedenken kaum eine Spur finden, wie auch nichts von historischer Kritik.

Die scholastischen Lehrer kennen jedoch nicht blos die Vorzüge der aristotelischen Methode gut, sie folgen derselben auch. Wie die ganze Spekulation durch die Aufnahme der aristotelischen Philosophie eine ganz andere wird, so auch die Methode. Die Lehrer folgten bisher in ihren Schriften keiner bestimmten und allgemein gültigen Darstellungsweise; jeder behandelte den Gegenstand in der Weise, wie es ihm am besten dünkte; die platonische Methode mit ihren Bildern, Allegorieen und ihrer poetischen und rhetorischen Ausschmückung war vorherrschend. Vom 13. Jahrhundert angefangen wird die wissenschaftliche Behandlungsweise aristotelisch. Die Entwickelung des Gegenstandes beginnt mit der Fragestellung, daher „quaestiones" der Inhalt ihrer Summen. „Utrum sit necessarium praeter philosophicas disciplinas aliam doctrinam haberi" beginnt der erste Artikel der Summe des englischen Lehrers und dieses „utrum" kehrt an der Spitze der Tausende von Artikeln immer wieder. Nach der Fragestellung folgen die Gründe, welche für die Affirmation und Negation sprechen. Immer gehen in den Artikeln des heil. Thomas das „videtur quod non" und das „sed contra est" der solutio voraus, wie bei Skotus das „arguitur quod non" immer wiederkehrt, ehe sein „ponuntur conclusiones" folgt. Ist das pro und contra angeführt und so der status quaestionis hergestellt, dann folgt die

---

*) In l. III. Met. lect. I. Cf. In l. III. Polit. lect. XI.

Entscheidung des Lehrers kurz und bündig in einem kategorischen
Satze, der dann in verschiedener Weise syllogistisch begründet wird.
Den Schluß bildet die Widerlegung der Gegengründe und die Lösung
von Difficultäten. Diese aristotelische Methode findet sich wohl nicht
bei allen Lehrern in gleicher Strenge und Reinheit durchgeführt, aber
sie liegt all ihren Summen und Quästionen und Quodlibeta und
Commentaren mehr oder minder zu Grunde; sie ist die allgemeine
Schulmethode. Am reinsten findet sie sich in der Summa theologiae
des Aquinaten angewendet, die er für die Anfänger in der Theologie
geschrieben und in der er deßhalb alles bei Seite lassen mußte, was
die klare Darstellung und systematische Ordnung beeinträchtigen konnte.

Ich weiß es: diese Methode hat viel Lob und viel Tadel er=
fahren. Die Einen machen gerade dieses trockene und geisttödtende
Formelwesen der Scholastik zu einem Hauptvorwurf, andere sind der
Ansicht, „daß eine solche scholastische Palästra des Syllogismus unserer
heutigen Philosophie nicht schaden könnte." *) Wir gehen auf eine
Untersuchung des Werthes dieser Methode nicht ein. Wir behaupten
nur: für die damaligen wissenschaftlichen Verhältnisse war sie eine
Nothwendigkeit. Vergegenwärtigen wir uns die oben geschilderten
Zustände: der reiche Schatz der christlichen Wissenschaft war nicht
gesichtet und von dem Verfänglichen gereinigt; das Hereinfluthen des
Arabismus stellte alle höhere Wahrheit in Frage; Pantheismus und
Indifferentismus wetteiferten mit allen möglichen Sekten und mystischen
Richtungen; die Verwirrung in der geistigen Welt war babylonisch.
Um in solcher Verdunkelung und Verwirrung der Geister das Wahre
vom Falschen zu scheiden, den Irrthum unter der schillernden Form
zu entdecken und ihn bis in den verborgensten Schlupfwinkel zu ver=
folgen, war eine strenge Methode nothwendig, eine Methode, die von
der Sache alles Fremdartige und Unzugehörige scheidet und den
Gegenstand auf einfache, ich möchte sagen, mathematische Formen
zurückführt und dadurch einen sichern Gang für die Entwicklung der
Wahrheit garantirt. Man denke sich eine weniger strenge, aber mehr

---

*) Trendelenburg in s. „Erläuterungen zu d. Elementen der aristot. Logik".
Berlin 1861. Es ist nur zu wahr, wenn Tr. an derselben Stelle von der mo=
dernen Philos. schreibt: „Wiewohl sie vornehm meint, darüber hinaus zu sein,
würde sie sich mancher ihrer Schlüsse schämen, wenn diese, in die nackte Form
des Syllogismus gefaßt, ihre verkleidete Schwäche eingestehen müßten."

glänzende Methode, schreibt Jourbain,*) und die Confusion in den Ansichten wäre continuirlich geworden; bei der Dunkelheit der Begriffe und Unbestimmtheit der Terminologie hätten sich die Irrthümer nie verloren: alles wäre unsicher und schwankend geblieben, die Geister wie die Charaktere. Das Christenthum hätte sich nicht so fest begründen können und die Welt hätte nicht die wundervollen Schöpfungen zu schauen bekommen, die der Glaube, streng definirt und entwickelt, hervorbrachte.

5. Mehr noch als aus diesen methodischen Gründen haben die Scholastiker die aristotelische Philosophie ob ihrer **Universalität** der platonischen vorgezogen. Die Lehrer des 13. Jahrhunderts wollten, wie wir gesehen, ein System christlicher Wissenschaft schaffen, einen Wissensdom, in welchem alle natürliche und übernatürliche Wahrheit in schönster Harmonie zum Preise des Ewigen sich erheben sollte. Niemand konnte ihnen bei dieser Aufgabe förderlicher sein, als der Philosoph von Stagira. Er hat alle Theile des menschlichen Wissens erforscht, und kein Gebiet gibt es, in dem er nicht bewandert gewesen. Die meisten seiner Werke sind nicht auf uns gekommen; der kleine Theil aber, den wir besitzen, gibt Zeugniß von seinem unermeßlichen Wissen. Sie behandeln alle Theile der theoretischen und praktischen Philosophie, wie Logik, Metaphysik, Psychologie, Moral- und Social-Philosophie; seine Bücher über die Physik und Meteorologie enthalten alles, was das Heidenthum an Natur- und Himmelskenntnissen besessen. Seine Zoologie ist noch heute von Bedeutung, und sogar über Poesie und Rhetorik enthalten seine Bücher Brauchbares. Und trotz dieser Weite des Materials, das den ganzen Erdball einschließt, geht die Einheit und das System nicht verloren. In ihm vereinigt sich wie in einem Brennpunkt alles heidnische Wissen. Es ist vollkommen wahr, wenn Trendelenburg sagt: „Aristoteles ist ein unermeßlicher Geist. Nichts ist so groß und nichts ist so klein, das er nicht beobachtete, nicht ergründete, und kaum hat sich wieder in irgend Einem die Richtung auf die unendliche Masse des Einzelnen und die entgegengesetzte auf den diese Masse beherrschenden allgemeinen Gedanken so durchdrungen, wie in ihm.**) Wie hätten ein heil. Thomas und Albertus dieses ungeheure Material übersehen können?

---

*) Op. c. t. II. p. 308.
**) „Kleine Schriften"; 2. Bd. p. 254.

oder wie hätten sie nicht sofort dessen Brauchbarkeit für ihren
Wissensorganismus einsehen sollen? Sie mußten erkennen, daß sie
mit der Aufnahme der aristotelischen Wissenschaft in ihr System alles
natürliche Wissen demselben einverleibten. Diese Erkenntniß hat sie
so eifrig den „Philosophen" studiren und commentiren lassen, um
möglichst viel geistiges Material für ihren Zweck aus diesem Meere
des Wissens zu schöpfen. Daß dieß der Beweggrund zum Studium
desselben gewesen, sagt uns der Lehrer des heil. Thomas in seiner
Einleitung zum Commentar über die Ethik klar. Er bemerkt dort,
daß zwar viele über die Tugend geschrieben, daß er aber gleichwohl
ihre Werke nicht exponire. Und unter den Gründen, warum er die
Ethik des Aristoteles und nicht die des Sokrates oder Plato erkläre,
führt er die universelle und vollkommene Behandlung der aristotelischen
Ethik an — quia nullus de omni scibili scripsit nisi ipse. Socrates
quidem in genere multum laudari jubetur, sed ultra virtutes
morales tractando non processit. Plato etiam virtutem purgantem
purgatoriam et purgati animi determinans effectus virtutis in
anima distinxit, sed non de omni virtute secundum genus et
species perfecte tractavit. Iste autem (Aristoteles) perfectius
omnibus tradidit genera virtutum et species distinguens et ante-
cedentia et consequentia et opera et propria et effectus. Et ideo
bonum hominis in quantum homo est in quatuor voluminibus
completur; . . . . et in tali consideratione complevit scientiam
hominis in libro qui dicitur Ethic. *) Wegen dieser Universalität
der Forschung will Roger Bakon **) den Aristoteles allen andern

---

*) l. I. tract. I. c. 7.

**) Nach Bakon hat Arist. die Philos. vollendet; er gilt ihm als der „philo-
sophorum doctissimus". Wenn die „Heiligen" i. e. die Kirchenväter die aristot.
Philos. gekannt hätten, würden sie sich gewiß derselben bedient und nicht die cineres
philosophicos i. e. Platonem zur Vertheidigung des Glaubens verwendet haben.
Hören wir Bakon selber: Hic (Aristoteles) praecedentium philosophorum errores evacuavit et augmentavit philosophiam, aspirans ad ejus complementum, quod habuerint antiqui Patriarchae, quamvis non potuit singula per-
ficere. Nam posteriores ipsum in aliquibus correxerunt et multa ad ejus
opera addiderunt et adhuc addentur usque ad finem mundi, quia nihil est
perfectum in humanis inventionibus, ut in prioribus est expositum. Hunc
natura firmavit, ut dicit Averroës in III. de anima, ut ultimam perfectionem
hominis inveniret. Hic omnium philosophorum magnorum testimonio prae-

vorgezogen wissen und findet es ganz in der Ordnung, daß er schlechthin mit „philosophus" bezeichnet wird.

Das sind die hauptsächlichsten Gründe, welche die Scholastiker zu so großen Verehrern und Anhängern und eifrigen Pflegern der aristotelischen Philosophie machten. Aus der Ueberzeugung, daß er am besten von allen Philosophen die natürliche Wahrheit erkannt, fließen die außerordentlichen Lobeserhebungen, die sie ihm ertheilen, wenn sie ihn bald den princeps Peripateticorum, bald den philosophorum doctissimus oder summus philosophorum nennen oder gar als regula veritatis aufstellen. Immer geschieht es, weil er die Wahrheit gelehrt — quod Aristoteles verum dixit. *)

Aus diesen Gründen ergibt sich klar, wie unwahr es ist, wenn manche behaupten, die Scholastiker hätten sich deßwegen dem Aristoteles ergeben, weil er damals in solchem Ansehen stand, daß ein Kampf gegen ihn als ein Kampf gegen die Wissenschaft erschien. Sie seien ihm mehr gezwungen gefolgt, weil sie nicht gegen den Strom der Zeit schwimmen wollten. Gerade das Gegentheil ist wahr. Die Scholastiker sind nicht gezwungen und blindlings, der allgemeinen Begeisterung für den Stagiriten huldigend, seiner Lehre gefolgt, obschon sie dieselbe für minder gut und brauchbar erkannt hätten, sondern weil sie wohl gesehen, welche Perlen von Wahrheit sie enthalte und wie sehr sie sich verwerthen lasse zur Vertheidigung der christlichen Lehre und zum Aufbau der Glaubenswissenschaft. Sie sind ihm gefolgt, weil er, um mit einem Scholastiker selber zu reden, vernünftiger als alle andern philosophirt hat — quia rationabilius locutus est. **)

Wenn aber die mittelalterlichen Lehrer dem Aristoteles nicht aus

---

fertur philosophis, et philosophiae adscribendum est id quod ipse affirmavit, unde nunc temporis autonomatice Philosophus nominatur in auctoritate philosophiae, sicut Paulus in doctrina sapientiae sacrae. Op. maj. pars II. c. 8. p. 36.

*) Conveniunt omnes peripatetici in hoc quod Aristoteles verum dixit: quia dicunt, quod natura hunc hominem posuit quasi regulam veritatis in qua summam intellectus humani perfectionem demonstravit. Alb. M. de an. l. III. tr. 2. c. 3.

**) Non credimus huic homini magis, quam aliis nisi quia rationabilius locutus est. Sic ergo non credimus philosophis nisi quatenus rationabiliter locuti sunt. Aegidius Romanus führt diese Worte des Aler. v. Hales an in II. Sent. dist. I. p. I. qu I. a. 2.

Zwang folgten und nicht aus blinder Begeisterung und auch nicht um der aristotelischen Philosophie selber willen, sondern nur, weil sie in seinen Lehren ein brauchbares Mittel für die Vervollkommnung der christlichen Wahrheit erblickten, dann wird auch jene in allen Tonarten variirte Anklage sklavischer Abhängigkeit hinfällig. Wenn Aristoteles nur Mittel ist für einen höheren Zweck, dann kann von einer Aristotelomanie unmöglich die Rede sein; denn das Mittel hat sich nach dem Zwecke zu richten und nicht umgekehrt. Das Mittel wird nur insoweit gebraucht, als es zur Erreichung des Zweckes förderlich ist. In dieser Beziehung schreibt Ritter ganz wahr: „Faßt man das Verhältniß der scholastischen Philosophie zur Aristotelisch=Arabischen Lehre in diesem Lichte auf, so wird man freilich das Vorurtheil ganz beseitigen müssen, als wären die Scholastiker von dieser in einer sklavischen Abhängigkeit gewesen. In der That kaum genug würde man sich darüber wundern können, daß dieser Irrthum so lange sich erhalten habe, wenn man nicht wüßte, daß die Zeiten, welche ihm huldigten, von dem Sinne der Arabisch=Aristotelischen Philosophie ebensowenig als von der scholastischen verstanden. Weit davon entfernt dem Aristoteles und den Arabern in allem beizustimmen, gebrauchten die Philosophen des 13. Jahrhunderts nur einen Theil ihrer Sätze, um sich in ihrer christlichen Ansicht der Dinge fester zu setzen, das Wesen ihrer Lehre zielte aber vielmehr darauf ab, den Gegensatz ihrer Denkweise gegen die Lehren der Heiden und Muhammedaner in das Licht zu stellen." *)

---

*) Bd. 7 d. cit. W. p. 153.

II. Abschnitt.

Von dem Gebrauche, den die Scholastik von Aristoteles machte.

Nachdem wir die zwei Hauptgründe behandelt, welche die Lehrer des 13. Jahrhunderts zum Studium der aristotelischen Philosophie bewogen, haben wir nunmehr darzuthun, welchen Gebrauch sie von derselben machten. Wir können eine dreifache Thätigkeit der Scholastiker bezüglich der peripatetischen Philosophie unterscheiden: sie commentirten die Werke des Stagiriten, corrigirten die Irrthümer und suchten die aristotelische Philosophie zu entwickeln und fortzubilden. Um einzusehen, wie vorurtheilslos sie an diese dreifache Aufgabe gegangen, wollen wir zuvor ihre Ansichten über die Auktorität in der Philosophie im Allgemeinen und speciell über die des Aristoteles besprechen.

1. Die Ansicht der Scholastik über die Auktorität in der Philosophie im Allgemeinen und über die des Aristoteles.

Wer nur ein wenig mit den Werken der alten Schule bekannt ist, der weiß, daß sie als die primäre Quelle der philosophischen Wahrheit die Vernunft bezeichnen. Während in der Theologie die Auktorität alles ausmacht, ist es in der Philosophie die Evidenz, die Vernunfteinsicht, auf der die Philosophie sich aufbaut. Die Auktorität ist für Lehrsätze und wissenschaftliche Probleme an sich kein genügender Beweis; sie darf nur zu den aus der Vernunft gegebenen Beweisen hinzutreten, um dieselben durch das Zeugniß gewichtiger Männer zu verstärken. Wir lesen deßhalb bei allen Scholastikern abfällige Urtheile über den Auktoritätsbeweis; sie halten ihn für den schwächsten — locus ab auctoritate infirmior ceteris,*) infirmissimus, valde

---

*) In theologia locus ab auctoritate est ab inspiratione Spiritus veritatis. Unde Augustinus in I. super Genes. ad lit. dicit, quod major est hujus scripturae auctoritas, quam omnis humani ingenii perspicacitas. In

debilis.*) Sie machen sich lustig über das αὐτος ἐγα der Pythagoräer und finden in der Hingabe an die Auktorität lediglich um der Auktorität willen ein Hinderniß für die Wissenschaft. Der Philosoph müsse der Vernunft folgen und nur wenn die Auktorität mit dieser übereinstimmt, dann dürfe man ihr folgen. In heftigen Worten eifert z. B. Durandus gegen die Auktorität in der Philosophie. Die menschliche Vernunft, sagt er, geht jeder Auktorität vor. Ist es Pflicht, alle Menschen zu lieben, so ist es noch mehr Pflicht, die Wahrheit zu lieben. Fast mit denselben Worten drückt Albert sich an der citirten Stelle aus, wenn er sagt: nec ita amandus est aliquis, ut veritas deseratur propter eum: quia licet diligamus et veritatem et amicos, tamen omnibus oportet praehonorare veritatem.

Unter allen ist aber Roger Bakon der größte Eiferer gegen die Auktorität in der Philosophie. In seinem „opus majus" handelt der 1. Theil**) von den Hindernissen der Philosophie und als solche sind aufgeführt: Auktorität, Gewohnheit und Nachahmung. Er schärft

---

aliis autem scientiis locus ab auctoritate infirmus est et infirmior ceteris, quia perspicacitati humani ingenii, quae fallibilis est, innititur. Alb. Magn. S. th. I. pars tr. I. qu. 5. membr. II. Cf. in l. IV. Met. tr. III. c. 2. Aehnlich schreibt der Engel der Schule: Licet locus ab auctoritate, quae fundatur super ratione humana, sit infirmissimus; locus tamen ab auctoritate quae fundatur super revelatione divina est efficacissimus. S. th. I. qu. I. art. 8 ad 2. Dieselbe Ansicht kehrt an vielen Stellen wieder. Oft finden wir bei ihm das Wort: amicus quidem Socrates, sed magis amica veritas. In s. Commentar zur Ethik heißt es: Magis debemus amare veritatem, quam hominem.

*) Aegid. Romanus an der bereits cit. Stelle: Scientia humana principalius innititur rationi et ex consequenti auctoritati. Unde consuevimus dicere, quod locus ab auctoritate est valde debilis et infirmus.... In scientia igitur humanitus inventa ad nostrum propositum ostendendum prius debemus rationem tanquam quid principalius adducere et postea debemus nostrum dictum per auctoritatem philosophicam confirmare.

**) Besond. in den cap. 5, 6, 7, 10 u. 11. In cap. 7 schreibt er also: Quoniam igitur haec ita se habent, non oportet nos adhaerere omnibus quae audimus et legimus, sed examinare debemus districtissime sententias majorum, ut addamus quae eis defuerunt, et corrigamus quae errata sunt, cum omni tamen modestia et excusatione. Et ad hanc audaciam erigi possumus, non solum propter necessitatem, ne deficiamus vel erremus, sed per exempla et authoritates, ut in nullo simus reprehensibiles de praesumptione.

das „magis amica mihi veritas" des Plato oft ein, weil die menschliche Auktorität eine gar schwache und armselige Stütze gewähre (fragilis et indignae auctoritatis exemplum). Er fordert deßhalb auch die Leser seiner Werke auf, sie sollten mit seiner Lehre ebenso verfahren, wie er es thue mit den Lehren anderer, d. h. sie sollten dieselbe ja nicht auf Auktorität hin annehmen.

Dieses Betonen der Vernunfteinsicht ist der Grund, warum viele neuere Philosophen in der Scholastik die Keime des Rationalismus finden wollen. Während man lange Zeit die Scholastik beschuldigte, die Rechte der Vernunft preisgegeben zu haben, behauptet Hegel und seine Schule, daß sie vielmehr die Theologie der Philosophie unterworfen habe. Er ist nämlich der Ansicht, daß die mittelalterlichen Lehrer durch ihr „credo ut intelligam" die Glaubenswahrheiten durch Vernunftgründe zu beweisen unternommen und den theologischen Rationalismus zu begründen versucht hätten. Diese Meinung hat nicht wenig dazu beigetragen, daß in neuester Zeit die Schriften der Scholastiker gerade von den Rationalisten so fleißig studirt und bearbeitet worden sind. Namentlich sind es die Werke eines Erigena, Anselm, Abälard, Roger Bakon, Ockam, welche der Vergessenheit entrissen wurden, weil man in ihnen die Vorkämpfer für freie Forschung und Wissenschaft zu erblicken glaubte. So unwahr es ist, daß die Scholastiker den Rationalismus begründet haben, so ist uns diese Anklage doch ein Beweis, daß nicht blinder Glaube und blinde Hingabe an die Auktorität ihre Wissenschaft beherrschte. Sie ist ein Beweis, daß sich die Männer dieser Zeit selbstständig zu denken und zu forschen getrauten.

Aber vielleicht haben sie bei dem Fürsten der Peripatetiker eine Ausnahme gemacht? Gilt ihnen ja Aristoteles als „der Philosoph", als der größte Geist, den das Heidenthum erzeugte und dem die meisten philosophischen Disciplinen ihre Erfindung und alle ihre Vervollkommnung verdanken. Keineswegs ist dieß der Fall; die Scholastiker behandeln den Aristoteles, wie jeden anderen Philosophen. Wenn sie seiner Lehre mehr folgen und ihn öfters citiren, so ist es deßwegen, weil sie glauben, daß er vernünftiger philosophirt habe. Wir finden keine einzige Stelle in ihren Schriften, in der sie eine Wahrheit annehmen, lediglich weil Aristoteles es gesagt. Im Gegentheil sie sprechen oft aus, daß er vielfach geirrt habe und man seine Lehre prüfen müsse. Hören wir, wie ein Albertus Magnus über den princeps Peripateticorum denkt. In seiner Physik rechtfertigt er sich denjenigen gegenüber, welche es ihm zum Vorwurf machten, daß er bezüglich der Ewigkeit der Welt dem Aristoteles nicht folge. (Er schreibt. „Wer glaubt, Aristoteles sei Gott gewesen, der muß glauben, daß er nie geirrt. Wenn er aber glaubt, er sei ein Mensch, dann konnte er auch irren, wie wir." *) Und weil dieselben fanatischen Anhänger des Stagiriten ihm vorwerfen, er habe denselben nicht recht aufgefaßt, gibt er den philosophischen Grund an, warum die Welt nicht ewig sein kann und sucht Aristoteles zu entschuldigen. „Der Anfang der Welt," bemerkt er, „ist nicht physisch und kann auch nicht physisch bewiesen werden; darum schwieg Aristoteles in der Physik." **)

In ähnlicher Weise beurtheilt Wilhelm von Auvergne die Auktorität des Stagiriten, wenn er schreibt: Quamquam in multis contradicendum sit Aristoteli, sicut revera dignum et justum est, et hoc in omnibus sermonibus, quibus dicit contraria veritati, sic suscipiendus est, id est, sustinendus in eis omnibus in quibus recte sensisse invenitur. ***) Fast in gleichlautenden Worten spricht der schon genannte Durandus dieselbe Ansicht aus. Man müsse immer von Aristoteles abweichen, wenn er mit der Wahrheit nicht übereinstimmt. Um die Wahrheit müsse man sich mehr kümmern, als um Aristoteles — de quo non est tantum curandum sicut de veritate. †)

Und obwohl Roger Bakon den Aristoteles für den größten Philosophen hält, weil er alle Ansichten seiner Vorgänger geprüft habe und in seinen Schriften sich die Fundamente für alle Wissenschaften fänden: so wiederholt er oft, daß derselbe nicht alles wisse und in sehr vielen Punkten geirrt habe. ††) Er bemerkt sogar, daß man im

---

*) In lib. VIII. Phys. tr. I. c. 14.
**) Ibid.
***) De anima c. II. pars XII. ed. c.
†) In l. Sent. I. dist. 4. qu. 5. Ebendaselbst schreibt er: Naturalis philosophia non est scire quid Aristoteles vel alii philosophi senserint, sed quid habeat veritas rerum; unde ubi deviat mens Aristotelis a veritate rerum, non est scientia scire quid Aristoteles senserit, sed potius error.
††) Op. Maj. ed. Jebb. p. 36. 471. 133. In gleich nüchterner Weise redet Aegydius Colonna, der treue Schüler des engl. Lehrers, vom Stagiriten. In seinen Quodlibeta bemerkt er, daß Arist. wohl die Individualität des Intellekts

Interesse des Fortschritts der Wissenschaft vielfach von ihm Umgang nehmen und in wichtigen Punkten ihn verlassen müsse. Bekannt ist, wie er sich oft in den heftigsten Ausdrücken über die schlechten und mangelhaften Uebersetzungen des Aristoteles beklagt, welche ein selbstständiges Studium desselben so sehr erschwerten. Damit seinen aristotelischen Studien die wissenschaftliche Selbstständigkeit nicht fehle, lernte er die hebräische, griechische und arabische Sprache, um so die aristotelischen und arabischen Werke an der Quelle studiren zu können.

Wenn die Scholastiker in solcher Weise von der Auktorität des Aristoteles dachten, wie kommt es denn, daß in ihren Werken immer und immer wieder der „Philosoph" citirt ist? Man findet z. B. kaum eine quaestio bei dem englischen Lehrer, welche nicht ein „dicit enim philosophus" oder „sed contra est quod philosophus dicit in . . ." oder „secundum Philosophum" enthält. Um diesen Einwurf zu widerlegen und den Gebrauch der Auktorität des Stagiriten noch klarer zu machen, sei noch speciell angegeben, in wie vielfacher Weise die christlichen Peripatetiker den Aristoteles herbeiziehen und sich auf ihn stützen.

1. Die Scholastiker nehmen oft ganze Beweise und Untersuchungen aus dem Aristoteles.*) Sie geben dieß dann immer genau an.**) So heißt es z. B. quorum primum probat philosophus tribus modis oder Aristoteles probat sic. Führen sie die Lehre und die Beweise des „Philosophen" nicht an, dann werden die Stellen angegeben, an denen Aristoteles die Lehre oder den Beweis behandelt. Doch führen die scholastischen Lehrer die Doktrin des Stagiriten nicht immer wortwörtlich an, sondern meistens in einer klareren und verständlicheren Form. Aber überall tritt die Person zurück und die Wahrheit seiner Gedanken und die Gründe für den Beweis sind es, welche die Scholastiker zu Schülern des Aristoteles machen.

---

erkannt, aber nicht alle Schwierigkeiten u. Consequenzen dieser Lehre eingesehen, weil er sonst nicht die Ewigkeit der Welt hätte behaupten können. Er entschuldigt aber den Arist. mit folgenden Worten: Forte ista inconvenientia philosophus non praevidit. Ipse enim fuit homo, nec oportet, quod praeviderit omnia inconvenientia, quae possent accidere ex positionibus suis; imo est valde probabile quod istud inconveniens non viderit de infinitate intellectuum.

*) Dieß ist ganz besonders der Fall in der Summa c. Gentiles.
**) Talamo, op. c. p. 152. Il vezzo invalso oggi pressoché universalmente di farsi bello degli altrui panni era allora sconosciuto. Ibid. p. 153.

2. Allerdings citiren die peripatetischen Lehrer oft den Aristoteles, ohne dessen Gründe für die betreffende Lehre anzugeben oder sie zu untersuchen. Aber auch in solchen Fällen, wo sie einfach die Lehre des Philosophen zu der ihrigen machen, thun sie es nicht aus Sklaverei gegen ihn. Sie machen solche einfache Citate nur dann, wenn sie an anderen Orten diese Lehre schon geprüft, oder wenn ein Eingehen auf die adoptirte Lehre den Beweis ganz unterbrechen würde. Aber in all diesen Fällen citiren sie genau die Stelle, an welcher Aristoteles die angezogene Lehre behandelt und verweisen den Leser auf ihn. Die Ausdrucksweise, deren sie sich hiebei bedienen, zeigt an, daß es auch in diesen Fällen nicht die Auktorität des Philosophen ist, der sie folgen, sondern die von ihm ausgesprochene Wahrheit, denn es wird immer auf Aristoteles verwiesen mit einem „ut patet per philosophum" oder „ut probatur a philos." oder „ut habetur in" oder „secundum doctrinam Aristotelis" u. dgl.

3. Behandeln die mittelalterlichen Lehrer Objekte, die Aristoteles nicht behandelt, oder geben sie überhaupt ihre eigenen Beweise und wissenschaftlichen Resultate, dann fügen sie gern die Auktorität des= selben an und bemerken, daß sie hierin mit Aristoteles übereinstimmen. Es geschieht dieß gewöhnlich durch den Ausdruck „sicut etiam philosophus dicit" oder „unde etiam secundum Philosophum" oder „et secundum hoc dicit Philosophus in . . ." oder einen ähnlichen. In diesen Fällen steht Aristoteles lediglich als großer Philosoph und Zeuge für die Wahrheit. Kein Vernünftiger wird daraus einen Vorwurf erheben. Sieht doch jeder Forscher sich gerne im Einklang mit großen Geistern und gewinnt der eigene Beweis an Stärke, wenn man ihm beifügen kann, daß zu demselben Resultate auch andere und gewiegte Männer gekommen.

4. Aristoteles wird oft von den Scholastikern angeführt, wenn er ihrer Lehre entweder entgegen ist oder entgegen zu sein scheint. Im ersteren Falle suchen sie nachzuweisen, daß er geirrt habe; im letzteren suchen sie ihn in ihrem Sinne zu erklären. Es mag sein, daß sie mitunter hierin zu weit gehen, aber sie thun dieß nur, wie sie selber bemerken, weil sie nicht annehmen können, daß ein solcher Geist in einer so klaren Sache nicht richtig gesehen haben sollte. Besonders ist es der heil. Thomas, der solche zweideutige und unklare Stellen in meliorem partem zu interpretiren sucht.

5. Eine einzige Ausnahme von ihrer Ansicht über die Auktorität

des Philosophen machen sie, wenn sie mit den arabischen Aristotelikern
streiten. Wie schon auseinandergesetzt, besaßen diese Philosophen den
Aristoteles verstümmelt und corrumpirt und haben unter der Firma
desselben die größten Irrthümer gelehrt. Ihnen gegenüber kämpfen
sie lediglich mit der Auktorität; sie stellen dem arabischen Aristoteles
den wahren entgegen; sie weisen nach, daß Aristoteles an den betref=
fenden Stellen nicht so lehre, daß eine solche Lehre mit seinem ganzen
System streite. Die dunkeln Stellen suchen sie durch andere zu
ergänzen, um so den wahren Sinn zu gewinnen. So weist z. B.
der heil. Thomas den übereifrigen Aristotelikern seiner Zeit gegenüber
aus Aristoteles selber und aus seinen griechischen und auch arabischen
Commentatoren nach, daß derselbe nicht die Einheit des Intellekts
für alle Menschen gelehrt habe. Er fügt aber dann ausdrücklich bei,
er wolle damit nicht die Frage durch Auktoritäten entscheiden, sondern
nur darthun, daß nicht blos die christlichen Peripatetiker dieses an=
nehmen, wie diese Aristotelifer glaubten, sondern auch griechische und
arabische Erklärer als aristotelische Lehre festhalten.*) Aehnlich macht
es der englische Lehrer bei einer anderen Gelegenheit, wo er die Lehre

---

*) Quia errantium non cessat impudentia veritati reniti, propositum
nostrae intentionis est, iterato contra eundem errorem conscribere alia, quibus manifeste praedictus error confutaretur. Nec id nunc agendum est,
ut positionem praedictam ostendamus erroneam, qui repugnet veritati fidei
christianae. Hoc enim cuique satis in promptu apparere potest. . . . Inten-
dimus autem ostendere positionem praedictam non minus contra Philosophiae
principia esse, quam contra fidei documenta Et quia quibusdam in hac
materia verba Latinorum non sapiunt, sed Peripateticorum verba sectari
se dicunt, quorum libros in hac materia nunquam viderunt, nisi Aristot.
qui fuit sectae Peripat. institutor, ostendemus positionem praedictam ejus
verbis et sententiae repugnare omnino. Und nachdem er nachgewiesen, daß die
Lehre vom intellectus separatus in den Werken des Stagiriten u. seiner griechi=
schen Erklärer nicht enthalten, schließt er: Hoc autem praemisimus non quasi
volentes ex philosophorum auctoritatibus reprobare supra positum errorem,
sed ut ostendamus quod non solum latini, quorum verba quibusdam non
sapiunt, sed et Graeci et Arabes hoc senserunt quod intellectus sit pars
vel potentia sive virtus animae, quae est corporis forma, unde miror, ex
quibus Peripateticis hunc errorem se assumpsisse glorientur, nisi forte quia
minus volunt cum caeteris Peripateticis recte sapere, quam cum Averroy
aberrare, qui non tam fuit Peripateticus, quam peripateticae Philosophiae
depravator. De unit. intell. contra Averroistas. opusc. XVI.

Avicenna's über das Gedächtniß anführt, die dieser dem Aristoteles
entnommen haben will. Der heil. Thomas antwortet furz: Sed
haec opinio manifeste repugnat dictis Aristotelis; dicit enim in
anima . . . .*) Wer sieht nicht, daß hierin die scholastischen Lehrer
logisch und methodisch richtig gehandelt? Sie haben den Feind mit
den eigenen Waffen bekämpft; sie haben der falschen Auktorität die
wahre entgegengestellt.

Vielleicht möchte man unsere Ansicht über die Auktorität des
Aristoteles in der Scholastik widerlegen, indem man auf jene „auctoritates Aristotelis" hinweist, die gegen das Ende des 15. und im
16. und 17. Jahrhundert an vielen Universitäten und Klosterschulen
verbreitet waren. Diese „auctoritates" sind Sammlungen von Stellen
aus den aristotelischen Werken und seiner Commentatoren. Statt
„auctoritates" tragen sie oft andere Titel, wie z. B. „repertorium
dictorum Aristotelis, Averoys aliorumque philosophorum", „propositiones Aristotelis" oder auch „dicta notabilia Aristotelis" u. dgl.
Sie verrathen meistens große Unwissenheit, wimmeln von den gröbsten
Druckfehlern, citiren nicht selten ganz falsch und nehmen aus Aristoteles und andern Philosophen oft solche Aussprüche auf, die durchaus
nicht zu den besten gehören und wissenschaftlich von keiner Bedeutung
sind. Wenn auch die anfänglichen Urheber dieser „auctoritates" nicht
die Intention hatten, dadurch der Mühe aristotelischer Studien zu
entheben, so wurden sie doch später als eine Art Faullenzer benützt.
Leute, die kein aristotelisches Werk gelesen, gerirten sich mit Hülfe
dieser Repertorien als Aristoteliker und warfen bei Disputationen mit
diesen Citaten umher. Genügte es ja zur Widerlegung des Gegners
eine Stelle aus den Büchern „des Philosophen" gegen ihn aufzubringen.
Das „ne quid contra Aristotelem" galt ja als Axiom. Es ist
wahr, wenn Prantl**) diese Auktoritäten mit „Auktoritätsschwindel"
bezeichnet und wenn er sie als höchst nachtheilig für die Schulen und
den Unterricht erklärt, aber es ist nicht wahr, wenn derselbe diesen
Auktoritätsschwindel als ein Erbe aus der Zeit eines Albertus und
Skotus erklärt und diese „axiomata philosophica ex Aristotele"
von den thomistischen und skotistischen Schulen herrühren läßt. Sie

---

*) S. th. I. qu. 79. a. 6.

**) Sitzungsberichte der kgl. bayr. Akademie der Wissenschaften zu München.
1867. II. Heft p. 173 ff.: Ueber die Literatur der Auktoritates in der Philosophie.

sind entstanden zu einer Zeit, in der die Scholastik schon im Verfalle war, und sie sind nicht einmal in thomistischen Schulen entstanden; sie haben zum größten Theil ihre Quelle in dem averroistischen Aristotelismus, der in Italien bis in's 17. Jahrhundert hinein cultivirt wurde, weßhalb sie, wie Prantl selber bemerkt, größtentheils in Oberitalien gedruckt sind und von daher sich nach Deutschland verbreiteten.*) Aus diesem Grunde sind oft den Stellen aus Aristoteles solche von Averroës, Zimara, Gilbert und anderen Neuplatonikern beigefügt, wie auch die auctoritates solche Stellen aus Aristoteles enthalten, welche die Scholastik bekämpfte und verwarf. So finden sich z. B. folgende Sätze in denselben: Mundus est aeternus, motus coeli est aeternus, natura stellarum est aeterna. Die auctoritates erschüttern beßhalb nicht im mindesten unsere Ansicht über die Auktorität des Aristoteles in der Scholastik, im Gegentheil, sie bekräftigen dieselbe, denn sie gehören jenen fanatischen Aristotelesanbetern an, gegen welche die Scholastik den heftigsten Krieg eröffnete.

Dieß dürfte genügen, um einzusehen, daß der Glanz des aristotelischen Gestirns die Lehrer der Schule nicht geblendet; sie haben ihre Freiheit und Selbstständigkeit nicht an den Heiden verkauft, so hoch sie ihn schätzten.

2. Die Scholastiker als Commentatoren des Aristoteles.

Sollte dem corrupten Aristoteles der Araber der ächte entgegengestellt und so die von der Kirche gewünschte Correktur und Verbesserung der aristotelischen Philosophie ermöglicht werden, so war es vor allem

---

*) Viele der von Prantl citirten „auctoritates" sind zu Venedig u. Bologna gedruckt. Nun ist aber bekannt, daß Bologna mit dem averroistischen Padua damals Eine Universität bildete, und daß in Venedig gedruckt wurde, was die Averroisten in Padua lehrten. Padoue, d'un autre coté, n'est que le quartier latin de Venise; tout ce, qui s'enseignait à Padoue, s'imprimait à Venise, schreibt Rénan im vielg. W. p. 325. Der Text des Aristot. war damals fast unbekannt; an die Stelle des Arist. war vollständig Averroës getreten. Man begnügte sich, wenn man ein paar aristotel. Sätze aus Averroës zu citiren vermochte. Solent quidam plerique ex duobus vel tribus Aristotelis dictis dogma integrum fabricare. Ex omnibus tamen qui construxerit neminem vidi. Patrizzi, disc. perip. l. XIII. Cf. Rénan p. 385.

nothwendig, daß die christlichen Philosophen sich eine möglichst genaue Kenntniß und ein tiefes Verständniß seiner Werke anzueignen suchten. Zu diesem Zwecke verfaßten sie Commentare und Erklärungen zu den aristotelischen Schriften. Diese commentatorischen Studien bilden eine Hauptthätigkeit derselben. An der Spitze steht Albert d. Gr.; er ist der einzige, welcher alle Werke des Stagiriten commentirte. Seine Commentare füllen 6 Foliobände der Gesammtausgabe von P. Jammy. Sein Schüler, der heil. Thomas, hat nicht alle Werke exponirt; unerklärt blieben die Kategorien, die erste Analytik, die Topik, die sophistischen Elenchen, die Rhetorik und Thiergeschichte. Zwei Schriften, de interpretatione und die Metaphysik, sind nicht vollständig commentirt.*) Nach der Venetianer und Antwerpener Gesammtausgabe betragen die Commentare des englischen Lehrers 5 Foliobände. Duns Skotus commentirte die aristotelischen Schriften über Logik, Physik, Metaphysik und de anima. Andere haben einzelne Schriften erklärt. **)

Man hat lange Zeit diese Commentare dadurch zu entwerthen und geringzuschätzen gesucht, daß man behauptete, den Scholastikern seien nur arabische Uebersetzungen vorgelegen. So schreibt Buhle: „Die ältesten lateinischen Uebersetzungen des Aristoteles, die wir kennen, welche die Scholastiker bei ihren eigenen Commentaren zu Grunde legen, sind offenbar nach dem Arabischen gemacht. **Albert der Große, Thomas von Aquino** kannten keine andere." ***) Ritter bestreitet wohl nicht das Vorhandensein von lateinischen Ueber-

---

*) Die letzten vier Bücher der Politik sollen nicht vom heil. Thomas, sond. von s. Schüler Peter v. Auvergne commentirt worden sein. So will Jourdain; op. c. t. I. p. 88 ff.

**) Heinrich v. Gent schrieb Commentare zur Physik u. Metaphysik; Aegydius Romanus über die Ethik, Politik, Physik und andere aristot. Werke; Humbert v. Prulli über Metaphys. u. de anima. Lambert v. Aurerre über alle logischen Schriften; Peter v. Auvergne commentirt fast alle Werke des „Philosophen"; unter den Lehrern des 13. u. 14. Jahrh. ist selten einer, der nicht das eine oder andere aristot. W. exponirte.

***) Geschichte der Philos. I. Bd. p. 854. Nach ihm wurde der griechische Text des Aristot. erst im 14. Jahrh. im Abendland bekannt, weßhalb die Scholastik einen Aristot. besaß, der durch die arabischen Uebersetzungen, noch mehr durch die unsinnigen Auslegungen der Araber, „auf eine fast unglaubliche Weise entstellt" war (p. 856).

setzungen aus dem Griechischen, aber sie hatten nach ihm „einen geringern Erfolg, als die Uebersetzungen aus dem Arabischen mit ihren Erklärungen, welchen wir überall in den Schriften der Philosophen im 13. Jahrhundert begegnen." *) Dagegen steht jetzt durch die ausgezeichneten Forschungen eines Jourdain, Rénan und anderer fest, daß sowohl Albert als ganz besonders der heil. Thomas Uebersetzungen aus dem Griechischen besaßen und benützten.**) Albert konnte wohl nicht für alle seine Commentare griechisch-lateinische Uebersetzungen benützen, aber doch für den größern Theil.***) Wie aus seinen Schriften hervorgeht, besaß er für manche aristotelische Bücher sogar mehrere Uebersetzungen aus dem Griechischen, wie z. B. für die zweite Analytik und de anima.†) Roger Bakon spricht gleichfalls von mehreren Uebersetzungen,††) die ihm zu Gebote gestanden. Er klagt aber über ihre Fehler; nur die unmittelbar aus dem Griechischen stammende gilt ihm als besser. Dem englischen Lehrer scheinen diese Uebertragungen nicht genügt zu haben; sie sind wahrscheinlich nicht genau und mitunter dunkel gewesen. Er besorgte deßhalb eine neue Uebersetzung aller aristotelischen Werke, wie uns sein Biograph Wilhelm

---

*) Das cit. W. Bd. 7. p. 84.

**) Um die Mitte des 13. Jahrh. besaßen die Lateiner alle Werke des Aristoteles durch Uebersetzungen, die theils aus dem Arabischen, theils aus dem Griechischen gefertigt waren. Die griechisch-lateinischen Uebersetzungen sind von den arabisch-lateinischen leicht zu unterscheiden, weil letztere den I. Theil des I. Buches der Metaph. nicht haben. Die Araber hielten diesen Theil nicht für ein Werk des Arist., sond. s. Schülers Theophrast und deßhalb übersetzten sie es nicht. Auch die Eintheilung der Bücher der Metaphys. ist in beiden eine andere. Cf. Jourd. recherches ... p. 178.

***) Für seine Commentare zur Physik u. Metaphysik u. zur Meteorologie besaß er unzweifelhaft griechisch-lateinische Uebersetzungen. Jourbain, op. c. p. 38.

†) Es geht dieß klar aus einer Digression seines Commentars zur de anima hervor, die also lautet: Quod autem haec vera sint, quae dicta sunt, testatur Aristotelis translatio arabica quae sic dicit.... Graeca autem translatio discordat ab hac, et, ut puto, est mendosa: habet enim sic: ... Et si deberet concordare cum arabica, sic deberet ordinari.... Sed quia in multis invenimus graecas emendatiores quam arabicas translationes, ideo et hoc sustinentes dicimus. l. I. tr. I. c. 4. An verschiedenen Stellen seiner Werke bemerkt er, daß ihm noch eine „alia translatio" vorgelegen; cf. Metaph. l. V. tr. II. c. 5.

††) Haec est sententia Aristotelis secundum quod ex pluribus translationibus colligitur evidenter, et maxime per eam quae immediate de Graeco purior est transfusa. Op. Maj. p. 331. Cf. ibid. p. 46. 133. 460.

von Tocco berichtet — nova translatio, quae sententiae Aristotelis
continet clarius veritatem.*) Die Arbeit übernahmen seine Ordens=
genossen; das Hauptverdienst gebührt unter ihnen dem Wilhelm von
Mörbeka, einem tüchtigen Kenner der griechischen Sprache, dessen
Uebertragungen nicht immer stylgerecht, aber sklavisch treu sind. So
ist der heil. Thomas der Erste, der allen seinen Commentaren Ueber=
setzungen aus dem Originaltexte zu Grunde legte.**) Von mehreren
Schriften des Aristoteles hatte er, wie aus seinen Expositionen sich
ergibt, zwei, drei und vier verschiedene solcher Uebertragungen aus
dem Griechischen vor sich.***) Dadurch allein schon steht seine com=
mentatorische Thätigkeit weit über der seines Lehrers. Er hat sich
einen genauen und gesichteten Text verschafft.

Man hat viel darüber gestritten, ob Albert und der heil. Thomas
der griechischen Sprache†) mächtig waren. Was Albert d. Gr. be=
trifft, so dürfte er einige, aber nur geringe, Kenntniß der griechi=
schen, arabischen und hebräischen Sprache besessen haben, da er manche
in diesen Sprachen vorkommende Wörter erklärt.††) Er citirt sogar
in seinem Commentar zur Politik öfters Stellen des Aristoteles in
griechischen Lettern. Mehr Kenntniß in der griechischen Sprache,
wenn auch nicht eine solche, daß sie zum vollen Verständniß des
griechischen Textes ausgereicht hat, scheint dem englischen Lehrer eigen
gewesen zu sein.†††) Er kennt bis in's Einzelne die Unterschiede

---

*) Acta Sanctorum... Antverp. 1668, mensis Mart. t. I. p. 665. Die
Stelle lautet vollständig: Scripsit etiam super Philosophiam naturalem et moralem et super Metaphysicam: quorum librorum procuravit, quod fieret nova
translatio, quae sententiae Aristotelis continet clarius veritatem; cf. Jourd.
t. I. p. 83 et suiv.

**) Cf. die treffliche Abhandlung „Aristoteles und sein Commentator Thomas
v. Aquin" im Katholik, 1864 I. Bd. p. 1 ff. u. p. 129 ff.

***) Jourdain, Recherches..., p. 41. Manche Werke des Stagiriten kann=
ten die Scholastiker nur durch Uebersetzungen aus dem Griechischen, wie z. B. die
parva naturalia; ibid. p. 213.

†) Jourdain weist nach und gibt Belege, daß die griechische Sprache im 12.
u. 13. Jahrh. nicht so unbekannt war, als man gewöhnlich glaubt. Chap. II. §. 1:
considerations sur l'étude du grec en Occident, et les causes, qui en repan-
dirent la connaissance au XIII^c siècle; op. c. p. 43 et suiv.

††) Sighart, p. 303 u. 304. Cf. Talamo, p. 329.

†††) Dieß ist auch die Ansicht von Thömes, der in s. W. p. 26 u. 27 die
Beweise angibt und schließt: Quodsi non perfectam notitiam Graecae linguae

zwischen der lateinischen und griechischen Sprache;*) er weiß genau, welche verschiedene Bedeutung dasselbe Wort hat, je nachdem es mit diesem oder jenem Accent versehen.**) Ebenso citirt er einigemal Stellen in griechischer Schrift, ***) wie er auch einmal bemerkt, daß ihm einige Schriften des Stagiriten griechisch vorgelegen seien, die aber noch nicht übersetzt worden — nondum translatos in nostra lingua. †)

Mit Hülfe dieser Uebersetzungen und ihrer Kenntnisse im Griechischen und Arabischen war es dem Albertus Magnus und einem heil. Thomas möglich, die vielen Fälschungen und Corruptionen nachzuweisen, welche Aristoteles bei den Arabern erlitten. Wenn Albert die arabischen Uebertragungen mit den griechischen vergleicht, bemerkt er, daß letztere vorzüglicher sind — graecas emendatiores esse, quam arabicas translationes. Oft macht er aufmerksam, daß die arabischen Uebersetzungen die Namen der Philosophen meist falsch haben. ††) Die Dunkelheit mancher Stellen, das Unwahrscheinliche und Widersinnige, das in manchen Ausdrücken vorkommt, schreibt er der Unwissenheit †††) der arabischen Uebersetzer zu. Das erste Buch der Metaphysik hält er für unächt, weil es in den arabischen Uebersetzungen fehlt, *†) wie ihm auch das XIII. Buch der Meta-

---

attribuimus, quod puer certe non addidicerat, attamen juvenem et virum ex occasione controversiarum literariarum in illa percipienda occupatum fuisse arbitramur.

*) Nullus dicitur quasi non ullus, et in graeco dicitur οὐτις, quasi nec unum solum est accipere sub subjecto universali. In lib. I. Perih. lect. X. Ponitur genitivus loco ablativi more Graecorum. In lib. III. Met. lect. VIII.

**) Physis quod apud Graecos naturam significat, si pro generatione viventium dicitur habet primum ypsilon productum; si vero pro principio, sicut communiter utimur, habet primum ypsilon breve. In l. V. Met. lect. V. Cf. in l. II. Eth. lect. I. et de An. l. III. lect. VI.

***) S. c. Gent. l. III. c. 73.

†) De unit. int. cont. Averr. Op. XVI.

††) Sarraceni nomina philosophorum et civitatum frequenter habent corrupta. De coelo l. I. tr. IV. c. I. Ibid. l. II. tr. IV. c. IV. u. c. VI.

†††) Puto autem non ex vitio esse philosophi, sed ex vitio translationis: quia translator non intellexit .... et corrupit veritatem mala ex translatione. De anima, lib. III. tr. I. c. VII. Et haec perversitas contingit ex translatione Arabica, quae mendosa et corrupta est. In lib. I. Met. tr. IV. c. V.

*†) Hanc probationem ponit Theophrastus qui etiam primum librum

physik*) und andere Stellen in verschiedenen Werken interpolirt und corrupt scheinen.

In ähnlicher Weise verfährt der Engel der Schule. Er bezeichnet die falschen Stellen, die Interpolationen**) und bemerkt oft die Corruptionen,***) welche die aristotelischen Bücher bei den Arabern erfahren. In schwierigen Fällen scheint er die Uebersetzung mit dem griechischen Texte verglichen zu haben, denn ich wüßte nicht, was sonst der Zusatz zu bedeuten hätte, der öfters wiederkehrt, nämlich „ut in graeco habetur."

Bedenkt man die geringen literarischen Mittel, die der damaligen Zeit zu Gebote standen, die Seltenheit der Handschriften und Urkunden und den Mangel von Bibliotheken, so muß man staunen über die Sorgfalt und den kritischen Blick, mit dem die scholastischen Lehrer den Text zu ihren Commentaren herstellten. Bei dieser Beschränktheit der kritischen Mittel wird man es aber auch verzeihlich finden, wenn gleichwohl manche Irrthümer und Falschheiten in den Text sich eingeschlichen und kritische Verstöße mitunter vorkommen.

Von noch größerer Wichtigkeit für unsern Zweck ist die Frage: wie haben die Scholastiker den Aristoteles interpretirt? Bis auf den heutigen Tag hat es nicht an solchen gefehlt, welche behaupten, die Commentatoren des 13. Jahrhunderts hätten dem aristotelischen Texte oft Gewalt angethan und ihre eigenen Ansichten dem Stagiriten untergeschoben. „Eigenthümliche Ansichten und Deutungen Aristotelischer

---

(qui incipit: Omnes homines naturaliter scire desiderant) metaphysicae Aristot. traditur addidisse; et ideo in Arabicis translationibus primus liber non habetur. Post. Analyt. l. I. tr. II. c. I.

*) Quae nos enim ponimus, sunt secundum Aristot. exposita: et forte corruptus est liber. In l. XIII. Met. tr. II. c. IV.

**) Praedicta tamen verba non habentur in libris graecis. Unde magis videtur esse Glossa, quae per errorem scriptorum introducta est loco textus. In Post. Analyt. l. II. lect. VIII.

***) Ponit quaedam ad manifestationem praemissorum, quae tamen in exemplaribus graecis dicuntur non haberi et Commentator etiam dicit, quod in quibusdam exemplaribus Arabicis non habentur: unde magis videntur esse assumpta de dictis Theophrasti vel alicujus alterius expositoris Aristotelis. Der Schluß der lectio lautet: Ex hoc autem ipso quod eadem verba repetuntur, quae supra dicta sunt, manifestum esse potest quod non sunt verba Aristotelis, sed alicujus expositoris. In l. V. Phys. l. X.

Vorstellungsarten" *) schreibt Buhle dem heil. Thomas zu. Nach andern hätte ihre leidenschaftliche Hingabe sie dahin gebracht, daß sie seine Irrthümer entweder nicht bemerkten oder in einem allzugünstigen Lichte darstellten. Offenbar falsche Sätze hätten sie so gedeutet, daß sie der Wahrheit Zeugniß geben mußten. Ja man scheut sogar nicht den Vorwurf, daß durch die Scholastik die aristotelische Lehre cor= rumpirt worden sei. Wer Aristoteles durch die scholastische „Brille" studirt, der erhält einen falschen; man müsse Aristoteles „von den Schlacken der Scholastik" reinigen. Letzteres meint Rosenkranz. **) Wäre dem so, so hätte ihre commentatorische Thätigkeit allerdings wenig Werth und ihre Commentare verdienten die Geringschätzung und Nichtbeachtung, die ihr Loos seit Jahrhunderten ist. Das Fol= gende wird die Unwahrheit dieser Anschuldigungen darthun.

Sehen wir zunächst auf die Methode, in welcher Albert und Thomas commentiren, so ist zwischen beiden Haupterklärern des Ari= stoteles ein großer Unterschied. Ueber seine Erklärungsweise spricht sich Albert selber genau aus, wenn er in der Einleitung zu den Büchern der Physik sagt: Erit autem modus noster in hoc opere, Aristotelis ordinem et sententiam sequi, et dicere ad explanationem ejus, quaecunque necessaria esse videbantur; ita tamen, quod textus ejus nulla fiat mentio. Et praeter hoc digressiones faciemus declarantes dubia subeuntia, et supplentes quaecunque minus dicta in sententia philosophi, obscuritatem quibusdam attulerunt. Distinguemus autem totum hoc opus per titulos capitulorum, et ubi titulus ostendit simpliciter materiam capituli, signatur, hoc capitulum esse de serie librorum Aristotelis; ubicunque autem in titulo praesignatur, quod digressio sit, ibi additum est ex notis ad suppletionem vel probationem inductum. Taliter autem procedendo libros perficiemus eodem numero et nominibus, quibus fecit libros suos Aristoteles. Et addemus etiam alicubi partes librorum imperfectorum, et alicubi libros intermissos vel omissos, quos vel Aristoteles non fecit et forte si fecit, ad nos non per- venerunt. ***) Wie man sieht, will Albert nicht so fast einen Com= mentar liefern, als vielmehr eine Paraphrase des aristotelischen Textes,

---

*) Op. c. p. 860.
**) Wiss. b. W. I. p. 170 u. 173.
***) In l. I. Phys. tr. I. lect. I.

die er in den Digressionen weiter ergänzt und vervollkommnet. Er schließt sich an die ersten griechischen Exegeten an, die ähnlich die Lehren des Meisters erläutern und weiter entwickeln und selbständige Zuthaten und Nachträge anfügen. Ganz besonders folgt er in seiner Interpretationsweise dem Avicenna. Die Form seiner Commentare ist die des Avicenna, weßhalb auch der letztere fast auf jeder Seite seiner Werke citirt ist.*) Eine Ausnahme macht nur sein Commentar zur Ethik; hier ist Albert eigentlich Commentator und nicht Paraphrast. Der Text ist vollständig angegeben; dann folgt der Commentar, der Wort für Wort erklärt. Doch wird der Commentar zur Politik in neuester Zeit dem Albert abgestritten, so z. B. von Rénan.

In anderer besserer Weise verfährt sein Schüler; der heil. Thomas ist eigentlicher Commentator. Er schickt jedem Commentare eine Einleitung voraus, in der er nicht blos, wie Albert, den Inhalt des Buches skizzirt, sondern prinzipiell die Gesichtspunkte angibt, von denen aus das Verhältniß zu verwandten Schriften und zum ganzen aristotelischen Lehrgebäude aufgefaßt werden muß. Dadurch ist der Leser sofort orientirt über die Stellung und Bedeutung der betreffenden Schrift. In derselben principiellen und systematischen Weise wird dann der Plan der Schrift dargelegt und bis in's Kleinste gegliedert. Hören wir darüber einen Kenner der thomistischen Werke: „Zuerst wird der Bau des Werkes und der vom Verfasser befolgte Plan in den allgemeinsten Umrissen dargelegt, und dieser innern Disposition gemäß das Ganze auch äußerlich in gewisse, bestimmt geschiedene Hauptabtheilungen (Bücher) gesondert. Sodann wird jedes Buch in besondere Abschnitte oder Lektionen und jede Lektion wieder in kleinere Absätze gespalten, welche durch die Buchstaben des Alphabets (manchmal bis zum s) markirt sind, und endlich auch diese noch in ihre einfachsten Theile zerlegt, bis zuletzt kein theilungsfähiges Glied mehr übrig bleibt."**) Erst nachdem der Plan eines Werkes bis in's Kleinste gezeichnet, folgt die Exegese, die Wort- und Sach-Erklärung. Man mag über diese Methode denken, wie man will: soviel muß man zugeben, daß sie höchst geeignet ist, um zu tiefst in den Inhalt einer Schrift einzudringen. Es ist dieselbe secirende Methode, die man heutzutage auf naturwissenschaftlichem und sprachlichem Gebiete

---

*) Cf. Rénan, op. c. p. 231.
**) Der cit. Art. im Kathol. p. 139.

so hoch preist und der man soviele Resultate zu verdanken hat, jene Methode, die alles bis in's Kleinste zerlegt und untersucht und dann, wenn jeder Theil in seiner Eigenthümlichkeit erkannt ist, alle Theile und Theilchen zum einheitlichen Baue fügt. Mit Recht konnte Tholomäus die Erklärungsmethode des Aquinaten eine ganz neue und vorzügliche nennen — frater Thomas quasi totam philosophiam Aristotelis sive naturalem sive moralem composuit . . . quodam singulari et novo modo tradendi.*)

So sehr Albert und Thomas in der Methode verschieden, so sehr harmoniren sie in der Weise, den wahren Sinn des Textes zu eruiren. Sie gehen beide objektiv zu Werke, d. h. sie lassen den Stagiriten sich selber erklären. Wo der Text nicht an sich klar, helfen sie sich durch Parallelstellen und Analogien.**) Sie geben es genau an, wo der Text lückenhaft,***) oder wo Aristoteles eine Frage ungelöst †) läßt. Die Ausdrucksweise des Philosophen ist oft sehr dunkel ††) und unbestimmt; †††) er ist sehr kurz.*†) Sie beklagen oft diese Dunkelheit und Kürze, welche ihnen die Arbeit so erschweren.**†)

---

*) Hist. eccl. l. XXII. c. 24.

**) Hanc autem quaestionem Aristoteles in sequentibus expresse solvere non invenitur; potest tamen ejus solutio ex his, quae ipse inferius in diversis locis determinat, colligi. S. Th. in Met. l. III. lect. IV.

***) Aristoteles promittit, se de ista quaestione considerationem habere posterius, et nos non invenimus, eum considerasse de his in aliqua parte libri sui de An. nisi forte exciderit a libris suis, qui ad nos pervenerunt. Alb. Mag. De an. l. I. tr. II. c. XIII.

†) Unde haec quaestio pertinet ad Metaphysicum: non tamen invenitur ab Aristotele soluta, quia complementum illius scientiae nondum ad nos pervenit, vel quia nondum totus liber est translatus vel quia forte praeoccupatus morte non complevit. S. Thom. de an. l. III. lect. XII.

††) Hoc obscure dicit Aristoteles et declarat in generalibus et est sua litera sic ordinanda. Alb. M. Post. Analyt. l. I. tr. V. c. III. In hoc demonstratio Arist. obscura est valde et in diversis libris diversimode posita invenitur. Alb. M. De coelo et mundo l. I. tr. II. c. 5.

†††) Hae sunt rationes ab Aristoteli in 2. de anima confuse et breviter positae: propter quod Avicenna professus est, se Aristotelem illo in loco non intellexisse. Alb. M. l. II. de An. tr. IV. c. V.

*†) De omnibus his jam nimis breviter secundum Arist. transivimus, ita quod brevitas generat obscuritatem. Alb. M. In l. XI. Met. tr. II. c. 31.

**†) Locus iste difficilis est et subtili indiget consideratione. Alb. M. In l. IV. Phys. tr. II. c. VII.

Sie helfen sich in solch schwierigen Fällen dadurch, daß sie die verschiedenen Commentare der Griechen, Araber, Juden und Lateiner herbeiziehen und vergleichen.*) Dabei gehen sie aber ganz selbstständig zu Werke; sie folgen derjenigen Auffassung, die ihnen mehr Gründe bietet. Oft verwerfen sie alle Ansichten der Commentatoren und bilden sich eine eigene, die sie dann mit ihren Gründen motiviren.

Wie bei dem Texte, so machen die scholastischen Erklärer auch bei dem Sinne des Textes es sich zur besonderen Aufgabe, die falschen Erklärungen der arabischen Commentatoren nachzuweisen.**) Sie weisen nach, wie die arabischen Erklärungen bald gegen den klaren Wortlaut verstoßen, bald dem Geiste des Stagiriten entgegen sind. Der heil. Thomas bekämpft besonders den Commentar des Averroës***) und zeigt, mit welchem Unrechte dieser seine neuplatonischen Irrthümer aus Aristoteles geschöpft haben will. Namentlich ist es die Lehre vom intellectus separatus der Araber, welche Albert und Thomas sowohl in ihren Commentaren über die Schrift de anima, als in selbstständigen Opuskeln widerlegen und als nicht aristotelisch nachweisen. Der englische Lehrer nennt in dem Opusculum contra Averr. den berühmten Commentator einen depravator der aristotelischen Lehre — non tam fuit peripateticus, quam peripateticae philosophiae depravator. Und oftmals kehren in demselben die Worte wieder: ut Commentator perverse exponit. †) Diese Polemik

---

*) Et quia res difficillimas et cognitione dignissimas, ideo volo primo totam Arist. sententiam pro nostris viribus explanare, et tunc aliorum Peripateticorum inducere opiniones, et post hoc de Platonis opinionibus videre et tunc demum nostram ponere, quoniam in istarum quaestionum determinatione omnino abhorremus Doctorum Latinorum verba, eo quod nobis videtur, quod etiam in eorum verbis non modo quiescat anima, propter quod scientiam veritatis nec ostendunt nec verbis propriis attingunt. In l. III. de an. tr. II. c. I.

**) Sciendum autem quod Commentator aliter exponit..... Unde patet, quod ejus expositio non est conveniens, quia ... S. Thom. In l. I. Phys. lect. I.

***) Ex quo apparet; falsum esse, quod Averrois hic dicit in commento, quod Philosophus non demonstrat hic, res abstractas intelligere esse impossibile nobis.... Et ratio sua, quam inducit est valde derisibilis. Subjungit enim ... In l. II. Met. lect. I.

†) Quod non est intelligendum sicut Commentator et sectatores ejus perverse exponunt. Ibid.

ist aber keine leidenschaftliche ober eine persönliche, sondern sie ist
ganz und gar objektiv;*) mit sachlichen Gründen bekämpfen sie den
averroistischen Aristoteles.

Um diese Objektivität noch mehr zu illustriren, sei bemerkt, daß
die scholastischen Lehrer in ihren Commentaren die eigene Ansicht
nicht zur Geltung kommen lassen. Die eigene Person und philoso=
phische Denkweise tritt ganz zurück. Sie unterscheiden streng zwischen
ihrer eigenen Lehre und der des Aristoteles, die sie erklären wollen.
Albert bemerkt zu wiederholten Malen, daß er nicht seine Doktrin
und Ansicht gebe, sondern die der Peripatetiker.**) Er verwahrt sich,
daß man ihm die exponirten Lehren aufbürde; er erkläre nur die
Lehren anderer, seine eigenen werde er an einer anderen Stelle dar=
legen. ***) Nachdem Albert im Eingang der Thiergeschichte erklärt
hatte, daß er die Bücher des Aristoteles der Reihe nach erklären und
dann 7 Bücher beifügen werde, die seine Ansicht enthalten, schließt
er das Werk mit den Worten: „Nun ist vollendet das Buch über die
Thiere . . ., in welchem ich den Gang festhielt, um so gut als
möglich, die Lehren der Peripatetiker darzulegen. Es wird Niemand

---

*) Et ideo Avicenna et multi alii hanc scientiam Aristotelis imitari con-
tempserunt et dixerunt carnem nervosam esse organum tactus. . . . Nos
autem veritatem salvare cupientes et reverentiam exhibere Arist. principi
Philosophorum dicamus carnem esse medium tactus. Alb. Mag. in l. II.
de an. tr. III. c. 24. Unde nec ex nudis propositionibus quae modo videntur sonare pro una parte magis, modo pro alia, nec ex dictis expositorum
ejus (Aristot.), sed ex fundamentis ejus de quibus nulli dubium est quin
ea per intentionem statuit, inspiciendum est quid super praemissis sentiat
aut saltem cui parti magis consentiat etsi de altera parte certus non fuerit
Heinrich v. Gent. Quodl. qu. 14.

**) Si non Aristotelem sed nos ipsos sequamur, pro certo aliter pro-
cederemus. De Veget. et Plant l. I. tr. II. c. I. Den Commentar zur Metaph.
schließt er mit folgenden Worten: Hic igitur sit finis disputationis istius, in
qua non dixi aliquid secundum opinionem meam propriam, sed omnia dicta
sunt secundum positiones Peripateticorum, et qui hoc voluerit probare, di-
ligenter legat libros eorum, et non me, sed illos laudet vel reprehendat.
In l. XIII. Met. tr. II. c. IV. Cf. de anima l. III. tr. II. c. I. p. 131.

***) Haec omnia dicta sunt secundum opinionem Peripateticorum quia
nec in his nec in aliis in hac via philosophiae dicimus aliquid ex proprio,
quia propriam intentionem quam in philosophia habemus, non hic succipi-
mus explanare sed alibi dicetur. Ibid. lib. XI. tr. I. c. IX.

finden, was ich selbst in der Naturwissenschaft denke. Wer zweifelt, der vergleiche unsere Worte mit denen der Peripatetiker und dann table oder billige er, indem er mich nur für den Dollmetscher jener erklärt. Wenn aber Einer, der nicht gelesen und verglichen hat, tadeln will, so tadelt er offenbar nur aus Haß oder Unwissenheit, und um den Tadel solcher Menschen kümmere ich mich nicht." Fast mit denselben Worten schließt er seine Ethik. Es ist deßhalb ganz richtig, wenn Stöckl schreibt,*) daß er zur Entwicklung des Lehrsystems des Albert seine Commentare nicht heranziehen könne, weil er in denselben nicht „seine eigenen Ansichten und Lehrsätze ausführt und begründet."

Verhält es sich mit der commentatorischen Thätigkeit Albert's also, dann kann es nur Mangel an Kenntniß sein, der Thömes schreiben läßt, daß Albert nichts zur Prüfung und Reinigung der aristotelischen Werke beigetragen, daß er im Gegentheil Verwirrung und Confusion in die aristotelische Lehre gebracht habe, weil er den Text des Aristoteles nicht gibt und in den Digressionen eigene Ansichten beimischt.**) Im Gegentheile Albert d. Gr. hat sich durch seine Commentare ein sehr großes Verdienst erworben; er hat durch dieselben die aristotelische Philosophie richtig interpretirt und dem christlichen Abendlande zugänglich gemacht; er ist der Erste gewesen, der sie im großen Maßstabe in den christlichen Gedankenkreis eingeführt und dadurch die peripatetisch-scholastische Philosophie begründet hat. Daß er in seiner Erklärungsweise einem Araber, dem Avicenna, folgt, kann für ihn kein Vorwurf sein, da sonst Thömes dem englischen Lehrer, der ihm als Commentator des Aristoteles so hoch steht, denselben Vorwurf machen müßte, da derselbe in seiner Interpretationsmethode ganz und gar dem Averroës folgt und in methodischer Beziehung viel von ihm gelernt hat. Das Auslassen des Textes ist

---

*) Die Stelle lautet: „Wir können daher auch, wenn es sich um die Darstellung seines eigenen Lehrsystems handelt, zunächst nur diejenigen von seinen Schriften zu Rathe ziehen, in welchen er nicht blos Commentator oder Paraphrast des Aristoteles ist, sondern seine eigenen Ansichten und Lehrsätze ausführt und begründet. Seine anderweitigen Schriften können wir nur insoweit benützen, als die uns in denselben entgegentretenden Lehrmeinungen und Beweisführungen gleichlautend sind mit denjenigen, welche wir in den erstgenannten Schriften finden." Geschichte der Philos. d. Mittelalters. Bd. II. p. 357.

**) Op. c. p. 29.

für ihn als Paraphrasten leicht entschuldbar und erklärbar. Confusion könnte man ihm vorwerfen, wenn er seine eigenen Lehren in den Commentar aufgenommen hätte; nicht aber trifft ihn dieser Vorwurf, da er seine Ansicht vom Commentar gesondert in Digressionen gibt.

Noch höher steht die Objektivität des Engels der Schule. Wie überhaupt in seinen Schriften, so tritt ganz besonders in seinen Commentaren das Ich zurück. Bei ihm verschwinden die Digressionen und jede Kritik; er analysirt und exponirt Wort für Wort mit der größten Gewissenhaftigkeit und erlaubt sich weder eine Beistimmung noch eine Verwerfung der commentirten Lehre. Es ist vollkommen wahr, wenn es in dem citirten Artikel des „Katholik" heißt: „Hätten wir daher nur seine Commentare zu Aristoteles, so dürfte es schwer oder unmöglich sein, sich ein Urtheil zu bilden, in wieweit Thomas sich die Ansichten dieses Philosophen angeeignet habe." Unbegreiflich klingt es deßhalb, wenn jüngst Baumann in seine „Staatslehre des heil. Thomas von Aquin" *) als Ergänzung all das aufnimmt, was der heil. Lehrer in seinem Commentar zur Politik des Aristoteles exponirt, und diese Erklärungen zur Ansicht des heil. Thomas macht. Und auf welche Gründe stützt er sich? Darauf daß „alle Auslegung des Aristoteles bei ihm, wie bei den Scholastikern seiner Zeit, blos darum unternommen ist, weil man die Lehren, die man erklärte, für richtig hielt, höchstens im Einzelnen hie und da von ihnen abwich, aber dann es auch jedesmal sagte." **) Auf diese Weise ist es ihm allerdings leicht geworden zu behaupten, die Staatslehre des Thomas sei die des Aristoteles. Wir sehen, es ist immer wieder die alte Unwahrheit, die sich forterbt, als gebe es für die scholastischen Philosophen nichts höheres als Aristoteles, in dem all ihr Denken und Forschen aufgeht.

Das Einzige, was wir zugeben können, ist, daß einige von den Peripatetikern des 13. Jahrhunderts, wozu ganz besonders Albert d. Gr., der heil. Thomas, Aegydius Romanus und andere gehören,

---

*) Die Staatslehre des heil. Thomas v. A., des größten Theologen u. Philos. der katholischen Kirche. Von Dr. J. Baumann, Prof. der Philos. an der Univers. Göttingen. Leipzig 1873.

**) Ibid. p. 107. Es heißt doch der Wahrheit Gewalt anthun, wenn dort weiter steht: „Der Commentar zur Politik ist somit eine aneignende Erklärung und kann für die Ansicht des Thomas selber gelten, wo er nicht ausdrücklich das Gegentheil bemerkt."

wie schon oben bemerkt, zweifelhafte und dunkle Stellen in einem milden und der Wahrheit günstigen Sinne auslegen. Es sind dieß jedoch nur einige; andere wie Wilhelm von Auvergne, Heinrich von Gent, Roger Bakon, Bonaventura u. s. w. thun das Gegentheil. Und wenn erstere dort, wo der Wortlaut nicht offenbar einen Irrthum enthält, im milden Sinne interpretiren, so thun sie es wieder nicht aus Voreingenommenheit für den „Philosophen", sondern aus Ueberzeugung, daß derselbe an dieser Stelle nicht anders habe lehren können, daß ihre Auffassung dem Geiste des Stagiriten entspricht. Sie thun dabei dem Texte keine Gewalt an und gebrauchen nicht „stillschweigende Umerklärungen" und „Biegungen des Textes nach der eignen Art oder Ansicht der Zeit", wie ebenfalls Baumann ihnen vorwirft, sondern sie suchen aus dem Zusammenhange und aus dem ganzen System solche Stellen zu erklären. Sie bemerken öfters ausdrücklich, daß sie bei solchen Auslegungen ebensosehr der Wahrheit als dem Ansehen des größten Philosophen Rechnung tragen. Nos autem veritatem salvare cupientes et reverentiam exhibere Aristoteli principi philosophorum dicamus carnem esse medium tactus,**) beginnt Albert die Lösung über das Gefühlsorgan. Und ist es nicht die Pflicht eines jeden Exegeten, den Autor solange als möglich im guten Sinne zu erklären? Und wenn sie vielleicht in dieser Pflichterfüllung in einzelnen Fällen sollten zu weit gegangen sein, wer wird ihnen daraus einen besonderen Vorwurf und Tadel machen? Und wer weiß nicht, daß der oft so dunkle und mitunter lückenhafte Text des Aristoteles vielfache Erklärungsweisen zuläßt? Schon Albertus schreibt, daß die Peripatetiker den „Philosophen" diversimode ***) exponiren.

Wir haben aber für die Objektivität der scholastischen Commentatoren noch einen anderen schlagenden Beweis. Man ist in neuester Zeit vielfach auf Aristoteles zurückgegangen und hat namentlich den Aristoteles aus ihm selber zu erklären gesucht.†) Unter denen, welche so vorurtheilslos und objektiv zu Werke gegangen, ist der treffliche

---

*) Ibid. p. 104.

**) Alb. M. l. II. de an. tr. III. c. 24.

***) De An. l. III. tr. II. c. III.

†) Id enim agimus, ut Aristoteles ex Aristotele intelligeretur. Trendel. de anima p. 113.

Trendelenburg. Er bemerkt in der Einleitung zu seinem Commentar de anima, daß er von allen mittelalterlichen Erklärungen nichts benützt habe.*) Und doch, wer sich die Mühe geben will und den Commentar des Berliner Aristotelikers mit dem des heil. Thomas vergleicht, der wird finden, daß beide nicht blos im Allgemeinen übereinstimmen, sondern auch in der Erklärung von dunkeln und schwierigen Stellen, welche der englische Lehrer zu mild ausgelegt haben soll.**) Und Aehnliches ist zu sagen von den französischen Commentatoren und Bearbeitern des Aristoteles, von Cousin, Ravaisson, Vacherot und andern, gewiß unverdächtigen Zeugen: sie stimmen gerade in den wichtigsten Punkten, in denen die Ausleger alter und neuer Zeit auseinandergehen, mit Albert und Thomas überein. Wie Thomas theilen sie dem Gotte des Aristoteles die Allwissenheit, die Vorhersehung und Weltregierung zu und läugnen, daß Aristoteles den intellectus agens als eine von der Seele verschiedene Substanz gefaßt habe.

Andere Aristoteliker der neuesten Zeit haben bei ihren Arbeiten auch die mittelalterlichen Commentare zu Rathe gezogen. Und welches Urtheil fällen diese über die exegetischen Arbeiten des Mittelalters? Brentano behandelt in seiner „Psychologie des Aristoteles"***) die Lehre vom νοῦς ποιητικός ausführlich. Nachdem er im Laufe seiner eingehenden und gründlichen Untersuchung all die Ansichten der alten und neuen Erklärer aufgeführt und geprüft, stellt er sich am Schlusse die Frage, welcher von all diesen Erklärern der Wahrheit am nächsten gekommen. „Fragen wir aber", schreibt er, „welcher von den früheren Erklärungsversuchen am meisten der Wahrheit nahe gekommen, so ist es unläugbar, daß wir dem heil. Thomas von Aquin diese Ehre zuerkennen müssen. Ja, ich weiß nicht, ob ich nicht sagen soll, daß er die ganze Lehre des Aristoteles richtig erfaßt habe." Und an einer

---

*) Aristotelis de anima libri tres. Jenae 1833. Omnia quae medio praesertim aevo ad hoc Aristotelis de anima scriptum allata sunt, conquirere nec potuimus, vix enim tanto labori vita suppeteret, nec, si potuissemus, voluimus. In praef. p. 69.

**) Die Lehre des Arist. über intellectus agens und dessen Verhältniß zum possibilis, sowie über die Erkenntnißkräfte und ihre Objekte, über das Erkennen selber, das Wissen Gottes, die Unsterblichkeit der Seele u. dgl. sind im selben Sinne erklärt, wie sie der englische Lehrer exponirt.

***) Mainz 1867.

anderen Stelle widmet er dem Erklärungstalente des Engels der Schule die schönen Worte: „So haben wir hier eine Erscheinung, die bei diesem Erklärer zum Verwundern häufig wiederkehrt, daß er nämlich, obwohl er sich mit den Worten nicht ganz zurecht findet, in den Geist des Aristoteles eingeht, was ohne die innige Geistesverwandtschaft der beiden Männer nicht begreiflich wäre. Darum verzeiht man auch gerne die kleinen Unvollkommenheiten und staunt vielmehr über einen Scharfsinn, der ihm, da er doch mit uns verglichen von allen Hülfsmitteln entblößt und nicht einmal der griechischen Sprache mächtig war, alles dieß in der Art zu ersetzen wußte, daß er sowohl in diese, als in andere der dunkelsten Lehren des Aristoteles glücklich eingedrungen ist." **) Wie Brentano, so hat auch Schell die Commentare des Albert und Thomas über die aristotelische Schrift de anima in seiner psychologischen Arbeit benützt***) und verwerthet. Auch er stimmt fast immer mit der Auffassung der beiden Koryphäen der Scholastik überein. †).

Wir schließen diese Zeugnisse, die wir noch um viele vermehren könnten. Haben ja doch selbst Brucker, Buhle und Tenemann nicht umhin gekonnt, der exegetischen Thätigkeit der scholastischen Lehrer alles Lob zu spenden und ihren Scharfsinn zu bewundern.

Als Resultat unserer Untersuchung über die scholastischen Commentatoren dürfen wir folgende zwei Wahrheiten als feststehend behaupten:

---

*) Ibid. p. 226.

**) Ibid. p. 228. An derselben Stelle fährt Br. fort: „Und bedenkt man nun noch, wie er es verstanden hat, das in dem Aristotelischen Schachte erbeutete Gold zu verarbeiten und wie er ganz im Aristotelischen Geiste und mit gleicher Meisterschaft den Bau seiner theologischen Lehre emporgeführt hat, so weiß man nicht mehr, mit welchem Ausdrucke der Bewunderung man ihm gerecht werden soll. In der That, man hat nicht an Thomas gedacht, wenn man den Sohn des Maceboniers als den größten Schüler des Aristoteles bezeichnete, denn sicher verdient er, der Fürst der Scholastik und der König aller Theologen, mehr als jeder andere diesen Namen."

***) Die Einheit des Seelenlebens aus den Principien der aristotelischen Philosophie. Freiburg 1873.

†) Diese Uebereinstimmung der neuesten Commentatoren mit dem englischen Lehrer drückt J. Dénis kurz in den schönen Worten aus: S. Thomas le plus grand et le plus pénétrant des péripatéticiens du moyen âge entend Aristote comme nous l'entendons. Rationalisme d'Aristote. Paris 1847. p. 81.

I. Die Scholastiker des 13. Jahrhunderts haben in Folge der lateinischen Uebersetzungen aus dem Urtexte den wahren und unverfälschten Aristoteles besessen. Zwischen dem Aristoteles des Averroës und des Thomas ist ein wesentlicher Unterschied.

II. Die Scholastiker sind in ihren Erklärungen objektiv zu Werke gegangen, so daß wir in ihren Commentaren die Gedanken und Lehren ihres großen Meisters im Großen und Ganzen vollständig und möglichst klar und unentstellt besitzen. Es ist wahr, was schon Ritter anerkennt: „Die unmittelbarsten Zeugnisse aus den Schriften der bedeutendsten Philosophen des 13. Jahrhunderts beweisen vielmehr, daß sie im Ganzen die Lehre des Aristoteles recht gut kannten, davon meistens sehr gut die Meinungen der arabischen Aristoteliker zu unterscheiben wußten und nicht minder der Verschiedenheit ihrer christlichen Philosophie von den Lehren ihrer philosophischen Autoritäten sich bewußt waren." *)

3. Irrthümer, welche Aristoteles nach Ansicht der Scholastiker lehrt.

Hat schon das Bisherige uns vielfache Beweise gewährt, daß die christlichen Philosophen des 13. Jahrhunderts frei und selbstständig den Aristoteles gebrauchen, so werden wir von dieser Wahrheit noch mehr überzeugt werden, wenn wir vernehmen, welcher Irrthümer die angeblichen Sklaven ihren Herrn beschuldigen. Wären die Scholastiker gewohnt, auf die Worte des Meisters zu schwören, so würden sie sich nie erkühnen, denselben in jeder Disciplin zu corrigiren und von ihm abzuweichen. Solche Correkturen aber erlauben sie sich nicht blos in untergeordneten Fragen, sondern in Hauptpunkten. Wir können hier nicht alle diese Irrthümer aufzählen, in welche Aristoteles ihnen zufolge gefallen ist, weil uns das zu weit führen würde. Nur die vorzüglichsten seien erwähnt.

Obwohl Aristoteles den Scholastikern als Fürst der Metaphysik gilt, so haben sie doch seine Metaphysik stark corrigirt. Sie werfen ihm insgesammt den Fundamentalirrthum vor, daß er den Schöpfungs-

---

*) Das cit. W. Bd. 7. p. 147. Cf. Liberatore, Erkenntnißlehre des heil. Thomas v. A. Mainz 1861. IV. Kap. V. Artikel: „Der averroistische Aristoteles ist ein ganz anderer, als der der Scholastiker."

begriff nicht kennt.*) Der Satz: ex nihilo fit nihil gilt ihm auch
für die absolute Ursache. Gott ist folglich nicht freie Ursache der
Welt, sondern nothwendige. Gott als erster Beweger muß nothwendig
eine ewige Bewegung erzeugen, welche die Welt ist. Folglich ist die
Welt ebenfalls ewig, wie Gott. Und weil der Stagirite in diesen
Capitalirrthum gefallen, mußte er consequent weitere Irrthümer lehren,
wie die Ewigkeit der Zeit,**) der Bewegung u. dgl. Ebenso ist nach
ihm die Welt von Ewigkeit bevölkert und ewig haben auf derselben

---

*) Albert d. Gr. redet an vielen Stellen von diesem großen Irrthum. In
seiner Summa theol. pars II. tr. I. qu. IV. membr. 2. hat er einen eigenen Ab=
schnitt mit dem Titel: De erroribus Aristotelis, in welchem er ganz besonders
dessen falsche Principien über den Ursprung der Welt bekämpft. Multum erravit,
ruft er dem Fürsten der Peripatetiker zu. Cf. l. VIII. Phys. tr. I. c. 15.

In gleicher Weise bekämpft der heil. Thomas vielfach den Aristoteles und seine
Lehre von der Ewigkeit der Welt. So in S. theol I. qu. 46. a. 1; ebenso han=
deln viele Kapitel des II. Buches der S. c. Gent. von diesem Irrthum; ganz
besonders aber das Opusc. 27: De aeternitate Mundi contra Murmurantes.
Die Bekämpfung der Ewigkeit der Welt bildet bei den Peripatetikern des Mittel=
alters eine stehende Rubrik, ähnlich wie die Bekämpfung der averroistischen Lehre
von der Einheit des Intellekts. Heinrich v. Gent beschuldigt den Aristoteles
ebenfalls dieses Irrthums in seiner Summa th. II. art. XXV. qu. 3.

Brentano vindicirt dem aristotelischen Gotte auch das Schaffen. Er schreibt
in d. cit. Werke p. 249: „Wenn er in dem ersten Buche der Physik sagt, was
er auch anderwärts wiederholt, daß aus nichts nichts werde, so will er damit
nur eine Schranke der natürlichen Kräfte anerkennen, nicht aber darüber entschei=
den, ob dieses schlechthin und also auch der Gottheit unmöglich sei." Wir glau=
ben, daß die Scholastiker richtiger die aristotel. Lehre kennen; den Schöpfungs=
begriff lehrt Aristoteles nicht. Es hat deßhalb Teichmüller Recht, wenn er diesen
Auslassungen Brentano's gegenüber bemerkt: „Die christliche Idee der Schöpfung
ist Aristoteles gänzlich fremd, wie sehr er andrerseits selbst auch einen eigenthüm=
lichen Dualismus lehrt." Studien zur Geschichte der Begriffe, Berlin 1874
p. 433. Aber derselbe hat nicht Recht, wenn er glaubt, daß „die Scholastiker
allerdings durch ihr Bestreben, die christlichen Glaubensartikel mit Aristoteles
d. h. mit der Philosophie in Einklang zu bringen, dahin geführt wurden, solche
Finessen bei Aristoteles zu entdecken." Ibid. p. 432.

**) Ex hoc igitur processu manifestum est, quod Aristoteles hic firmiter
opinatus est et credidit necessarium fore, quod motus sit sempiternus et
similiter tempus. Aliter enim non fundasset super hoc intentionem suam
de inquisitione substantiarum immaterialium. S. Thomas in l. XII. Met.
lect. V.

Kunst und Wissenschaft bestanden.*) Unendlich sind ferner die Körper, unendlich der Raum.

Da nach Aristoteles Gott zur Welt nur im Verhältniß des Bewegers steht, so haben viele Scholastiker, wie Bonaventura und Heinrich von Gent, dem Gotte des Aristoteles die Erkenntniß der Dinge, das Vorherwissen, die Allgegenwart und alle Vorsehung abgesprochen.**) Läßt es Skotus auch dahingestellt, ob Aristoteles die Vorsehung läugne, so sind seine Schüler alle einig, daß er diesen Irrthum lehre. Einige, wie Bonaventura, beschuldigen ihn auch des Fatalismus und glauben, daß durch ihn die Araber zu Fatalisten geworden. Falsch erklärt derselbe Heinrich von Gent die aristotelische Lehre, daß die Materie Princip der Individualität sei.***)

Wie über die Körperwelt, so hat Aristoteles auch über die Geisterwelt — substantiae separatae — nach den Scholastikern viel Irrthümliches gelehrt. Die geistigen Substanzen sind nach Aristoteles ebenfalls ewig; sie besitzen nach einigen Lehrern, wie Heinrich von Gent,†) unendliche Erkenntnißkraft und bilden eine Art von Göttern. Ihrer Natur nach sind sie nur gut und es gibt keine bösen Dämonen.††) Und weil Aristoteles die Bestimmung dieser Intelligenzen darein legt, daß sie die Himmelskörper bewegen, so nimmt er nur eine kleine Zahl von solchen geistigen Wesen an, nur soviele, als es

---

*) S. Thomas in l. XII. Met. lect. X.

**) Bonav. in Hexaëmeron, Serm. VI. Der heil. Thomas schreibt in seinem Commentar zu den Sentenzen des Lombardus (I. dist. 39. qu. II. art. 2) dem Aristoteles gleichfalls die Läugnung der Vorsehung Gottes zu, wenigstens widerspricht er nicht der Annahme einer solchen Läugnung: Quaedam enim positio est, quod providentia Dei non se extendit nisi ad species et non ad individua .... et ista opinio imponitur Aristoteli, quamvis ex verbis suis expresse haberi non possit, sed Comment. suus expresse ponit eam.

***) Et est falsum, quidquid Philosophus in hujusmodi suis principiis supposuit ... individua sub specie multiplicari non posse nisi per materiam. S. th. I. art. 25. qu. 3.

†) S. theol. II. a. 25. qu. III. Der heil. Thomas bestreitet es, daß Aristoteles den Intelligenzen eine unendliche Erkenntnißkraft beigelegt.

††) „Quod aliqui angeli sint mali, etiam lumine naturali ratiocinatur quamvis contra Aristotelem" lautet die Ueberschrift vom c. 39. II. II. de Universo Guilielmi Parisiensis. Im c. 41 ibid. wird bewiesen: Quod substantiae spirituales, de quibus est sermo, proficiant in cognitione et influentiis contra Aristotelem. Eine ähnliche „deductio contra Aristotelem" enthält c. 40 ibid.

Himmelssphären zu bewegen gibt.*) Angesichts solcher Irrthümer kann Wilhelm von Auvergne nicht umhin, dem Aristoteles nicht Irrthum, sondern Wahnsinn vorzuwerfen. De intelligentiarum numero Aristotelem non tam errasse, quam insanissime delirasse videbitur evidenter. **)

Nicht minder defektuös ist nach ihrer Meinung die Psycho= logie. Wir haben schon des Oefteren von dem neuplatonischen und arabischen Irrthum bezüglich des intellectus separatus als einer von der Seele verschiedenen Substanz gesprochen. Ein Irrthum, der damals soviel Unheil stiftete. Und doch scheuen sich die ersten Lehrer der peripatetischen Schule, wie Bonaventura und Heinrich von Gent, nicht im mindesten, diesen Irrthum auch dem „Philosophen" auf= zuhalsen. Selbst der doctor subtilis wagt es nicht, den Aristoteles hierin zu vertheidigen; er läßt es zweifelhaft, ob derselbe so gelehrt habe oder nicht.***) Ueber Ursprung und Sitz der Seele, sowie über das Verhältniß der Seele zum Leibe sind fast alle mittelalterlichen Lehrer anderer Ansicht, als „der Philosoph".

Auch über das sinnliche Erkenntnißvermögen lehren die Schola= stiker, und darunter Albert und Thomas anders, als der Stagirite. Sowohl die Zahl der sinnlichen Vermögen, als ihr Verhältniß zu einander und besonders die Lehre vom sensus communis ist eine andere bei den Lehrern der Schule. †) Aristoteles schreibt der Thier= seele und folglich auch dem Menschen ein sensitives Gedächtniß zu, was aber Skotus ††) entschieden in Abrede stellt. Heinrich von Gent,

---

*) Notandum est, quod philosophus supponit in sua ratione quod substantia separata est in optima sui dispositione quoniam movet; ex quo concludit quod omnis substantia ordinetur ad aliquem motum. Licet autem Philosophus sic dicat, nec primum nec secundum videtur esse verum, maxime secundum fidem. Alexander Halesius in l. XII. Met. c. Cf. S. Th. s. th. I. qu. 110. a. 1 ad 2. Der heil. Thomas vergleicht in seinem Opusc. de subst. separatis die platonische und aristotelische Engellehre und gibt ersterer aus vielen Gründen den Vorzug (cap. I. u. II.). Dort finden sich auch die Irrthümer der beiden großen Philosophen bezüglich der Intelligenzen widerlegt. Cf. Werner, der heil. Thomas, Bd. I. p. 523 ff.

**) De Universo l. c.

***) In l. Arist. de An. qu. 13.

†) Schell, op. c. p. 179 u. 213.

††) In l. IV. Sent. dist. 45. qu. 3. nr. 8.

der in seiner Erkenntnißlehre zu Plato hinneigt und die sinnliche
Erfahrung nicht als sichere Quelle des Wissens anerkennt, wirft dem
„Philosophen" vor, daß er der Wissenschaft ein so gebrechliches und
trügerisches Fundament gegeben. Von noch größerem Gewichte ist
der Vorwurf einiger, daß Aristoteles die Unsterblichkeit der Seele
geläugnet habe. Zu diesen gehören wieder Bonaventura und Heinrich
von Gent, die alle dunklen Stellen im ungünstigen Sinne interpretiren.
Duns Skotus und andere bemerken, der Stagirite habe sich über
diesen Punkt unbestimmt ausgesprochen.*) Bezüglich des vegetativen
Lebens will Skotus die Auktorität des Aristoteles gar nichts gelten
lassen; Galenus verdiene auf diesem Gebiete den Vorzug.**)

Noch viel bedeutender und tiefgreifender sind die Irrthümer,***)
welche Aristoteles in der Ethik und Politik gelehrt haben soll.
Die meisten mittelalterlichen Lehrer kommen darin überein, daß
Aristoteles den letzten Zweck des Menschen gar nicht erkannt habe.
Nach den Einen soll er von einer künftigen Glückseligkeit nichts wissen,
nach den Andern soll das künftige Glück des Menschen in der Erkenntniß der reinen Geister bestehen. Das Letztere ist die Ansicht des

---

*) Bis auf den heutigen Tag wird die Frage ventilirt, ob Aristoteles die
Unsterblichkeit der Seele gelehrt habe. Die verschiedenen Ansichten hierüber sind
zusammengestellt in der „Unsterblichkeitslehre des Aristoteles" von Dr. L. Schnei-
ber, Passau 1867.

**) Aristoteles nutriendi potentiam ponit in corde; magis tamen Galeno
in re medica adhaerendum. De an. disp. II. sect. XV. ed. Cavill.

***) Aegybius gibt in seiner Schrift: De erroribus Philosophorum Aristo-
telis, Averrois, Avicennae, Algazelis, Alkindis, Rabimoysi — einen förmlichen Catalog von den aristotelischen Irrthümern in der speculativen Philosophie:
Aristotelis errorum epilogus. „Sunt ergo omnes errores in summa quin-
decim videlicet quod motus non incoepit; quod tempus est aeternum; quod
mundus non incoepit; quod coelum non est factum; quod Deus non possit
alium mundum facere; quod generatio et corruptio non incoeperunt nec
desinent; quod sol semper causabit generationem et corruptionem in istis
inferioribus; quod non potest novum produci immediate a Deo; quod non
sit possibilis resurrectio mortuorum; quod Deus non posset accidens facere
sine subjecto; quod in quolibet composito sit una forma substantialis tantum; quod partes non sint unum; quod non sit dare primum hominem et
primam pluviam; quod tot sint angeli quot sunt orbes, videl. 55 vel 47;
quod duo corpora nullo modo possunt esse in eodem loco... Imponunt ei
et alios errores de quibus non sit tibi curae quia procedunt ex falso intellectu."

englischen Lehrers. *) Und weil Aristoteles das künftige Glück nicht kennt, so legt er den irdischen Gütern mehr Bedeutung bei, als ihnen gebührt. So hält er es z. B. für erlaubt, schlechte Menschen um ihr zeitliches Glück zu beneiden und die Großmuth nennt er eine Tugend, die solche Dinge zum Objekte hat, welche Ehre und Ruhm einbringen. Dem doctor subtilis sagt die ganze moralische Weltordnung des Stagiriten nicht zu; er glaubt, daß Aristoteles den Willen zu sehr vom Intellekt abhängig gemacht und dadurch die Freiheit beeinträchtigt habe.

Selbstverständlich beklagen sie seine oft geradezu verabscheuungswürdigen Lehren über die Gottesverehrung. Aristoteles will nicht blos Opfer und Verehrung für die Götter, sondern auch für die reinen Intelligenzen, für die Dämonen und selbst für die Heroen; all diesen sollen Tempel und Altäre erbaut werden. **)

In der aristotelischen Staatslehre ist die Abtreibung der Leibesfrucht für gewisse Fälle erlaubt; ebenso dürfen in bestimmten Tempeln schlechte Bilder und Statuen aufgestellt werden, wie auch ein krüppelhafter Mensch nicht mehr weiter ernährt werden soll. Albert und Thomas bezeichnen überdieß noch viele andere Punkte als irrthümlich, so namentlich die aristotelischen Lehren über Sklaverei, die Ursachen der Revolution, den Ursprung und Untergang der Reiche. ***)

Nicht wundern darf es uns, wenn wir sehen, daß die scholastischen Lehrer in noch größerem Umfange die **naturwissen**-

---

*) Unde patet, quod Aristoteles posuit ultimam felicitatem hominis in cognitione substantiarum separatarum, qualis potest haberi per scientias speculativas. S. th. I. qu. 88. a. 1. Dasselbe lehrt Skotus in l. I. Sent. qu. I. n. 6 mit den Worten: Philosophus sequens naturalem rationem aut ponit felicitatem esse perfectam, in cognitione substantiarum separatarum acquisita, sicut videtur dicere I. Ethic. aut si non determinate asserit istam esse supremam nobis possibilem: aliam tamen ratione naturali non concludit: ita quod soli rationi naturali innitendo vel errabit circa finem in particulari vel dubius remanebit.

**) Improbat Aristoteles politias dispositas a multis aliis II. Polit. sed nec illa Aristotelis est irreprehensibilis VII. Polit. ubi docet Deos esse honorandos. „Decet," inquit, „cultum exhibere Diis." Et ibidem: „Lex nullum orbatum tradit nutriri." Et in eodem libro dicit: „quod oportet fieri abortum in casu." Scotus in l. I. Sent. qu. I. n. 23. edit. Cavill.

***) An verschiedenen Stellen ihrer Commentare zur Politik des Stagiriten.

schaftlichen Lehren des „Philosophen" corrigiren. Besonders sind es Albertus, Roger Bakon und auch der heil. Thomas, die sich oft in starken Ausdrücken über die vielen Fehler in seiner Naturkunde ergehen. Wir führen nur einige dieser Irrthümer an. Aristoteles läßt die Himmelskörper von den reinen Intelligenzen geschaffen und bewohnt sein, was alle Scholastiker läugnen.*) Nach ihm sind die Himmelskörper incorruptibel und unwandelbar; Skotus und seine Schule läugnet nicht blos dieß, sondern auch die weitere Lehre des „Philosophen", daß die Materie der Himmelskörper eine specifisch andere sei, als die der sublunarischen Körper.**) Ueber die Zahl der Gestirne, die Beschaffenheit ihres Lichtes, die Formen ihrer Bewegung lehren die Scholastiker anders, als ihr Meister.***) Nach Roger Bakon läßt Aristoteles das Licht die Körper durchdringen; er aber hält nur die Reflexion für richtig.†) Aristoteles negirt das Funkeln der Sterne (scintillare), der englische Lehrer läßt das nicht für alle gelten.††) Nach Albert hat Aristoteles sehr confus den Kreis (Hof) um die Gestirne erklärt.†††) Ebenso verwirft Bakon die Lehre des Stagiriten, daß alle Sterne ihr Licht von der Sonne haben; er schreibt den Gestirnen ihr eigenes Licht zu. *†) In Folge dieser und anderer Irrthümer schreiben manche dem Aristoteles eine sehr geringe Kenntniß der Astrologie zu — Aristoteles non fuit multum peritus in astrologia. **†)

---

*) Bonavent. in II. Sent. dist. 14. p. II. a. III. qu. 2. Wilhelm v. Auvergne de legibus c. 25. Skotus in II. Sent. dist. XIV. qu. I. Der heil. Thomas spricht wohl öfters von Philosophen, welche die Himmelskörper beseelt sein lassen, aber er sagt nicht, ob auch Aristoteles darunter zu zählen sei. Cf. S. th. I. qu. 70. a. 3.

**) Die Skotisten bekämpfen überhaupt den Aristoteles viel öfter als die Thomisten. Der Skotist Mauritius Hibernikus z. B. ist der Ansicht, daß Aristoteles nur wenige Sätze seiner Physik vollkommen begründet hat. Cf. Werner, III. Bd. p. 482 ff.; Ritter, Bd. VIII. p. 360 ff.

***) S. Thom. in l. II. de coelo et mundo lect. VIII.

†) Opus tertium ed. Brewer p. 111.

††) In l. II. de coelo et mundo lect. XII. Bakon hingegen stimmt dem Aristoteles bei und negirt das Funkeln; es komme uns nur so vor wegen der weiten Entfernung. Op. majus p. 331 sequ.

†††) Aristoteles confuse tradit coronarum significationes. In l. Meteor.

*†) Op. maj. p. 320 sequ.

**†) Scotus in l. XII. Met.

In der **Meteorologie** finden sie nicht minder arge Verstöße gegen die Wahrheit. Albert corrigirt die Ansicht des Stagiriten, daß ein Mondregenbogen in 50 Jahren nur zweimal vorkomme, indem er bemerkt, daß er und seine Freunde, die wahrhafte Beobachter sind, dieses selbst erfahren hätten. Uebrigens sei auch für die Ansicht des Aristoteles kein vernünftiger Grund vorhanden.*) Ebenso corrigirt der doctor universalis denselben, wenn er sagt: „Aristoteles meint, es könnten nur zwei Regenbogen auf einmal erscheinen; ich aber sage, drei und noch mehrere." **)

Als ganz falsch bezeichnen sie die aristotelische Ansicht über Ebbe und Fluth, die ihren Grund in dem Hervorbrechen des allzusehr eingeengten Meerwassers haben sollen, während die mittelalterlichen Lehrer sie dem Einfluß der Gestirne und ganz besonders dem des Mondes zuschreiben. ***)

Damit sind wir mit den Correkturen noch nicht fertig, welche die Scholastiker an dem Philosophen angebracht haben. Auch in solchen Fragen, in welchen sie dem Aristoteles folgen, verwerfen sie mitunter einen oder den andern Beweis oder auch alle vom Philosophen gebrauchten Beweise und stützen seine Lehre durch andere Gründe. So lehren z. B. wohl alle Scholastiker, daß die Himmelskörper ihrer Natur nach verschieden sind von den sublunarischen, aber sie erklären diese Verschiedenheit anders, †) als Aristoteles. Skotus lehrt mit Aristoteles, daß der Mensch zum Erkennen der Phantasmen nöthig habe, aber er hält diese Nothwendigkeit nicht für eine natürliche, wie der Stagirite, sondern für eine aus der Sünde stammende. ††)

---

*) Alb. M. de Meteor. l. III. tr. IV. c. 11.

**) Alb. M. ibid. Roger Bakon in seinem Op. maj. p. 133 schreibt: „Philosophus Aristoteles magis omnibus philosophantibus nos involuit suis obscuritatibus in tractando de iride, ut nihil per eum quod dignum sit intelligamus."

***) Similiter aqua movetur motu proprio tendendo in centrum et habet quendam motum ex impressione Lunae, quae movet ipsam, ut patet in fluxu et refluxu maris. S. Thom. Qu. disp. de Verit. qu. 22. a. 3.

†) Alb. M. S. th. II. tr. XI. qu. 43. S. Thom. in l. I. de coelo et mundo, lect. VI.

††) Necessitas recurrendi ad phantasmata est nobis inflicta propter peccatum... Aristoteles quia nihil scivit de peccato isto et invenit naturam taliter dispositam, procedens ex sensu tantum, credidit hoc nobis esse naturale. Quaest. de anima qu. 18.

Sehr oft verwerfen die Scholastiker die Gründe des Aristoteles namentlich dann, wenn derselbe die Lehren seiner Gegner widerlegt. Sie stellen sich oft die Frage, ob dieser oder jener Grund des Aristoteles den Gegner widerlege, und antworten dann oft mit „Nein". Quaereret quis, utrum haec ratio cogat contra ponentes ideas? Dicendum est quod non. *) In dieser oder einer ähnlichen Weise berichtigen sie die mangelhaften Beweise des Stagiriten.

Wir haben oben das große Verdienst erwähnt, das sich Aristoteles um die Geschichte der Philosophie erworben. Die Scholastiker kennen dieses Verdienst wohl; ist ja gerade seine historische Methode einer der Gründe, in Folge deren sie die aristotelische Philosophie jeder andern vorzogen. Aber gleichwohl gilt ihnen der Philosoph nicht als eine infallible Auktorität und insbesonders zählen seine historischen Leistungen unter die Punkte, auf welche sie mitunter sehr wenig Vertrauen setzen.**) Besonders ist es die aristotelische Auffassung der platonischen Philosophie, welche sie oft berichtigen zu müssen glauben. Sie nehmen den Philosophen von Athen gar oft in Schutz gegenüber dem strengen Urtheile des Stagiriten. Sie anerkennen es, wenn Aristoteles so sehr gegen Plato und die andern Philosophen eifert, die ihre Lehren in mythischer und allegorischer Form vortragen; aber sie machen es ihm dann um so mehr zum Vorwurfe, daß er in seiner Polemik sich oft gegen den Wortlaut wende und nicht gegen den verborgenen Sinn.***) Sie bemerken dabei, daß es gleichgiltig sei,

---

*) Alex. Hales. in l. I. Metaph. Weitere Belege stellen uns Aler. v. Hales, Alb. Magnus, Bonaventura, Skotus, Heinrich v. Gent u. s. w. Cf. Talamo, p. 187 u. 188.

**) Sed tamen authoritates Aristotelis, quae exemplis inductis sumuntur, nihil valent. S. Thom. in l. II. Sent. dist. XIII. qu. I. art. 3 ad 3. Und im 4. Buch cap. 4 schreibt der englische Lehrer: „Talibus et tantis viris talem politiam attribuere, unde ordo destrueretur, non est sine admiratione, sed et ipsi commentatores Arist. hoc idem attribuunt, quod non plene retulerit aliorum opiniones et praecipue Socratis et Platonis, sicut Eustratius dicit super I. ethic. circa ideam bonitatis et Simplicius in fine primi de coelo de generatione mundi" . . . . .

***) Ex quo accipitur, quod Aristoteles disputans contra Platonem et alios hujusmodi, qui tradiderunt suam doctrinam occultantes sub quibusdam aliis rebus, non disputat secundum veritatem occultam, sed secundum ea, quae exterius proponuntur. S. Thom. in l. III. Met. lect. XI. Cf. in l. VIII. Phys. lect. II.

was Plato an der betreffenden Stelle sagen wollte; soviel sei gewiß, daß Aristoteles seinem Lehrer etwas in den Mund legt, was seine Worte nicht ausdrücken; der Wortlaut sei verschieden von der Intention des Plato. Andere mittelalterliche Lehrer gehen noch weiter und behaupten, Aristoteles habe kein vollständiges und tiefes Verständniß der platonischen Philosophie besessen; er habe mehr mit einem natürlichen Auge aufgefaßt, was Plato in übernatürlicher Weise erkannte. *) Auch solche gibt es unter ihnen, welche dem großen Schüler des Plato sogar eine absichtliche Verfälschung und Verstümmelung der Lehre seines Meisters vorwerfen. Es sei der Neid gewesen ob des Ruhmes seines Lehrers, der den Schüler zu so niedrigem Beginnen stachelte. Derselbe Franz von Mayronis, der den Fürsten der Peripatetiker für den schlechtesten Metaphysiker erklärte, ist es, der ihm auch diese gemeine Gesinnung imputirte. **)

Bekannt ist der Streit über die Ideen des Plato. Noch immer ist es unausgemacht, ob Plato die Ideen als für sich subsistirend außer dem göttlichen Intellekt gefaßt hat oder als Akte der göttlichen Intelligenz. Aristoteles ist der ersteren Ansicht; der heil. Thomas und Albertus stimmen ihm hierin bei. ***) Dagegen sind viele Peripatetiker der Ansicht, daß Aristoteles in diesem Punkte den Plato ganz falsch verstanden habe. Vinzenz von Beauvais, Wilhelm von Auvergne, Bonaventura, Heinrich von Gent, †) Skotus, ††) Mayronis, †††) Durandus und andere glauben, daß der heil. Augustin den athenensischen Philosophen besser verstanden habe, wenn er ihn die Ideen als Akte des göttlichen Intellektes lehren läßt. Sie halten die aristotelische Auffassung eines Philosophen, wie Plato war, für unwürdig.

---

*) Heinrich v. Gent, Quodl. IV. qu. 20.

**) Sed quare Aristoteles voluit sic facere, una assignatur voluntas, quia habuit invidiam contra eum. In I. Sent. dist. 47. qu. 4.

***) S. Thom. s. th. I. qu. 15. a. 1.

†) Quodl. IX. qu. 15.

††) Plato male posuit ideas et Aristoteles male tamen recitat. In l. I. Sent. dist. 35.

†††) Ideae non sunt imponendae Platoni, sicut eas imponit sibi Aristoteles, quasi essent quaedam monstra in aëre subsistentia. Sent. I. dist. 47. qu. 1. Auch Neuere, wie z. B. Zeller, glauben, daß Aristoteles den Plato falsch verstanden habe.

Wie der Auffassung der Ideenlehre, so widersprechen die Scholastiker auch der aristotelischen Ansicht, daß Plato in seiner Politik die Weiber- und Kindergemeinschaft gelehrt habe. Sie geben zu, daß Plato die Gütergemeinschaft lehre, aber sie läugnen dieß bezüglich der Weibergemeinschaft. Da Plato ein solcher Vertheidiger der Tugend ist, könne er unmöglich solche Irrthümer aufgestellt haben. Die Worte Platos dürfe man nicht buchstäblich auffassen — ut verba sonant —, sondern müsse sie in höherem Sinne deuten.*)

Damit schließen wir den Katalog der aristotelischen Irrthümer. Wir sehen, die Scholastiker haben dem Philosophen in jeder Disciplin und in jedem philosophischen Fache Irrthümer und mitunter schwere Irrthümer zur Last gelegt.**) Wie kann man einem solchen Kataloge von Irrthümern gegenüber noch von einem blinden Nachfolgen und gedankenlosen Nachbeten aristotelischer Lehren reden oder wie mag man noch sagen, daß die Scholastiker den Aristoteles nur in einigen wenigen Punkten verlassen hätten? Ich weiß es, andere haben die Anklage des Servilismus, wie wir oben schon gesehen, dahin modificirt, daß sie sagen, nur in solchen Punkten hätten die Peripatetiker des Mittelalters den Aristoteles corrigirt, in welchen er mit der Glaubenslehre in Widerspruch war. Allein auch das ist falsch; denn unter den aufgeführten Irrthümern befinden sich viele, die mit dem Glauben nicht in Berührung stehen; man denke nur beispielshalber an die naturwissenschaftlichen Irrthümer oder an manche Irrthümer in der Psychologie und Politik. So steht denn fest: Die Scholastiker haben auch in solchen Dingen ihren Meister des Irrthums geziehen, in welchen sie durch den Glauben nicht veranlaßt waren.

Und damit man diese Correctur vollständig würdige, bemerken wir noch, daß die christlichen Philosophen diese Correctur nicht vornahmen auf eine subjektive Meinung hin oder aus Willkür oder durch irgendwelche Auktorität veranlaßt, sondern auf philosophische Gründe

---

*) S. Thom. de regimine princ. l. IV. c. IV.

**) Es hat zur Zeit der großen scholastischen Lehrer manche gegeben, welche wohl diese Irrthümer mehr oder minder dem „Philosophen" zuschrieben, aber sie suchten denselben aus mancherlei Gründen zu entschuldigen. Die meisten Scholastiker nehmen aber gerade für seine Hauptirrthümer keine Entschuldigung an. Selbst der heil. Thomas nennt ein solches Vorgehen bezüglich des Irrthums von der ewigen Bewegung ein frivoles — quod ex ipso modo procedendi frivolum apparet. In l. VIII. Phys. lect. III.

hin, d. h. sie weisen diese Irrthümer philosophisch nach. Es ist wahr, daß die Scholastiker als Grund, warum sie eine aristotelische Lehre verwerfen, oft an erster Stelle den Glauben anführen; aber sie fügen dann bei, daß sie auch mit der natürlichen Vernunft streite, oder daß die Gründe, welche Aristoteles dafür anführt, sehr leicht lösbar oder nur probabel seien. Belegen wir das Gesagte durch einige Beispiele.

Am meisten steht Aristoteles mit dem christlichen Glauben in Widerspruch durch seine Lehre von der Ewigkeit der Welt. Die christlichen Denker zeigen diesen Widerspruch nicht blos an und widerlegen den Aristoteles durch die göttliche Auktorität, sie begründen den Irrthum auch philosophisch. Albert d. Gr. widerlegt sowohl in seinen philosophischen als theologischen Werken die ewige Welt des Stagiriten durch Vernunftgründe. Er zeigt, wie falsch es sei, von einem ewigen Beweger auf eine ewige Bewegung zu schließen. Der Beweger sei ewig, aber deßwegen die Welt nicht, denn die Bewegung hat erst angefangen, als die Welt oder das Bewegliche von Gott hervorgebracht worden. Die Schöpfung sei nicht eine Bewegung, sondern ein vom freien Willen Gottes ausgehendes Insdaseinrufen solcher Dinge, die vorher nichts waren und an sich nichts sind und aus Nichts sind.*) An derselben Stelle widerlegt er auch die Beweise des Rabbi Moyses für die Ewigkeit der Welt. Und in seiner Physik verwahrt er sich feierlich, wie wir schon oben zu bemerken Gelegenheit hatten, daß er etwa deßwegen dem Aristoteles hierin widerspreche, weil er ihn nicht verstanden oder weil es sich hier etwa um die Person handle, sondern er widerspreche ihm mit Rücksicht auf die Wahrheit. Noch entschiedener betont er in der Schrift de unitate intellectus, daß er in der ganzen Untersuchung sich nicht auf die Auktorität des Glaubens stützen werde, weil die Averroisten diese Auktorität in der Philosophie nicht anerkennen, sondern daß er nur philosophisch zu Werke gehen und ausschließlich mit den Waffen des Syllogismus kämpfen werde. **)

In ähnlicher Weise gibt der englische Lehrer in seinen beiden

---

*) An der oben cit. Stelle seiner S. th.

**) In hac disputatione nihil secundum legem nostram dicemus, sed omnia secundum philosophiam ... tantum ea accipientes, quae per syllogismum accipiunt demonstrationem. Dasselbe sagt er in seiner Theol. II. Theil tr. XIII. qu. 77. membr. 3.

Summen und besonders in seinem Opusc. de aeternitate mundi ausführlich die Gründe für die Wahrheit an, daß die Welt nicht nothwendig ewig sein müsse, wie Aristoteles glaubte. Er nimmt den Stagiriten nur insofern in Schutz, als er glaubt, daß derselbe für die Ewigkeit nicht einen streng apodiktischen Beweis habe führen wollen, sondern einen dialektischen. *)

Diejenigen Scholastiker, welche den Aristoteles einen einzigen Intellekt für alle Menschen lehren lassen, zeigen gleichfalls aus Vernunftgründen, daß eine solche Annahme pantheistisch und überhaupt absurd sei. Dasselbe finden wir bezüglich seiner Lehre von den reinen Geistern. Ihre Bestimmung kann nicht darin liegen, wie der doctor irrefragabilis bemerkt, daß sie die Himmelskörper bewegen, denn die reingeistigen Substanzen können ihr Endziel nur im Erkennen und Lieben haben. **) Und ein anderer Lehrer sagt, daß man schon durch die natürliche Vernunft die Existenz böser Geister nachweisen könne — quod aliqui Angeli sint mali etiam lumine naturali ratiocinatur quamvis contra Aristotelem. ***)

Und wie sie jene aristotelischen Lehren, die mit dem Glauben streiten, nicht blos um des Glaubens willen zurückweisen, sondern auch philosophisch als irrthümlich nachweisen: ebenso sind es sachliche Gründe, die sie in der Bekämpfung anderer Lehren des „Philosophen" leiten. Lediglich die Liebe zur Wahrheit ist es, welche sie dem Fürsten der Peripatetiker bald folgen, bald widersprechen heißt. Oft kommen sie in den Fall, daß sie sich nicht zu entscheiden getrauen; sie folgen weder dem „Philosophen", noch widersprechen sie ihm; sie geben aber dann die Gründe an und lassen den Leser entscheiden. †) Sie sind

---

*) Nec rationes quas ad hoc (mundum semper fuisse) Aristoteles inducit, lib. 8. Phys., sunt demonstrativae simpliciter, sed secundum quid, sc. ad contradicendum rationibus antiquorum ponentium mundum incipere secundum quosdam modos in veritate impossibiles. S. th. I. qu. 46. a. 1. Damit löst sich der Vorwurf jener, die sagen, der heil. Thomas hätte aus Liebe zu Aristoteles selber halb und halb die Ewigkeit der Welt gelehrt; oder er hätte sich wenigstens alle Mühe gegeben, die Ewigkeit der Welt mit der Glaubenslehre in Einklang zu bringen, weßhalb er auch den Texten des Aristoteles eine nicht der Wahrheit entsprechende Deutung gegeben. Jourdain gehört zu denen, welche dem englischen Lehrer diesen Vorwurf machen.

**) Alex. Hales. in l. XII. Met. lit. C.

***) Wilh. v. Auvergne loc. supr. cit.

†) Istae sunt circa animas coelestium opiniones Peripateticorum. . . .

nicht Sklaven des Aristoteles, sondern Sklaven der Wahrheit, wenn Hingabe an die Wahrheit Sklaverei genannt werden darf.

Wenn nun, wie wir gesehen, die christlichen Philosophen den Aristoteles corrigiren und nicht blos in solchen Dingen corrigiren, die mit dem Glauben unverträglich sind, sondern auch in vielen anderen, und wenn sie all diese Abweichungen von ihm philosophisch begründen: wo bleibt da noch Raum für den immer wiederholten Vorwurf ihrer philosophischen Unselbstständigkeit und serviler Partheinahme für den Stagiriten? Wo hat je ein Schüler des Hegel oder Kant mit solcher Selbstständigkeit und Freiheit die Lehren seines Meisters geprüft und untersucht?

4. Die Scholastiker als Fortbildner und Vervollkommner der aristotelischen Philosophie.

Man liest nicht selten, daß erst durch das Bekanntwerden der aristotelischen Werke das Mittelalter zu einer Philosophie gelangte. Vor dem 13. Jahrhundert hätte es in den christlichen Schulen keine Philosophie, wie überhaupt keine Wissenschaft gegeben. Nichts ist unwahrer, als eine solche Behauptung. Die scholastische Wissenschaft begann schon im 8. Jahrhundert und sie hat bis zum 13. Jahrhundert schon herrliche Früchte geistigen Strebens und Forschens hervorgebracht. Die Werke eines Abälard, Erigena und Anselm beweisen, mit welcher Leichtigkeit und Sicherheit man bereits im 11. und 12. Jahrhundert die tiefsten und schwierigsten Probleme der Philosophie behandelte. Man lese allein das berühmte Werk des Petrus Lombardus de sententiis und man wird finden, wie dieser große Theologe in seinen theologischen Untersuchungen die subtilsten Punkte der Metaphysik, Psychologie und Ethik berührt.*) Die dem 12. Jahrhundert vorausgehenden Streitigkeiten der Nominalisten und Realisten, an denen

---

His autem opinionibus nihil addo, sed sive verae sint sive non, tales judicentur a lectore, quales ex rationibus, quae inductae sunt, esse possunt. Alb. M. in l. XI. Met. tr. II. c. 10.

*) Im ganzen Lombardus kommt nicht einmal der Name des Aristoteles vor. Aber gerade die Commentare zu den Sentenzen desselben bilden eine hervorragende Thätigkeit der mittelalterlichen Lehrer. Demnach kann ihre Wissenschaft doch nicht ganz und gar in Aristoteles aufgehen.

sich die Scholastiker betheiligten, und in denen es sich um die Fundamentalfragen der Philosophie handelte, beweisen wiederum evident, daß man damals bereits eine tiefe philosophische Erkenntniß besessen habe. Wäre die Wissenschaft und namentlich die Philosophie bei Beginn des 13. Jahrhunderts nicht schon sehr hoch gestanden, dann hätte unmöglich die aristotelische Lehre solchen Einfluß üben können. Ein Zeitalter, in dem die Wissenschaft niedrig steht, und das nicht geschult ist in philosophischen Spekulationen, das wird nie mit solchem Eifer und solchem Verständniß die Werke eines Aristoteles studiren und die aristotelischen Lehren so sehr verwerthen und zu würdigen wissen. „Denn wissenschaftliche Hülfsmittel", wie Ritter richtig bemerkt,*) „werden überall nur dann mit Eifer gesucht, wenn der Geist reif ist, sich ihrer zu bedienen. Ihn für die aristotelische Philosophie vorzubereiten, dazu hatte das 12. Jahrhundert mit seinen platonischen und theologischen Bestrebungen das Seinige beigetragen." Die scholastische Philosophie ist deßhalb ihrer Substanz und ihrer Grundlage nach nicht aristotelisch, sie ist ein Erbstück der Väter, das die folgenden Jahrhunderte durch ihren Fleiß und ihre geistige Kraft bedeutend erweitert und bereichert hatten. Die Aufnahme der aristotelischen Philosophie in die christliche Wissenschaft gab der letzteren, wie schon früher gezeigt, nur eine bedeutende Vervollkommnung und besonders eine systematische Form, kurz gesagt: Durch die Philosophie des Stagiriten gelangte die scholastische Wissenschaft zu ihrer **höchsten Blüthe**.

Es wird nun unsere Aufgabe sein, nachzuweisen, daß die scholastischen Lehrer den aristotelischen Gedanken nicht einfach benützen und ihrem System einverleiben, sondern daß sie denselben entwickeln und weiter führen. Wir haben darzuthun, daß das Mittelalter einen wissenschaftlichen und philosophischen Fortschritt kennt und daß die Lehren des „Philosophen", die wie jedes menschliche Werk der Fortbildung fähig sind, eine Weiterbildung und Vervollkommnung erfahren haben. Wir werden diesen Nachweis dadurch erbringen, daß wir zuerst im Allgemeinen die Entwicklung und Vervollkommnung der Philosophie durch die Scholastik charakterisiren und dann im Speciellen die philosophischen Fortschritte bezeichnen.

---

*) D. cit. W. Bd. 7. p. 86.

A. Philosophischer Fortschritt im Allgemeinen.

Es ist wahr, daß die scholastischen Lehrer den Glauben als leitende Norm für ihre wissenschaftliche Thätigkeit nehmen. Auch Roger Baco'n, der selbstständigste unter ihnen, macht davon keine Ausnahme. Wer aber daraus folgern wollte, daß sie dadurch in ihrem wissenschaftlichen Bestreben gehindert und unfrei geworden, der würde sich sehr täuschen. Alle Scholastiker insgesammt verlangen und lehren wissenschaftlichen Fortschritt. Nach ihnen ist die menschliche Natur so angelegt, daß sie nicht auf einmal, sondern nach und nach und mit vieler Mühe zur Erkenntniß gelangt.*) Alle Kunst und Wissenschaft ist daher anfangs unvollkommen und wird erst allmählig zu größerer Vollkommenheit gebracht. Der heil. Thomas erklärt es deßhalb als Pflicht für jeden Forscher, daß er den Leistungen der Vorgänger etwas hinzufüge — quia ad quemlibet pertinet super-addere id quod deficit in consideratione praedecessorum.**) Und er bemerkt hiezu, daß, wenn ein Jahrhundert dieses Fortschreiten unterlasse, Künste und Wissenschaften sinken und sogar untergehen können.

Bezüglich des Umfangs der philosophischen Erkenntniß lehren sie wiederum einstimmig, daß der Mensch gewissermaßen eine unbeschränkte Erkenntnißkraft besitze, er könne alles erkennen, was überhaupt erkennbar sei. Bekannt ist ja ihr psychologisches Princip, das sie dem Aristoteles entlehnten: anima est quodammodo fieri omnia. Getragen von diesem Princip wagten sie sich an jedes noch so schwere Problem und schreckten auch nicht vor der schwierigsten Frage zurück.

Der heil. Bonaventura bezeichnet eine dreifache Weise dieses wissenschaftlichen Fortschrittes. Die Wissenschaft kann fortschreiten bezüglich des Objektes, wenn etwas Neues erkannt wird; bezüglich der Erkenntnißweise, wenn etwas auf eine neue Art erkannt wird,

---

*) S. Thom. s. th. I. II. qu. 97. a. 1.
**) In l. I. Ethic. lect. II. In seinem Commentar zur Politik spricht er die Idee vom constanten wissenschaftlichen Fortschritt ebenso entschieden aus mit den Worten: Sic inventae fuerunt artes et scientiae, quia primo unus invenit aliquid et illud tradidit, et forte inordinate; alius post hoc accepit illud et addidit et totum tradidit, et magis ordinate; et sic consequenter, donec perfecte artes et scientiae inventae sunt. Et manifestum est, quod aliqui aliqua invenerunt, sed omnes simul omnia. In l. III. lect. VIII.

wie z. B. wenn etwas auch durch die Vernunft erkannt wird, was man vorher nur auktoritativ annahm, und endlich bezüglich der Befähigung, wenn ein tieferer Kopf weiter eindringt in einen Gegenstand als die anderen. *)

Mehr als alle hat aber Bakon den philosophischen Fortschritt betont. Wie überall, so zeigt er sich auch hier als den extravaganten Eiferer. Als Zweck für sein Opus majus stellt er sich die letzte Vollendung der Philosophie: sapientiam philosophiae conabor usque ad ultimam sui deducere potestatem! Die Philosophen stehen ihm höher, als andere Leute; ja ungläubige Philosophen sogar höher als Christen. **) In der Einleitung zu seinem opus tertium schreibt er: „Ich habe den Baum der philosophischen Weisheit betrachtet, habe die Hauptwurzeln desselben herausgearbeitet, die Höhe des mächtigen Stammes und den Wachsthum der größeren Zweige konstatirt, habe den Blüthenduft lieblicher Kenntnisse verbreitet, habe die goldnen Halme der Ceres und die tragkräftigen Rebgeschosse des Bacchus, an denen die Frucht mangelte, mit fleißiger Hand gesammelt.... Bei allen Schriften, die ich für Euch (Papst Clemens IV.) verfaßte und noch verfasse, suche ich nichts außer die Darlegung der Wahrheit.... Der Weise erfreut sich der Weisheit, das ist ihm eigen — und er beugt sich unter die Macht der Wahrheit aus eigener Ueberwindung." ***)

Und nicht blos in schönen Worten preisen sie den wissenschaftlichen Fortschritt; ihren Worten folgen auch Thaten. Wir können uns kaum eine Vorstellung machen, welch reges wissenschaftliches Leben im 13. und 14. Jahrhundert herrschte. Es ist, wie wir schon angedeutet, eine providentielle Fügung gewesen, daß diese Jahrhunderte durch so viele scharfsinnige und begabte Geister ausgezeichnet waren. Gewiß, auch der erbittertste Gegner gibt uns zu, daß ein heil. Thomas und Albert, Skotus und Bonaventura tiefe Denker, gewandt in der Spekulation, große Metaphysiker und Männer des schärfsten Verstandes gewesen. Und diese scharfsinnigen Geister sind mit einem

---

*) In l. II. Sent. dist. XXIII. a. 2. qu. I.

**) Das hindert ihn aber nicht an einer andern Stelle als Zweck der Philosophie die Begründung der Ueberzeugung von der christlichen Wahrheit anzugeben: „hic tota philosophiae potestas concurrit, ut per speculativas scientias et per practicas doceatur persuasio sectae fidelis." Op. III. p. 51.

***) Op. III. ed. Brewer p. 2.

wahren Enthusiasmus und einem förmlichen Heißhunger an die wissenschaftliche Forschung gegangen; unsägliche Mühe und außerordentlichen Fleiß haben sie auf ihre Studien verwendet. Sie ließen keine Gelegenheit unbenützt, ihr Wissen zu bereichern. Sie machten weite Reisen in die entferntesten Länder, um die gelehrtesten Männer ihrer Zeit zu hören; sie ließen es sich große Summen kosten, um sich die nöthigen Werke zu verschaffen.*) Und nicht blos für ein Fach begeistern sie sich, sondern alles menschliche Wissen umfaßt ihre Liebe: sie sind Theologen und Philosophen, in der Naturwissenschaft nicht weniger zu Hause, als in den staatsrechtlichen und socialen Fragen; selbst die Poesie wird nicht verschmäht. Und wenn man bedenkt, wie gedrängt und mathematisch ihre Schreibweise ist, dann bleibt es trotz Scharfsinn und Fleiß unbegreiflich, wie sie oft bei sehr kurzer Lebenszeit uns eine solche Zahl riesiger Folianten hinterlassen konnten. Die Werke Alberts, welche auf uns gekommen, füllen nicht weniger als 21 Foliobände. Viele seiner Bücher sind nicht auf uns gekommen; viele blieben ungedruckt und sind noch in den Bibliotheken verborgen. Nach Labbé soll Albert 800 Bücher geschrieben haben.**) Der Engel der Schule, der noch nicht 50 Jahre alt starb, hinterließ uns 17 Foliobände. Dabei ist wiederum manches nicht auf uns gekommen und manches ungedruckt geblieben. Und doch sollen diese Männer in der Wissenschaft keine Fortschritte gemacht, sondern nur von fremden Gedanken gelebt haben;***) ja noch mehr sie sollen sogar ein Hemmschuh für wissenschaftlichen und namentlich philosophischen Fortschritt gewesen sein!

Der Größe dieses wissenschaftlichen Eifers kommt gleich ihre Selbstständigkeit und Freiheit in der Forschung. Das Nachbeten liegt nicht in der Natur dieser Männer. Wir erinnern zum Beweise dessen nur an die beiden großen Schulen der Thomisten und Skotisten. In wie vielen und wichtigen Lehrpunkten bekämpfen sich nicht beide Schulen!

---

*) Roger Bakon z. B. gab innerhalb 20 Jahren für Bücher, Instrumente und Experimente 2000 Liber aus (1 Liber = 18 Thlr.), eine für die damalige Zeit ungeheure Summe. Op. III. p. 61.

**) Implevit orbem octingentis voluminibus, satis unum omnibus bibliothecis. Cf. Sighart, op. c. p. 289.

***) Prantl schreibt wörtlich, daß „im ganzen Mittelalter ohne alle Ausnahme kein einziger Autor einen eigenen Gedanken aus sich selbst schöpfte". Geschichte der Logik im Abendlande, Bd. II. p. V.

Die Hauptfrage bildet im 13. Jahrhundert die Lehre über das Princip der Individualität; hierin lehrt Skotus ganz anders als der Aquinate. In seinen Sentenzen zum Lombarden sucht der doctor subtilis ausführlich eine andere nicht minder wichtige Lehre des heil. Thomas, die Lehre von der Einheit der substantialen Form, zu widerlegen. Ueber die Willensfreiheit, die Quelle der Moralität, die Unterscheidung der Seelenkräfte und in sehr vielen anderen Punkten stehen sich die Söhne der beiden großen Ordensstifter in heftigem und oft bitteren Kampfe gegenüber. Wer aber glauben würde, daß innerhalb dieser großen Schulen Einheit herrschte, der würde sich abermals täuschen. Auch die ergebensten Schüler des heil. Thomas reproduciren nicht einfach seine Lehre, sondern sie biskutiren dieselbe und geben sie auf eine ganz originelle Weise und suchen sie zu entwickeln; nicht selten weichen sie in wichtigen Punkten davon ab. Hervåus Natalis z. B. kritisirt nicht blos die skotistische Lehre über das Individualitätsprincip und erklärt sie für falsch, sondern er untersucht ebenso freimüthig die Lehre seines Meisters und Ordensgenossen Thomas und untersucht sie nicht blos, sondern verwirft sie und stellt seine eigene Ansicht auf, welche die skotistische und thomistische zu vereinen strebt.*) Dante ist ein getreuer Schüler des Aquinaten; was dieser lehrt, das preisen seine unsterblichen Lieder; aber in der Staatslehre ist der Florentiner Sänger entschiedener Gegner der thomistischen Doktrin. Durandus ist Thomist und Dominikaner; aber wie frei biskutirt er die verschiedenen Lehren seines Meisters! Er greift die wichtigsten Lehren an, die in der thomistischen Schule für ausgemacht gelten, und je nachdem sie die Probe bestehen, nimmt er sie an oder verwirft sie oder modificirt sie nach seinem Gutdünken. Ganz besonders eifert er gegen den intellectus agens des heil. Thomas, sowie gegen die Lehre von den species intelligibiles. Er hält es geradezu für absurd, daß sich der Mensch mittelst Bilder die Objekte repräsentire.**) Noch mehr als bei Durandus zeigt sich diese Selbstständigkeit bei Heinrich von Gent. Die Hinneigung zu Plato und die Vorliebe zu den Franziskanern lassen den Dominikaner in vielen Punkten von der Doktrin seines Ordens abweichen — „ein Zeichen," wie Stöckl bemerkt, „daß im 13. Jahrhundert die mannigfaltigsten Richtungen sich geltend machen

---

*) Quodl. III. qu. 9 u. VIII. qu. 11.
**) In l. II. Sent. dist. III.

konnten und daß, wenn das thomistische System den Vorzug erhielt, hiebei blos der innere Werth und die innere Vorzüglichkeit desselben maßgebend war." *) Eine Schule, wie wir sie heute verstehen, wenn wir von Kantianern oder Hegelianern reden, gab es damals nicht. Die mittelalterlichen Lehrer waren allesammt einig in den Principien, das war der gemeinsame Boden, auf dem sie sich bewegten, die charta magna, die Verfassung des idealen Reiches der Wissenschaft; die Applikation der Principien stund jedem frei, jeder konnte innerhalb der gemeinsamen Verfassung sich sein geistiges Haus nach seinem Plan und Ermessen aufführen. Und doch soll im Mittelalter wissenschaftliche Stagnation vorhanden gewesen sein? Nur völlige Unkenntniß seiner Leistungen kann derartige Vorwürfe erklären.

Die Begeisterung für den Stagiriten ist bei den scholastischen Lehrern groß, aber sie ist nicht so groß, daß sie ihre Freiheit und Selbstständigkeit beeinträchtigt hätte. Wir haben schon gesehen, wie freimüthig und in wie vielen Punkten sie ihm Irrthum vorgeworfen. Sie haben ihm Fundamentalirrthümer nachgewiesen, Irrthümer, welche ein philosophisches System tief schädigen. Eine Philosophie, die z. B. den Schöpfungsbegriff nicht kennt, kann unmöglich das Verhältniß der Welt zu Gott bestimmen; sie kann einen überweltlichen und nach außen freithätigen Gott nicht festhalten. Und wenn wir auch nicht annehmen wollen, wie es viele Erklärer des Aristoteles thun, daß er den Monopsychismus gelehrt und die Ideen der Dinge in Gott, die göttliche Vorsehung, die Unsterblichkeit der Seele, eine ewige Belohnung und Bestrafung geläugnet habe, so müssen wir doch zugestehen, daß in all diesen wichtigen Punkten seine Philosophie höchst unsicher und schwankend und dem Zweifel ausgesetzt ist. Dagegen nun kennt die scholastische Philosophie klar und bestimmt die Lehre von der Weltschöpfung, und in den so eben aufgeführten Punkten, wie auch in anderen dunklen und irrthümlichen Lehren geht sie klar und sicher voran. Ihr gilt die Existenz Gottes, dessen freie Thätigkeit, die Zeitlichkeit der Welt, der wesentliche Unterschied zwischen Gott und der Welt, ewige Belohnung und Bestrafung, die Unsterblichkeit der Seele, die Freiheit des Menschen als ausgemachte und feststehende Wahrheit. Hätten daher die Scholastiker nichts weiter gethan, als daß sie in diesen wichtigen Fragen die aristotelischen Irrthümer erkannten, so

---

*) Geschichte der Philosophie des Mittelalters, II. Bd. p. 738.

müßen wir dennoch ihre Philosophie als einen großen Fortschritt bezeichnen; denn eine solche weittragende Correktur ist nur möglich durch eine volle Erkenntniß der Wahrheit. Wer den Fürsten der Metaphysik zu corrigiren unternimmt, muß in der Spekulation hoch, sehr hoch stehen.

Es hat nicht an solchen gefehlt, die aus Abneigung gegen die heidnische Philosophie behaupteten, daß die Scholastiker gar keine Peripatetiker seien. Sie hätten den Aristoteles nur studirt, um seine Irrthümer zu bekämpfen und um zu zeigen, daß die christliche Wahrheit mit der Philosophie nicht im Widerspruch stehe. So vertheidigt Thomas Campanella den Satz: divum Thomam non fuisse Peripateticum.*) In neuester Zeit hat der Traditionalist Ventura ähnliche Ansichten ausgesprochen. Es bedarf keiner Bemerkung, daß wir damit nicht übereinstimmen; im Gegentheil, wir behaupten, daß die aristotelische Philosophie einen Hauptbestandtheil der scholastischen Philosophie ausmacht, und daß letzterer die Originalität in nicht gar vielen wichtigen Lehren zukommt. Aber wenn wir auch zugeben, daß die Hauptlehren in der scholastischen Philosophie aristotelisch sind, so geben wir nicht zu, daß die mittelalterlichen Lehrer die aristotelischen Lehren einfach abgeschrieben und ohne alle Weiterbildung und Entwicklung aufgenommen haben. Die Scholastiker behandeln die aristotelische

---

*) In seinen „disputation. in IV. partes suae philosophiae realis". Wir notiren einige Gründe, die er für seinen Satz bringt, da sie manches von uns Gesagte bestätigen. Er sagt unter Anderem: „Quoniam ipse D. Thomas in Opusc. 9 docuit cum Augustino, non esse assentiendum alicui philosopho in schola christiana, sed ex omnibus decerpendum, quod recte dixerint. Ergo ipse non est Aristotelicus magis, quam non. Item etiam probatur, quod non sit Aristotelicus, quoniam aliter docet quum exponit Aristotelem, et aliter quum de propria loquitur sententia in theologia. Et primo nulla opinio Aristotelica contraria fidei est, quae ab eo non oppugnata sit, ut patet in 8 Phys. et Metaph. Secundo omnis expositio trahens ad sensum contrarium fidei a D. Thoma est expugnata, ut patet in omnibus commentis contra Averroem ac Simplicium et Alexandrum et Themistium et Avicennam et alios. Praecipua dogmata Aristotelis et maxime propria ejus sunt a D. Thoma derelicta vel oppugnata, ergo ... Haec et alia multa sunt, quae manifestant D. Thomam non Aristotelis, sed sapientiae christianae discipulum, et confundunt sciolos aliter docentes, qui ejus honori detrahunt, ut ipsemet dicit de doctoribus Ecclesiae, quando facimus eos Platonicos et Peripateticos in epist. 9." Cf. F. J. Clemens, de scholast. sententia philosophiam esse theologiae ancillam commentatio p. 75.

Doktrin in origineller Weise; sie erweitern sie durch neue Gesichts=
punkte, führen neue Elemente ein. Jourbain bemerkt vom heil. Tho=
mas, daß er zwar weniger die Gabe der Auffindung neuer Wahr=
heiten besessen habe, daß ihm aber eine andere köstliche Gabe zu Theil
geworden, nämlich die Gabe, sich von den verführerischen Zeitirrthü=
mern rein zu erhalten, die überkommene Wahrheit zu sichten und in
ihrer vollen Klarheit und Sicherheit darzustellen.*) Ritter stellt dem
Albertus Magnus, wie wir bald hören werden, dasselbe Zeugniß aus.
Ist das nicht auch wissenschaftlicher Fortschritt?

Die Lehre des Stagiriten ist nicht blos vielfach dunkel, zweideutig
und schwer zu verstehen, wie wir oben gesehen, sie ist auch oft lücken=
haft. Aristoteles hat manche Fragen kaum berührt und angedeutet.
Die Scholastiker beklagen diese Lückenhaftigkeit nicht selten. Oft be=
merken sie, daß Aristoteles diese oder jene Frage nicht behandelt habe,
obschon er sie nach seinem Systeme hätte behandeln müssen. Der
Aquinate schreibt, daß der Philosoph in seiner Ethik wohl die Frage
anregt, ob in der Glückseligkeit die visio oder die delectatio das Vor=
züglichere sei, sie aber nicht löst — eam insolutam dimittit.**) Nicht
selten machen sie aufmerksam, daß Aristoteles an einer Stelle ver=
spricht, eine Lehre später zu behandeln, daß er es aber nicht gethan.***)
In all diesen Fällen nehmen die mittelalterlichen Lehrer den Faden da
auf, wo ihn der Philosoph gelassen; sie lösen die ungelöste Frage und
behandeln die von ihm nicht behandelte. Hat Aristoteles eine Ansicht
angeführt, sie aber nicht begründet oder nicht genügend begründet, dann
geben die christlichen Peripatetiker die Gründe an oder fügen neue
Gründe hinzu. Der englische Lehrer z. B. bemerkt, daß Aristoteles
den Grund für die Interpolation der Erdbewegung nicht angibt; er
selber sucht dann die Ursache hiefür aufzufinden. †) Und um diese
Lücken auszufüllen und die aristotelische Philosophie weiter zu führen,
verwerthen sie mit erstaunlichem Fleiße das vorhandene wissenschaft=
liche Material. Sie gehen bei den Arabern und Juden in die Schule

---

*) Op. c. t. II. p. 482.

**) S. th. I. II. qu. 4. a. 2. Auch die neuesten Bearbeiter des Aristoteles,
wie z. B. Trendelenburg, fühlen diese Lückenhaftigkeit und Dürftigkeit in der Be=
handlung mancher Frage sehr. Cf. Trendel. de an. op. c. p. 404.

***) Alb. Mag. de an. l. I. tr. II. c. 13.

†) Non assignat Aristoteles causam interpolationis terrae motus. Potest
tamen ista esse causa etc. in l. III. Metaph. lect. IV.

und bei den alten Exegeten des Stagiriten holen sie sich Rath, und die ganze Weisheit der Väter, besonders des heil. Augustin wird zu Hülfe gerufen. Albert macht keinen Unterschied zwischen Christen und Juden, Heiden und Muhamedanern; wo immer er Material zu finden hofft, um den aristotelischen Gedanken aufzuklären und weiter zu spinnen, da holt er es. Zum Belege machen wir auf seine Untersuchung über die Frage, ob der intellectus possibilis von der Seele getrennt sei, aufmerksam.*) Er biskutirt hier die Ansichten von Aristoteles, Algazel, Avicenna, Avicebron, Averroës und Theophrast; freimüthig nimmt er bald eine Ansicht theilweise an, theilweise verwirft er sie, bald verwirft er eine Ansicht ganz, bald nimmt er sie ganz an, je nachdem dieselbe ihm richtig erscheint oder nicht. Ist das nicht wissenschaftlicher Fortschritt? Man möge nur das Werk irgend eines Scholastikers des 13. oder 14. Jahrhunderts mit einem Werke ähnlichen Inhalts aus dem 11. und 12. Jahrhundert vergleichen und man wird sehen, wie außerordentlich das Material gewachsen, wie sehr sich die Fragen vermehrt, wieviel neue Gesichtspunkte aufgenommen und mit welch größerer Sicherheit und wissenschaftlicher Genauigkeit die Lehrer der peripatetischen Scholastik verfahren.

Das 13. Jahrhundert hatte die wissenschaftliche Aufgabe, ein System zu schaffen, wie wir oben dargethan. Die Scholastiker haben die ihrer Zeit gestellte Aufgabe gelöst — sie haben eine Encyklopädie der christlichen Wissenschaft geschaffen. Die Lehren der heidnischen Philosophie, die Weisheit der Väter, die Gedanken ihrer eigenen Zeit, kurz alle irdische und überirdische Wahrheit zu einem gewaltigen Wissensbau geeinigt. Ihre unsterblichen Summen gleichen ebensovielen gothischen Domen, in welchen trotz des Reichthums und der Fülle von Material und trotz der bis in's Kleinste fortgeführten Gliederung doch strenge Einheit und Harmonie alles beherrscht. Man preist die aristotelische Philosophie so hoch, weil sie wegen ihres synthetisch-organischen Charakters eine einheitliche Weltanschauung enthält, weil sie alles heidnische Wissen in einem großen Organismus vereinigt. Wegen dieses synthetischen Charakters glauben heutige Aristotelifer,**)

---

*) De anim. l. III. tr. II. c. 13. Das schönste Zeugniß für seinen Forschergeist ist das Wort: Scias quod non perficitur homo in philosophia nisi ex scientia duarum philosophiarum Aristotelis et Platonis. Met. I. tr. V. c. 15.

**) Cf. Eucken, Ueber die Bedeutung der aristotelischen Philosophie in der Gegenwart. Berlin 1872, p. 24. 27. 28 u. s. w.

daß die aristotelische Philosophie für unsere zerfahrene und in der Einzelnforschung sich verlierende Wissenschaft von großer Bedeutung sei. Um wieviel höher muß man dann aber die Synthese anschlagen, welche die christlichen Lehrer des 13. Jahrhunderts mit dem damaligen Wissensmaterial vorgenommen. Wohl hat „der Philosoph" eine einheitliche Weltanschauung geschaffen, die sich durch alle einzelnen Wissensgebiete hindurchzieht, aber diese Weltanschauung, abgesehen davon, daß sie des übernatürlichen Faktors entbehrt, ist keine erfreuliche und trostvolle. Weil Aristoteles Gott nur als den nothwendigen Beweger der Welt faßt, so herrscht in seiner Weltansicht überall nur starre Nothwendigkeit. Er weiß von keinem freien Willen Gottes, der die Welt und die Geschöpfe aus Liebe in's Dasein gerufen, um sie an seiner Vatergüte theilnehmen zu lassen; er kennt keine väterliche Fürsorge und Leitung der einzelnen Geschöpfe; er weiß nichts von einer Allgegenwart Gottes, welche die Dinge im Sein und Wirken trägt und unterstützt: alles fließt in nothwendigem Processe dahin. Dagegen hat die Scholastik eine Weltauffassung geschaffen, in welcher jedes Wesen, sei es auch das niederste, nach ewigem Plane Gottes eine bestimmte Aufgabe im Universum zu erfüllen hat und in der Erfüllung dieser Aufgabe von der Hand Gottes geführt und geleitet wird. Frei waltet der freie Schöpfer über seiner Creatur, und frei führt er die freien Wesen zu einer ewigen glückseligen Bestimmung. Jedes Wesen ist unter einem höheren Gesichtspunkt aufgefaßt und in sein rechtes Verhältniß zu Gott gebracht. Die schönste Frucht dieser christlichen Encyklopädie ist der Nachweis, daß Glauben und Wissen, Theologie und Philosophie, Natur und Gnade keine Gegensätze seien, sondern in schönster Eintracht sich gegenseitig fördern und stützen. Wer wird nun sagen wollen, daß eine solche Systematisirung, eine solche einheitliche Weltanschauung nicht ein Fortschritt sei? Hätten die scholastischen Aristoteliker keine einzige neue Wahrheit entdeckt, so wäre die Zusammenfassung der vorhandenen Wahrheit zu einem großen Ganzen das Neue, das sie geleistet. Ist es denn nicht ein großer Fortschritt, wenn es jemand versteht, aus dem aufgehäuften Baumaterial einen herrlichen Dom erstehen zu lassen?

Damit glauben wir den philosophischen Fortschritt der Scholastik im Allgemeinen hinreichend charakterisirt zu haben. Wir lassen nur noch zur Bestätigung des Gesagten Männer reden, die gewiß nicht der Partheinahme für die Leistungen des Mittelalters geziehen werden können. Ein Deutscher möge den Anfang machen.

Ritter widmet dem doctor universalis folgende schöne Worte: „Eines solchen Fleißes bedurfte es, um in das mächtige Gebäude der aristotelischen Schriften einzubringen, dazu auch die Lehren seiner Ausleger, wie sie haufenweise diesem Zeitalter herbeiströmten, und wenigstens mittelbar auch die ganze übrige Philosophie der Vorzeit sich anzueignen, ohne dennoch von diesen Massen der Ueberlieferung sich überwältigen zu lassen. Die Erklärungen, die Albert auch zu den heil. Schriften, zum Petrus Lombardus schrieb, seine Summe der Theologie, seine erbaulichen Schriften könnten vielleicht dieser großen Aufgabe fremd scheinen, aber sie geben Zeugniß von dem Geiste, in welchem er die Ueberlieferung der alten Philosophie auszuhalten vermochte, ohne sich von ihr fortreißen zu lassen. Es kam nicht bloß darauf an, die Philosophie des Aristoteles zu kennen und abzuschätzen, sondern der größere Theil der Arbeit bestand darin, sie in den Gedankenkreis einzuführen, welcher sie in der abendländischen Christenheit erwartete. Das hat Albert d. Gr. gethan; ihm ist die aristotelische Philosophie keine fremdartige Ueberlieferung; er weiß, was von ihr gebraucht werden kann, was zu verwerfen ist. Ebenso stellt er sich den arabischen Aristotelikern und dem Plato gegenüber. Wir müssen es gestehen, daß er eine Aufgabe gelöst hat, deren Lösung man kaum von einem Menschen erwarten möchte. Alle spätere Philosophie des Mittelalters beruht auf seinen Erfolgen." *)

Rousselot behauptet, daß die Scholastik der Zukunft mehr überliefert, als sie von der Vergangenheit empfangen — elle a donné à l'avenir plus qu'elle n'avait reçu du passé **) Nothwendiger Weise muß dann die Scholastik Fortschritte in der Wissenschaft gemacht haben. Aehnlich lesen wir bei Jourdain, daß die Scholastik eine eigene Philosophie in des Wortes vollster Bedeutung besitzt, wofür die zahllosen Denkmale, die dem Strom der Zeit entgangen sind, den Beweis ablegen. ***)

---

*) Op. c. Bd. VIII. p. 185. Allerdings passen diese Worte nicht zu anderen Stellen, in denen Ritter bemerkt, daß es dem Mittelalter nicht um Fortschritt in der philosophischen Forschung zu thun war.
**) Études sur la Philos. du moyen âge. Paris 1841, t. III. p. 381.
***) Op. c. t. II. p. 476.

Hauréau, der nichts weniger als der Scholastik günstig ist, bekennt gleichwohl, daß dieselbe einen eigenthümlichen Wissensdom im Geschmacke ihrer Zeit errichtet, der sich von der aristotelischen Wissenschaft wie ein reichgegliederter und vielfach ausgeschmückter gothischer Dom von dem einfachen und strengen antiken griechischen Tempel unterscheidet. Er schließt deßhalb, daß man der Scholastik eine eigene Philosophie zuerkennen müsse — il y a donc, sans aucune acception de systèmes, une philosophie du moyen âge, ayant ses propres allures et son génie. *) In ebenso herrlicher Weise wie Ritter den Albert, charakterisirt der Franzose Saisset den englischen Lehrer. Der heil. Thomas ist ihm der Meister aller Meister, der, in der einen Hand den Aristoteles und in der andern die Bibel, es versteht, alle Leistungen seiner Zeit in einer gigantischen Encyclopädie zu vereinigen und zur Belehrung der kommenden Jahrhunderte seine unsterbliche Summe zu schreiben, in der alle Probleme der Wissenschaft in ihre regelrecht diskutirten und meisterhaft aufgelösten Elemente zerlegt sind, in der die durch die Philosophie repräsentirte irdische Weisheit einen Ehebund schließt mit der heiligen Wissenschaft, der unauflöslich scheint: ein Monument einzig in seiner Art sowohl durch seine Harmonie, Proportion und Erhabenheit, als durch die scharfsinnige Durchführung, die Fülle des Materials und die Präcision in den einzelnen Theilen. Gewiß, wenn je die menschliche Wissenschaft das Bild der ewigen und sichern Wahrheit dargestellt, so ist es im Jahrhundert des heil. Thomas gewesen.**) Auch Rénan, gewiß kein Freund der Scholastik, gesteht, daß sich dieselbe eine eigene Philosophie zu schaffen gewußt, die sehr verschieden ist von der, welche man am Lyceum zu Athen lehrte: „Sous prétexte de commenter Aristote, les Arabes, comme les Scolastiques, ont su se créer une philosophie pleine d'éléments propres, et très-différente assurément de celle, qui s'enseignait au Lycée." ***)

B. Der philosophische Fortschritt im Besonderen.

Ehe wir an den speciellen Nachweis des philosophischen Fortschrittes im Mittelalter gehen, schicken wir eine wichtige Bemerkung

---

*) Hist. de la Philos. scolast. t. I. p. 35. Paris 1872.
**) Précurseurs et disciples de Descártes. Paris 1862, p. 27.
***) Op. c. p. 89.

voraus. Die philosophischen Werke der Peripatetiker des 13. und 14. Jahrhunderts bestehen fast ausschließlich in Commentaren des Aristoteles; selbstständige philosophische Arbeiten haben sie uns nur in geringer Zahl hinterlassen.*) Die peripatetischen Lehrer sind eben in erster Linie Theologen; die Philosophie ist für sie nur ein Mittel zur Theologie. Sie sind nur Philosophen zu dem Zwecke, um die Harmonie zwischen Vernunft und Glauben darzuthun, um durch das Licht der Vernunft zum Lichte der Gnade zu führen, und ganz besonders, um mittels der Philosophie die Geheimnisse des Glaubens der Vernunft soviel als möglich zugänglich zu machen.**) In ihren vielen und großartigen theologischen Werken haben wir deßhalb ihre Philosophie aufzusuchen. In ihren Arbeiten zu den Sentenzen des Lombarden, sowie in ihren theologischen Summen und quaestiones quodlibetales finden wir ganze Traktate über philosophische Materien; dort lernen wir am besten ihre philosophische Methode und ihr System kennen. Weil die meisten Historiker, welche über die mittelalterliche Philosophie schrieben, durch die theologischen Titel der scholastischen Werke sich täuschen ließen und die theologischen Schriften nicht in ihre Untersuchung aufnahmen, mußten sie nothwendig zu einer ganz falschen Ansicht über die scholastische Philosophie kommen. Es ist erklärlich, wenn sich bei ihnen die Meinung festsetzte, als besäße das Mittelalter überhaupt keine eigene Philosophie und habe der philosophische Gedanke daselbst nicht im mindesten Fortschritte gemacht. Ein nur etwas einläßliches Studium der theologischen Werke der scholastischen Lehrer würde mit leichter Mühe ihre Ansicht als falsch erwiesen haben, daß die christlichen Peripatetiker nur Commentatoren, aber keine selbstständigen Philosophen gewesen. Sie würden dort soviel Philosophie gefunden haben, daß sie sich vielleicht dem Tadel jener angeschlossen hätten, die der Scholastik vorwerfen, sie habe zuviel Philosophie in die Theologie aufgenommen. Ist es aber auch erklärlich, wie sich dieser falsche Begriff von der mittelalterlichen Philosophie

---

*) Dem heil. Thomas wird wohl eine große Anzahl von philosophischen Opuskeln zugeschrieben; doch die meisten davon haben sich als unecht erwiesen. Unecht z. B. sind die opusc. de universalibus, de potentiis animae, de intellectu et intelligibili, de pluralitate formarum etc. Cf. Jourdain, op. c. t. I. p. 131 et suiv.

**) Cf. St. Th. S. c. G. l. I. c. 2. Rog. Bac. Op. Maj. edit. cit. p. 42.

bilden konnte, so ist ein solches Verfahren doch nicht zu entschuldigen und zwar um so weniger, als die genannten Lehrer oft und oft in ihren Commentaren und Bearbeitungen des Aristoteles erklären, daß sie hier nicht ihre eigene Ansicht aussprechen, sondern nur die des „Philosophen"; ihre eigene Ansicht müsse man in ihren andern Werken suchen. Wir haben hier nicht zu untersuchen, ob die Scholastik recht gethan habe, wenn sie ihre philosophischen Lehren in ihren theologischen Schriften niederlegte; nur das constatiren wir, daß jeder zu einem falschen Urtheil über die philosophischen Leistungen des 13. und 14. Jahrhunderts gelangen muß, der die theologische Thätigkeit dieser Jahrhunderte unberücksichtigt läßt.

Nach dieser Bemerkung gehen wir daran, den philosophischen Fortschritt im Besonderen nachzuweisen. Wir müssen aber im Voraus darauf verzichten, die philosophische Entwicklung im 13. und 14. Jahrhundert in ihrer ganzen Bedeutung und Ausdehnung zu würdigen; dazu fehlt uns Zeit und Raum. Wir werden nur die Hauptpunkte andeuten, in denen die verschiedenen philosophischen Disciplinen am Faden des aristotelischen Gedankens Fortschritte gemacht haben. Wir beginnen mit der Logik.

a. Logik und Ideenlehre.

Die Scholastiker haben den Stagiriten an sehr vielen Stellen corrigirt, wie wir gesehen; fast keine Disciplin ist von ihrer bessernden Hand verschont geblieben, nur die Logik hat keine Correktur erfahren. Aber wenn sie das Organon des „Philosophen" nicht corrigirt, so haben sie dafür dessen Logik vielfach entwickelt und erweitert und zur scholastischen Logik umgeschaffen. Das Hauptverdienst hieran gebührt Albert dem Gr. Seine Bücher de praedicabilibus, praedicamentis und de sex principiis Gilberti Porretani, in denen er die Arbeiten des Porphyrius, Boëthius, Damascenus, der beiden Viktoriner und ganz besonders des Avicenna benützt, sind eine großartige Ausführung dessen, was die aristotelische Logik keimhaft enthält. Bezüglich der logica artificialis bemerkt Albert selber, daß er keine Vorarbeiten besessen, weßhalb der Leser ihm verzeihen solle, wenn er Lücken und Mängel wahrnehme.*).

Ueberweg und Andere geben wohl zu, daß die Logiker des Mittel-

---

*) Am Ende der zwei Bücher de elenchis.

alters „den technischen Theil der Aristotelischen Syllogistik mit großer Subtilität weiter ausgesponnen haben", aber sie machen ihnen den Vorwurf, daß sie „die tieferen Momente unbeachtet gelassen haben." *) Unter diesen „tieferen Momenten" sind ohne Zweifel die Beziehungen der Logik zur Sprache, Metaphysik und Psychologie zu verstehen. Aber gerade diese tieferen Momente haben die Scholastiker behandelt und ganz besonders entwickelt. Die nominalistischen Streitigkeiten zwangen sie, die materielle Seite unseres Denkens zu untersuchen und dessen Verhältniß zur Objektivität zu bestimmen. Ausführlich erörtern sie deßhalb den Ursprung und Entwickelungsprozeß der menschlichen Erkenntniß, die Abstraktionskraft und die Potenzen der Seele, die subjektive und objektive Bedeutung unserer Ideen. Viele Opuskeln**) und sehr viele Quästionen in seinen Summen, den quaestiones disputatae ***) und quodlibeta hat der englische Lehrer der Untersuchung dieser tiefsten Momente der Logik gewidmet. Wenn man einer Logik vorwerfen muß, daß sie im Formalen stecken geblieben und sich nicht über das rein begriffliche Denken zu erheben vermocht, dann gilt dieser Vorwurf nicht der alten, sondern der neueren Logik, ganz besonders der Logik des Kant. Uebrigens gesteht Ueberweg selber, daß in der Logik der neueren Zeit „Oberflächlichkeit und Fahrlässigkeit" nur allzuhäufig geworden, und die Lehrbücher „von logischen Schnitzern wimmeln", sodaß ihr die scholastische Schärfe, Strenge und Genauigkeit gar nicht schaden könnte. Wir halten demnach unsere oben ausgesprochene Ansicht fest, daß die aristotelische Logik durch die Scholastik eine allseitige Entwickelung und Vervollkommnung erfahren hat, und dehnen die Worte, die ein gründlicher Kenner der alten Schule von der scholastischen Kategorienlehre gebraucht, auf die ganze mittelalterliche Logik aus: „Die vielgeschmähte und mißhandelte Kategorienlehre der Scholastik ist die des Aristoteles, aber sie ist ebenso ganz die des Thomas. Sie ist aristotelisch ihrem Ursprunge nach; aber sie ist thomistisch in ihrer Ausführung: sie ist ergänzt, erweitert und von ihrer Einseitigkeit befreit durch den Aquinaten . . . . Gegen die scholastische Kategorienlehre gesehen, verhält sich die des Aristoteles, wie der Kern

---

*) System der Logik, 4. Aufl. 1874, p. 271.
**) Z. B. de natura Verbi intellectus und de differentia Verbi divini et humani.
***) Die Quästionen, welche die Ueberschrift tragen: „de veritate."

zum ausgebildeten Krystalle, wie der Einschlag zum vollendeten Gewebe." *)

Ist die scholastische Logik nur eine Erweiterung und Vervollkommnung der aristotelischen, so sind die mittelalterlichen Lehrer dagegen in ihrer Ideenlehre vollkommen unabhängig und selbstständig. Die aristotelischen Schriften lassen es bekanntlich ungewiß, ob Gott die Ideen der Dinge besitze; viele Erklärer behaupten geradezu, Aristoteles habe Gott die Erkenntniß der Dinge und folglich die Vorsehung abgesprochen. Plato hinwiederum läßt die Ideen für sich und außerhalb des göttlichen Intellekts subsistiren. Die Scholastiker folgen weder dem Aristoteles noch dem Plato, oder wenn man will, sie folgen eher dem Plato als dem Aristoteles. **) Nach ihnen sind die Ideen aller wirklichen und möglichen Dinge von Ewigkeit im göttlichen Intellekte, von dem sie real nicht verschieden sind. Die Dinge, welche Gott ins Dasein setzt, sind nach den Vorbildern, die er von ihnen hat, geschaffen, sie sind nichts anderes als realisirte Gedanken Gottes, Nachbilder des göttlichen Urbildes. ***) Sollen wir die Quelle angeben, aus der die Scholastiker ihre Ideenlehre geschöpft, so müssen wir Augustin, Boëthius und Anselm nennen; ihre Lehre ist vom Engel der Schule und seinen Zeitgenossen vervollständigt und wissenschaftlich klar gestellt worden.

---

*) Katholik, Jahrg. 1862, Bd. II. „Aristoteles und die katholische Wissenschaft," p. 269.

**) „Wer immer die unsterblichen Werke des heil. Thomas mit Nachdenken durchgeht, kann nur mit Staunen wahrnehmen, wie er die zwei größten Weisen des Alterthums so mit einander in Einklang zu bringen verstand, daß man ihn, obschon er sich als Aristotelifer ausgab, doch nicht Antiplatoniker nennen dürfte. Wenn er in vielen Stücken die Irrthümer des Fürsten der Akademie corrigirt, so thut er dieß doch mit solcher Mäßigung und Beibehaltung alles Guten, daß wohl Plato selbst, wenn er unter dem Lichte des Christenthums in's Leben zurückkehrte, keinen Anstand nehmen würde, die Philosophie des Aquinaten als die seinige anzunehmen. Dieses ist aber bei der Theorie von den Vorbildern ganz besonders der Fall, wo der heil. Thomas sich Plato so nähert, daß er in Wirklichkeit von Aristoteles nicht abweicht." Liberatore, op. c. p. 255.

***) Oportet dicere, quod in divina essentia sint rationes omnium rerum, quas supra diximus ideas, i. e. formas exemplares in mente divina existentes. Quae quidem licet multiplicentur secundum respectum ad res, tamen non sunt realiter aliud a divina essentia; prout ejus similitudo a diversis participari potest diversimode. Sic igitur ipse Deus est primum exemplar omnium. S. Thom. s. th. I. qu. 15. a. 3.

Wer das scholastische System nur etwas kennt, der weiß, daß diese Ideenlehre keinen untergeordneten Punkt in demselben bildet, sondern daß sie eine Fundamentallehre ist. Die Lehre von den göttlichen Vorbildern spielt eine große Rolle nicht bloß in ihrer Kosmologie, sondern auch in der Psychologie.*) Selbst ihre Ethik fundirt in ihren zwei wichtigsten Lehren über das formale Objekt unseres Willens und die Sittenregel auf ihrer Lehre von den Ideen oder Vorbildern in Gott. Ganz besonders benützen sie diese Lehre, um den menschlichen Erkenntnißprozeß zu erklären. Weil alle geschaffenen Dinge nur Nachbilder dieser göttlichen Vorbilder sind, darum vermag der menschliche Intellekt, der eine similitudo und participatio des göttlichen ist, die Ideen und Gedanken Gottes aus seinen Werken herauszulesen. In Gott, der höchsten Wahrheit, leben die Ideen aller Dinge und von ihm gehen sie über auf die Creaturen, die gewissermaßen subsistente Ideen sind, und von den Creaturen gelangen sie in den Menschengeist.**) So wird der menschliche Intellekt wahr durch die göttliche Wahrheit. Indem die Menschenseele im Erkennen sich den Dingen conformirt und ihnen ähnlich wird, wird sie zugleich Gott ähnlich. Ebenso wahr als tief gedacht ist es daher, wenn der Aquinate die Wahrheit definirt als „adaequatio mentis cum re." Vergebens sucht man eine solche Definition bei dem Stagiriten. Aristoteles hat tiefe Blicke in das Gebiet der Wahrheit gethan, aber bis zur letzten Quelle der Wahrheit ist er nicht vorgedrungen. Erst die Scholastik hat alles menschliche Wissen und alle irdische Weisheit auf die Eine höchste Wahrheit zurückgeführt und diese Zurückführung erkenntnißtheoretisch begründet und sicher gestellt. Wie Gott die Quelle alles Seins und aller Realität im Universum ist, so ist er auch der Grund aller Wahrheit, die in jedem geschaffenen Geiste aufleuchtet. In diesem Sinne ist es wahr, wenn der heil. Augustin sagt, daß alles wahr ist durch Eine Wahrheit und daß wir alles in der ewigen Wahrheit erkennen. So sehen wir, wie eine Fundamentallehre der

---

*) Cf. Liberatore, op. c. VIII. Kapit. Fünfter Artikel „Von den Vorbildern in ihrer Beziehung zur Psychologie" und Siebenter Artikel „Die Vorbilder in Beziehung zur Moral".

**) Sicut omnes rationes rerum intelligibiles primo existunt in Deo et ab eo derivantur in alios intellectus ut actu intelligant; sic etiam derivantur in creaturas, ut subsistant. S. Th. s. th. I. qu. 104. a. 3.

Scholastik durchaus nicht dem Aristoteles entnommen ist; ja sie wird sogar von vielen als antiaristotelisch bezeichnet.

b. Psychologie.

In der Psychologie ist die peripatetische Schule des Mittelalters im großen Ganzen den Lehren des Aristoteles treu geblieben. Ihre Lehre über die Natur der Seele, die substantielle Einheit des Menschen, das Verhältniß von Leib und Seele, die Einheit des Seelenlebens ist die seinige. Die Vermögen der Seele theilt „der Philosoph" in vegetative, sensitive, appetitive, lokomotive und intellektuelle. Dieselbe Eintheilung der Seelenkräfte findet sich bei den Scholastikern. Ihre wichtige Lehre von den Erkenntnißbildern, der species sensibilis und intelligibilis, mittelst deren sich die Seele die sinnlichen und übersinnlichen Objekte vorstellt, ist ebenfalls aristotelisch. Ich brauche nicht zu bemerken, daß die vielbestrittene Lehre vom intellectus agens und possibilis gleichfalls der Psychologie des Stagiriten entnommen ist. So sehr jedoch die scholastische Psychologie in ihren Grundzügen die des Aristoteles ist, so sehr ist sie von ihr verschieden in der Detailausführung. Wir haben oben von den vielen Zweideutigkeiten, Unsicherheiten und den großen Lücken gesprochen, die Aristoteles in seiner Doktrin gelassen. Dieser aphoristische Charakter, der mehr andeutet als er löst, der mehr skizzirt als ausführt, findet sich aber ganz besonders in seiner Seelenlehre. Auch die neuesten Aristotelifer beklagen, daß Aristoteles so oftmals die wichtigsten Fragen kaum berühre und den Erklärer seiner Schriften ganz im Ungewissen lasse.*) Hier bot sich den scholastischen Lehrern ein großes Arbeitsfeld. Sie haben dasselbe auch fleißig bebaut. Ihre philosophische Thätigkeit bewegt sich vorzüglich auf psychologischem Gebiete. Im Mittelalter war man nicht Philosoph, wenn man nicht Psycholog war, bemerkt ganz richtig Haureau. Zudem lagen ja auch alle wissenschaftlichen Streitfragen auf

---

*) Trendelenburg z. B. schreibt in seinem Comment. zu den 3 Büchern von der Seele: „In hac de tactu quaestione, cujus difficultates h. l. magis moventur, quam componuntur, a reliquis, qui nobis supersunt, libris Aristotelicis plane destituti haeremus. Quod eo aegrius tuleris, quum h. l. magis quaeratur, quam decidatur, ac summa rei sententia plane suspensa in medio relinquatur. Frustra quidquam de tactus sensu in libro περὶ αἰσθήσεως quaesieris. Op. c. p. 404.

psychologischem Boden und ganz besonders waren sie der aristotelischen Seelenlehre entnommen. Sie haben in die aristotelischen Dunkelheiten Licht gebracht, die Zweideutigkeiten aufgeklärt und den psychologischen Grundplan, den der Stagirite so meisterhaft entworfen, ebenso meisterhaft bis in's Kleinste ausgearbeitet. Es ist wahr: die Zahl der Seelenvermögen ist dieselbe bei den Scholastikern, wie bei Aristoteles. Aber wenn der Stagirite nur dürftig die Natur dieser Potenzen und ihr Verhältniß zu einander behandelt, so untersuchen die mittelalterlichen Lehrer einläßlich die Natur derselben, ihre Objekte, ihre Thätigkeit, die specifische Verschiedenheit derselben, wie sie auch eingehend das Verhältniß dieser Potenzen sowohl untereinander, als zur Seele behandeln.*) Und diese Detailausführung wiederholt sich fast bei jeder psychologischen Frage. Aristoteles hat die Willensfreiheit nicht vollkommen sicher gestellt; die Scholastiker begründen sie und completiren seine Lehre. Der „Philosoph" kennt nicht die Frage über das Verhältniß der menschlichen Freiheit zum göttlichen Vorherwissen; die Schüler des „Philosophen" im 13. und 14. Jahrhundert verstehen es, die scientia aeterna Gottes mit der menschlichen Freiheit zu versöhnen. Wir können jedoch nicht alle Vervollkommnungen und selbstständigen Erörterungen anführen, welche der aristotelische Gedanken durch die alte Schule erfahren hat; wir müssen uns begnügen, drei Punkte etwas näher zu bezeichnen, in denen die scholastische Psychologie theils original zu Werke geht, theils eine bedeutende Weiterführung der peripatetischen Lehre aufweist.

Eine Hauptschwierigkeit für die Erklärung der aristotelischen Doktrin hat von jeher jene Stelle im III. Buche von der Seele gebildet, welche vom νοῦς ποιητικός und παθητικός handelt. Schon die ersten griechischen Bearbeiter sind darüber nicht einig, und bis auf den heutigen Tag ist der Streit nicht geschlichtet. Auch die Scholastiker sind nichts weniger als einig über den Sinn dieser Stelle. **)

---

*) Albert d. Gr. behandelt diese psychologischen Fragen theils in seinem Commentar zu de anima und zu den Sentenzen des Lombarden, theils im II. Theil seiner Summa; der heil. Thomas in der S. c. Gentes, in den quaest. disput. de Veritate, sowie in vielen Opuscln (de potentiis animae, de intellectu et intelligibili, de sensu respectu singularium et intellectu respectu universalium und in vielen anderen).

**) In primis mihi videtur non esse mirum, quod homines dubitabant quid senserit Aristot. super his duobus, sc. an intellectus sit forma et actus

Aber in ihrer eigenen Philosophie ist die Lehre vom intellectus agens
und possibilis eine ausgemachte Sache. Nach ihnen ist weder der
intell. agens, noch der intell. possibilis etwas von der Seele Ge=
trenntes, sondern beide gehören zur Seele; beide sind nichts anderes
als zwei verschiedene Thätigkeiten des höheren Erkenntnißvermögens.
Der thätige Verstand ist diejenige Kraft der Seele, welche aus dem
phantasma die species intelligibilis oder die Idee abstrahirt, während
der leidende Verstand die abstrahirte Wesenheit oder das intelligibile
in sich aufnimmt und dadurch erkennt.*) Und nicht blos die Natur
und die Objekte dieses doppelten Intellekts finden wir bei den christ=
lichen Peripatetikern behandelt, sie gehen auch der überaus schwierigen
Frage nicht aus dem Wege, wie die Abstraktion vor sich geht, d. h.
wie der Verstand sein Objekt im Sinnlichen findet. Da nämlich
das phantasma etwas Sinnliches ist, so steht es niedriger als der
Intellekt und kann nicht auf ihn, als rein geistiges Vermögen, wirken.
Und doch ist eine solche Einwirkung des Sinnenbildes auf den Ver=
stand absolut nothwendig, wenn es zum Erkennen kommen soll. Der
englische Lehrer betont diese Schwierigkeit sehr;**) er betont sie aber

---

corporis et an sit idem numero in diversis, an singuli iu singulis. Imo,
ut arbitror, ipsemet semper super illis in dubio fuit nec unquam pro supposito quasi principio habuit, quod intellectus unus in omnibus fuit, neque
quod diversi in diversis neque quod esset forma et actus substantialis corporis neque quod non esset, sed inter utrumque horum fluctuans modo pro
una parte modo pro alia apparentia protulit secundum quod quidam expositorum ejus tam Graecorum quam Arabicorum exponunt eum in omnibus
dictis suis pro una parte et alii pro alia; quia enim dubitans fluctuat non
tantum dicit pro una parte cui forte magis adhaereat, quin cum hoc plu-
rima alia dicit quae apparent esse pro parte contraria ipsa veritate contra-
riante coactus. Wilh. v. Auvergne Quodl. IX. qu. 14.

*) Actus intellectus possibilis est recipere intelligibilia; actio intellectus
agentis est abstrahere intelligibilia. Qu. disp. de anima art. 4 ad 8. Die
qu. de an behandelt ausführlich in 21 Artikeln die Thätigkeit und das Verhält=
niß der beiden Intellekte.

**) Phantasmata cum sint similitudines individuorum et existant in or-
ganis corporeis, non habent eundem modum existendi, quem habet intellectus humanus; et ideo non possunt sua virtute inprimere in intellectum
possibilem. Sed virtute intellectus agentis resultat quaedam similitudo in
intellectu possibili ex conversione intellectus agentis supra phantasmata,
quae quidem est repraesentativa eorum, quorum sunt phantasmata, solum

nicht blos, er löst sie auch. Nach ihm ist es die Aufgabe des intell. agens, das phantasma zu erleuchten und zu erheben, wodurch es befähigt wird, im intell. possibilis die species impressa oder die geistige Vorstellung des Objektes zu erzeugen. Der thätige Verstand als das Licht der Vernunft sondert vom Sinnenbilde alles Singuläre und Materielle ab, macht dadurch den Zugang zur reinen Natur und Wesenheit frei und ermöglicht es so dem geistigen Erkenntniß=vermögen, die immateriell und in gewissem Sinne geistig gewordene Wesenheit in sich aufzunehmen und den dadurch vorgestellten Gegen=stand zu denken. Wir können die Lösung dieser schwierigen und wich=tigen Frage nicht vollständig angeben; man möge die tiefen Erörte=rungen des Aquinaten und seiner Zeitgenossen an den citirten Stellen selber einsehen, um sich zu überzeugen, was unter ihren Händen die aristotelische Lehre geworden.

Haben die scholastischen Peripatetiker in der Lehre vom intellectus agens und possibilis den Aristoteles nur completirt, so sind sie in einer andern psychologischen Lehre original. Abstrahirt der Intellekt in seiner Auffassung der Dinge von allem Singulären und Mate=riellen, so vermag er direkt und primär nur das Allgemeine, die Wesenheit der Dinge zu erfassen; das Individuelle und Singuläre kann er direkt und unmittelbar nicht erkennen. Der Intellekt als rein geistiges und unorganisches Vermögen steht im vollen Gegensatz zur Materie. Das Materielle kann für ihn kein unmittelbares Objekt der Erkenntniß abgeben, weil es nicht auf ihn wirken kann. Da nun die Individualität der Körper von der Materie verursacht wird, so kann die geistige Kraft der Seele die Einzeldinge direkt nicht erkennen. Wie nun aber erkennt der Intellekt gleichwohl die Einzeldinge? Daß er sie erkennt, ist klar, da wir ja tagtäglich über Einzeldinge urtheilen. Der englische Lehrer und seine Schüler beantworten die Frage dahin, daß sie sagen: der Verstand erkennt die Einzeldinge indirekt, indem er durch eine Art von Reflexion auf die Akte der Phantasie zurück=geht und in ihnen die concrete Verwirklichung seines Denkinhaltes oder der species intelligibilis sieht.*) Daß diese Ansicht richtig ist,

---

quantum ad naturam speciei. S. th. I. qu. 84. a. 1; cf. ibid. qu. 54. a. 4 u. c. G. l. II. c. 77.

*) Indirecte et quasi per quandam reflexionem potest cognoscere sin-gulare, quia sicut supra dictum est qu. 84. a. 7, etiam postquam species

beweist die tägliche Erfahrung. So oft wir ein Individuum bezeichnen oder einem Andern kenntlich machen wollen, nehmen wir unsere Zuflucht zu den äußeren Merkmalen, wie Farbe, Alter, Gestalt, Größe u. dgl., die unsere Phantasie aufbewahrt. Doch gilt diese Lehre nur für die körperlichen Individuen, für die geistigen Substanzen, wie Gott und die Engel, gilt sie nicht, da die geistige Individualität nicht von der Materie bedingt ist. Das Singuläre widerstreitet nämlich nicht an sich dem Intellekte, sondern nur dann, wenn es in der Materie seinen Grund hat — singulare non repugnat intelligenti, in quantum est singulare, sed in quantum est materiale.*) Diese Consequenz aus der aristotelischen Erkenntnißlehre bezüglich der Erkenntniß der Einzeldinge ist dem Stagiriten ganz entgangen, wenigstens finden wir hierüber bei ihm auch nicht die mindeste Andeutung.

Wir kennen noch ein Gebiet der Psychologie und zwar ein sehr wichtiges, in welchem die mittelalterliche Schule wohl nicht ganz selbstständig ist, jedoch nur geringe Vorarbeiten empfangen hat. Es ist dies die Lehre von den Passionen. Aristoteles zählt wohl in der Psychologie und Ethik die Passionen auf, aber nirgends untersucht er dieselben einläßlich. Im Eingange zum ersten Buch de anima verspricht er eine spezielle Abhandlung über die Passionen, aber er hat dieses Versprechen nicht gehalten. Der Engel der Schule ist es wiederum, der diese Lücke im aristotelischen System ausgefüllt hat. Was Aristoteles, Cicero und die anderen heidnischen Philosophen über das Gefühlsleben angedeutet, was ein Homer, Virgil und Boëthius darüber gesungen, die tiefen Gedanken der Schrift und der heil. Väter hat er als der Erste zu einem System der Passionen umgeschaffen. Es ist vollkommen wahr, wenn ein neuerer Bearbeiter dieser thomistischen Lehre schreibt, daß „Thomas in keinem Theile seines Systems sich so schöpferisch verhalten habe, als in diesem, keiner so ganz, auch dem Inhalte nach, sein Eigenthum sei, als die Lehre de passionibus." **)

intelligibiles abstraxerit, non potest secundum eas actu intelligere, nisi convertendo se ad phantasmata, in quibus species intelligibiles intelligit. Sic igitur ipsum universale per speciem intelligibilem directe intelligit, indirecte autem singularia, quorum sunt phantasmata. Et hoc modo format hanc propositionem: Socrates est homo. S. th. I. qu. 86. a. 1.

*) Ibid. I. qu. 86. a. 1 ad 3.
**) „Die Theorie der Gefühle im Systeme des heil. Thomas" von Fr. v. P. Morgott. Eichstätt 1864, p. 5. Auch Jourdain hält die Lehre von den Passionen für den originalsten Theil der thomistischen Psychologie. Op. c. t. I. p. 447.

Diese Theorie der Gefühle, die der Aquinate in 26 fortlaufenden Quästionen und in 132 Artikeln seiner Summe der Theologie nieder= gelegt hat*) und an anderen Stellen seiner Werke berührt,**) bekundet ihn als tiefen Kenner des Seelenlebens und als feinen Beobachter der innersten Regungen des menschlichen Herzens. Das Gemüth ist das Centrum des menschlichen Lebens; hier berühren sich Himmel und Erde, Natur und Geist schlagen in einander über; alles, was den höheren Menschen bewegt und ergreift und erhebt, das findet im Gemüthe seinen Wiederhall, und die Leidenschaften, die den niederen Menschen peitschen, reichen hier in das höhere Gebiet hinüber. Wenn etwas schwierig ist in der Psychologie, so ist es die Aufgabe, dieses Leben und Stürmen in der Menschenbrust, diesen Strom unaufhörlich sich kreuzender Gefühle und Affekte, die das Menschenherz bald in den Abgrund der Verzweiflung schleudern, bald es süß bis zum höchsten Entzücken verklären, in Begriffe zu fassen und einem durchgreifenden, strengen System zu unterwerfen. Mit der ihm allein eigenen Sicher= heit und Nüchternheit bringt er Ruhe und Klarheit in dieß stürmische Meer. Der Grundakt alles menschlichen Begehrens und Wollens — die Liebe — ist das Band, mit dem er diese herrschsüchtigen Ungethüme in der Menschenseele fesselt; die Liebe ist die gemeinsame Mutter und Wurzel, aus der er alle Passionen ableitet. Was der Mensch liebt, darnach sehnt und verlangt er, und wenn er das Gut besitzt, freut er sich dessen; was der Mensch haßt, das flieht er und Trauer umfängt ihn, wenn er ihm nicht entfliehen kann. Die Liebe wiederum ist es, die das Herz bald in Hoffnung aufathmen, bald in Verzweiflung zusammensinken macht, die bald zur Kühnheit entflammt, um sich das geliebte Gut zu erobern, bald in Furcht erstarren, bald Rache schnau= ben läßt, um für den Entgang des Guten sich zu entschädigen.***)

---

*) I. II. qu. 22—48.
**) Quaest. disp. de Veritate; qu. 25 de sensualitate u. qu. 26 de pas-sionibus animae.
***) Amor respicit bonum in communi . . . unde amor naturaliter est primus actus voluntatis et appetitus; et proper hoc omnes alii motus appe-titivi praesupponunt amorem quasi primam radicem; nullus enim desiderat aliquid nisi bonum amatum; neque aliquis gaudet nisi de bono amato; odium etiam non est nisi de eo quod contrariatur rei amatae: et similiter tristitiam et caetera hujusmodi, manifestum est in amorem referri sicut in primum principium. S. th. I. qu. 20. a. 1.

Und nicht bloß im Allgemeinen wird das Gefühlsleben untersucht, sondern ganz einläßlich und in systematischer Ordnung. Nachdem der heil. Lehrer die Affekte in concupiscible und irascible getheilt, behandelt er das Verhältniß, in welchem die irasciblen zu den concupisciblen stehen, und untersucht sofort jeden Affekt im Einzelnen seiner Natur wie seinem Objekte nach. Genau gibt er an, welchen Einfluß jeder Affekt auf das ethische Gebiet übt; in welchen Fällen die Passionen die Freiheit steigern und in welchen sie das sittliche Handeln hemmen. Und nicht zufrieden damit chararakterisirt und beschreibt er die einzelnen Arten der eilf Affekte. So gibt er z. B. vier Arten der Traurigkeit an, nämlich die misericordia, compassio, invidia und zelus. Zugleich erwähnt er bei jeder Passio die Mittel, wodurch sie gemildert wird, wie er auch nicht unterläßt, den Einfluß zu erörtern, den sie auf das körperliche Befinden und auf den Organismus übt. Von der Traurigkeit z. B. weist er nach, daß sie die Gesundheit am meisten zerstöre. Jourdain gibt gerne und ganz besonders in psychologischen Fragen dem Cartesius*) den Vorzug vor dem heil. Thomas; doch die meisterhafte Zeichnung des Gefühllebens läßt ihn nicht umhin, die thomistische Lehre über die Leidenschaften der des Cartesius weit vorzuziehen.**) Auch wir wissen im Systeme des Aquinaten keinen Punkt, der ihm so gelungen, wie dieser!

c. Metaphysik.

Ist die Psychologie der Scholastiker eine getreue und genaue Ausführung und Entwicklung des aristotelischen Gedankens, so dürfen wir nicht dasselbe sagen von ihrer **Metaphysik**. Hier sind sie viel selbstständiger. Drei Fragen sind es, um die sich alle metaphysischen Erörterungen und die heftigsten wissenschaftlichen Kämpfe der Thomisten und Skotisten drehen: die Lehre von den Universalien, von dem

---

*) Angesichts solcher Leistungen des heil. Thomas erscheint es kaum glaublich, wenn Cartesius im Eingang zu seiner Lehre von den Passionen sich zu schreiben erdreistet: Ea, quae de his docuere Veteres tam parvi momenti sunt et maxima ex parte tam parum probabilia, ut sperare non debeam, me ad veritatem rei perventurum, nisi plane ab iis quas instituerunt viis recessero. Id circo eo hic modo me oportebit scribere, ac si tractarem de materia, quam nemo ante me attigisset. Amstd. 1577, „Passiones animae" p. 1.

**) Op. c. t. II. p. 422. Cartesius nimmt als Grundaffekt nicht die Liebe, sondern die admiratio; er nimmt nicht vier Grundgefühle an, sondern sechs.

Individualitätsprincip und der Persönlichkeit der menschlichen Seele. Diese drei Fragen sind aber in der aristotelischen Metaphysik entweder gar nicht enthalten oder kaum angedeutet; sie sind specifisch mittelalterliche Probleme. Um so mehr ist es unsere Pflicht, diesen dreifachen philosophischen Fortschritt näher zu erörtern.

Die Frage um die Universalien ist nichts anderes als die Frage, ob unsere allgemeinen Begriffe, die Gattungen und Arten, objektiv real sind oder nicht. Schon Porphyrius deutet diese Frage in seiner Isagoge an. Er will zum leichteren Verständniß der Kategorien des Aristoteles über die Prädikabilien genus, species, differentia, proprium und accidens das kurz zusammentragen, was die Alten hierüber gelehrt; aber er will durchaus nicht entscheiden, ob die Gattungen und Arten für sich subsistiren oder ob sie nur in unserem Intellekte existiren oder ob sie auch in den Dingen seien, da eine solche Entscheidung die größte Schwierigkeit in sich schließe — altissimum enim negotium est hujusmodi et majoris egens inquisitionis.*) Je mehr aber die Logik und Dialektik im 11. und 12. Jahrhundert Ausdehnung und Bedeutung gewonnen, so daß sie fast die ganze Metaphysik absorbirten, desto mehr drängte es zur Lösung der Frage über den Werth und die Tragweite unserer Begriffe. Auf dreifache Weise wurde die Frage zu lösen gesucht. Die Einen erklärten die allgemeinen Begriffe für allgemeine Namen ohne alle objektive Realität in den Individuen; die Begriffe sind nur Namen, Wörter — flatus vocis, wie Roscellin sich ausdrückt; daher die Bezeichnung Nominalisten für die Vertreter dieser Lehre. Andere, wie Abälard und Durandus, betrachten die allgemeinen Begriffe lediglich als subjektive

---

*) Cum sit necessarium, Chrysaori, et ad eam, quae est apud Aristotelem Praedicamentorum doctrinam, nosse quid sit genus, quid differentia, quid species, quid proprium et quid accidens, et ad deffinitionum assignationem et omnino ad ea, quae in divisione et in demonstratione sunt, utili istarum rerum speculatione, compendiosam tibi traditionem faciens, tentabo breviter, velut introductionis modo, ex quae ab antiquis dicta sunt aggredi: ab altioribus quidem quaestionibus abstinens, simpliciores vero mediocriter conjectans. Mox de generibus et speciebus, illud quidem sive subsistant, sive in solis nudis intellectibus posita sint, sive subsistentia corporalia sint an incorporalia, et utrum separata a sensibilibus an in sensibilibus posita et circa haec consistentia dicere recusabo; altissimum enim negotium est hujusmodi et majoris egens inquisitionis.

Formen unseres Denkens, die der Verstand erzeugt; sie heißen daher Conceptualisten *) Eine dritte Richtung gibt den Universalien nicht blos Existenz im Verstande, sondern auch in den Dingen, daher der Name Realismus. Doch ist der Realismus ein doppelter, je nachdem er die allgemeinen Begriffe „als solche" d. h. in derselben abstrakten Allgemeinheit, wie sie in unserem Denken sind, real in den Dingen sein läßt (excessiver Realismus) oder ihnen nur ihrem Inhalte, aber nicht ihrer allgemeinen Form nach Realität in den Individuen zuspricht.

Die christlichen Peripatetiker des 13. Jahrhunderts erschienen gerade noch zur rechten Zeit auf dem Kampfplatze, um den Streit siegreich für die Wahrheit entscheiden zu helfen. Sie stehen fast sämmtlich auf Seite des gemäßigten Realismus und bekämpfen die excessiv realistischen Lehren eines Wilhelm v. Champeaux und Gilbert Porretanus nicht weniger, als den Nominalismus eines Abälard und Roscellin.

Albert entwickelt seine Lehre über die Universalien in den Schriften: de praedicabilibus, de natura et origine animae und de intellectu et intelligibili, sowie an anderen Orten seiner Werke.**) Nach ihm existirt der allgemeine Begriff oder die allgemeine Wesenheit nur in den Einzeldingen und außer ihnen nicht. Der Begriff „homo" ist nur real in Petrus und Paulus und in all den Menschenindividuen; es gibt keinen allgemeinen Menschen oder eine humanitas, die für sich als etwas Ideelles und Universelles existirte in dem Sinne, wie Plato die Ideen im Ideenreiche als reale Wesen subsistiren läßt. Der doctor universalis begnügt sich aber mit einer solchen Lösung noch nicht; er verfolgt das Universale bis zu seiner letzten Quelle. In Gott findet er den letzten Grund sowohl für die Realität der

---

*) Da die Begriffe, welche der Conceptualismus annimmt, nomina et verba mentis sind, so heißen die Conceptualisten im Mittelalter auch Nominalisten (nominalismus mentalis). Albert d. Gr. definirt deßhalb den Nominalismus folgendermaßen: Sunt .... dicentes quod in solis intellectibus sunt illa (genera) quoad nos, quae utrum sint et quomodo se habeant solus scit intellectus. Et tale esse in intellectu universalia habere dixerunt illi qui vocabantur Nominales, qui communitatem (ad quam particularia universalium, de quibus dicuntur ipsa universalia, referuntur) tantum in intellectu esse dicebant. De praedicab tr. II. c. 2.

**) Z. B. im fünften Buch seiner Metaphysik tr. VI. c. 5—14.

Universalien in den Individuen als auch dafür, daß unser Verstand das Allgemeine aus dem Einzelnen herauszudenken vermag. In Gott sind die Universalien als Gedanken Gottes und von ihm gehen sie aus, wie Strahlen aus der Sonne, und verwirklichen sich in der materiellen Welt. Wir sehen: Albert löst diese Frage in Harmonie mit seiner Ideenlehre.

Der englische Lehrer entfernt sich nicht vom Gedankengange seines Meisters; er vollendet und vertieft nur dessen Lehre und bringt die Frage von den Universalien zum Abschluß. Thomas unterscheidet ein doppeltes Universale, ein universale directum und reflexum. Faßt der Verstand direct und unmittelbar ein Einzelwesen auf, so sieht er von aller Individualität und allem Singulären ab und erkennt dasselbe nur, insofern es eine bestimmte Natur und Wesenheit ist. Diese direkte Erfassung des Objekts gibt das universale directum. Stellt man die Frage, ob das universale directum real in den Dingen sei, so ist die Antwort nicht schwer. Da das universale directum durch Abstraktion aus den Einzeldingen gewonnen ist und nichts anderes zum Inhalt hat, als die Wesenheit eben dieser Einzeldinge, so ist es real in denselben, und wir können es per identitatem von denselben prädiciren; deßhalb sagen wir z. B. Petrus est homo. Nur hat man zu beachten, daß die allgemeine Wesenheit nicht nach ihrer formalen Seite d. h. nach der abstrakten Auffassungsweise in den Einzeldingen wirklich ist, denn diese rührt von der Thätigkeit des Verstandes her, der die Wesenheit ohne die individuellen Bestimmungen erfaßt; in den Dingen ist die Wesenheit nicht abstrakt, sondern conkret i. e. von singulären Bestimmungen umschrieben*). Macht jedoch der Verstand das universale directum nochmal zum Objekte seiner Thätigkeit, indem er die abstrakte Wesenheit, die an sich gar

---

*) Cum dicitur universale abstractum, duo intelliguntur: scil. ipsa natura rei et abstractio seu universalitas. Ipsa igitur natura, cui accidit vel intelligi vel abstrahi vel intentio universalitatis, non est nisi in singularibus: sed hoc ipsum, quod est intelligi vel abstrahi vel intentio universalitatis, est in intellectu .... Similiter humanitas, quae intelligitur, non est nisi in hoc vel illo homine; sed quod humanitas apprehendatur sine individualibus conditionibus, quod est ipsam abstrahi, ad quod sequitur intentio universalitatis, accidit humanitati secundum quod percipitur ab intellectu, in quo est similitudo natura speciei et non individualium principiorum. S. th. I. qu. 85. a. 2.

keine Beziehung weder zu einem noch zu mehreren Individuen hat, mit den Individuen vergleicht, in denen sie ist oder sein kann, so fügt er zur abstrakten Natur die Beziehung der Allgemeinheit hinzu; sie erscheint als etwas, das vielen wirklichen oder möglichen Individuen gemeinsam ist — universale reflexum.*) So können wir z. B. die abstrakte Wesenheit des Menschen mit allen wirklichen und möglichen Menschenindividuen vergleichen und finden dann, daß alle diese Individuen diese Natur und Wesenheit gemeinsam haben. Bezüglich dieses universale reflexum nun kann es keinem Zweifel unterliegen, daß es durchaus nicht in den Dingen real ist, sondern nur im denkenden Geiste. Dieses letztere Allgemeine ist ja ein reines Produkt unseres Verstandes; es entsteht nicht dadurch, daß der Verstand direkt eine Sache oder ein Objekt erfaßt, sondern dadurch, daß er durch reflexe Thätigkeit die begriffene Sache oder abstrakte Wesenheit nochmal denkt (recogitatio oder secunda intentio bei den Scholastikern). Diese Unterscheidung eines doppelten Universale hat man festzuhalten, wenn man die scheinbar sich widersprechenden Lehren des Engels der Schule verstehen will, in denen er das Universale bald lediglich im Verstande, bald lediglich in den Einzeldingen existiren läßt.**) Jourdain scheint diese Unterscheidung nicht zu kennen und darum glaubt er, der heil. Lehrer betone dem excessiven Realismus gegenüber die Existenz des Allgemeinen in unserem Intellekte, und dem Nominalismus gegenüber die Existenz desselben in den Dingen.***) Durch diesen gemäßigten Realismus wird Thomas beiden Partheien gerecht; er erkennt das Wahre im Nominalismus und verwirft das Falsche im Realismus. Der Logik wird ihr Recht auf die Begriffswelt gewahrt und die Metaphysik verliert nicht ihren realen Boden; im Gegentheil, Logik und Metaphysik, die ideale und reale Welt, werden durch diese Universalienlehre einander näher gebracht und auf eine Quelle zurückgeführt. Der heftige Streit um die Universalien hat deßhalb durch Thomas

---

*) Notandum est, quod aliud est dicere animal, in quantum animal, et animal, in quantum universale; et similiter homo, in quantum homo, et homo, in quantum species. Quia animal, in quantum animal, est animal tantum et significat essentiam simplicem, quae de se non est una nec multa nec existens in his sensilibus nec in anima. Opusc. de universalibus tr. IV. Cf. opusc. de ente et essentia cap. 4.

**) S. c. G. l. I. c. 26 u. 65; opusc. de angelis cap. 2.

***) Op. cit. t. I. p. 265.

sein Ende gefunden; er hört im 13. Jahrhundert auf und entbrennt erst im 14. Jahrhundert wieder und zwar heftiger als je, da man anfing, die Lehre des Aquinaten aufzugeben.

Ist durch die tiefen Erörterungen des Aquinaten der Streit um die Universalien zu Ende geführt worden, so tauchte dafür eine andere Frage auf, die zu einem noch größeren Zankapfel für die alte Schule wurde, als die Lehre von den Universalien. Es ist die Frage um das Princip der Individualität. Sie ist so recht die Frage der peripate= tischen Scholastik und hat die Geister des 13. und 14. Jahrhunderts nicht wenig aufgeregt. Sie hängt mit der soeben behandelten Lehre von den allgemeinen Begriffen innig zusammen. Sind nämlich die allgemeinen Begriffe in den Einzeldingen real, so stellt sich sofort die Frage ein: welches ist das Princip, wodurch das Allgemeine, das unveränderlich, ewig und nothwendig ist, in den Einzeldingen singulär, zeitlich und individuell wird? oder concret gesprochen: was ist es, das den homo zum Petrus oder Paulus oder je zu dem einzelnen Menschen= individuum bestimmt? ·

Bei Albert d. Gr. finden wir die Frage um das Individuations= princip wohl an manchen Stellen, namentlich in seinem Commentar zu „de anima" angedeutet, aber nicht einläßlich behandelt. Es scheint aus diesen Andeutungen nur soviel hervorzugehen, daß er den Grund der Individualität für die körperlichen Wesen in die Materie legt.*) Was nach ihm die Individualität der geistigen Substanzen und der Menschenseele constituirt, läßt sich aus seinen Werken noch weniger sicher nachweisen.

Eine desto größere Rolle spielt diese Lehre im Systeme des Aquinaten; er widmet ihr nicht nur viele Stellen in seinen größe= ren Schriften, sondern behandelt sie speciell in den zwei Opuskeln „de ente et essentia" und „de principio individuationis." Was er bei Aristoteles finden konnte, dürfte in jener Stelle des XII. Buches der Metaphysik enthalten sein, an welcher der „Philosoph" schreibt: Quod coelum sit unum, manifestum est: si enim plures essent coeli, ut homines, principium uniuscujusque erit specie unum,

---

*) Sed cum omne individuans sit materia, oportet quod illud indivi- duans (sc. animae) esset materia incorporea in anima existens; et per for- mam, quae non est corporis perfectio: et hoc concedunt plerique inter nostros socios. De anima l. III. tr. IV. c. 14. Cf. ibid. tr. II. c. 11.

numero multa. At quaecunque multa numero, materiam habent; una etenim et eadem multorum ratio est, veluti hominis. Socrates vero unus. Ipsum vero quid erat esse primum non habet materiam cum actus sit.*) Aus diesem Samenkorn, das bei den Arabern durch Avicenna und Avicebron nur geringe Entwicklung erfahren, mußte der heil. Thomas eine sichere und reichgegliederte Lehre abzuleiten; eine Lehre, die in demselben Sinne sein Eigenthum genannt werden muß, wie die Theorie von den Passionen.

Der heil. Lehrer legt dem Individuum, wie wir es in der Körperwelt finden, eine doppelte Eigenschaft bei. Das Individuum ist für's erste incommunikabel d. h. es kann von keinem Anderen ausgesagt werden — de nullo alio praedicatur Seine zweite Eigenschaft liegt darin, daß es den Bedingungen von Zeit und Raum unterworfen ist, es ist etwas Zeitliches und Räumliches — proprium est esse sibi hic et nunc.**) Worin nun haben diese beiden Proprietäten, die das Individuum constituiren, ihre Ursache? Sicher nicht in der Form oder abstrakten Natur und Wesenheit, denn diese hat gar keine Beziehung weder zu Einem noch zu vielen Individuen, sie sieht von allem Individuellen ab und stellt nur das vor, was zur Natur eines jeden Individuums gehört. Eben darum, weil sie nichts Individuelles einschließt, kann sie durch Reflexion auf jedes Individuum bezogen und zu gleicher Zeit von unzähligen Einzeldingen prädicirt werden.***) Unmöglich kann deßhalb in der Form der Grund für die Incommunikabilität liegen. Aber auch nicht die Zeitlichkeit kann von ihr herrühren, denn die Formen der Dinge i. e. die Wesenheiten sind überzeitlich und unveränderlich, ja sie sind nach dem englischen Lehrer sogar ewig; folglich können sie nicht die Ursache des Zeitlichen und Veränderlichen im Körper sein. Wenn aber nicht die Form die

---

*) Cap. 8 edit. Berol. p. 526. In ähnlicher Weise spricht sich der Stagirite aus in de coelo l. I. c. 9, sowie an mehreren Stellen im V. und VII. Buche seiner Metaphysik.

**) De princip. individ. Opp. Antv. 1612, p. 207.

***) Natura formae materialis, cum ipsa non possit esse hoc aliquid completum in specie, cujus solum esse est incommunicabile, est multis communicabilis quantum est de ratione sua: sed est incommunicabilis solum ratione suppositi, quod est aliquid complementum in specie, quod cuilibet formae non convenit, ut dictum est: ideo quantum est de ratione sua, communicabilis est. Ibid. Cf. de ente et essent. c. 4.

Individualität bewirkt, dann bleibt nur die Materie als deren Ursache übrig. Aber auch die Materie scheint nicht das Princip der Individuation abgeben zu können, denn die Materie ist gleichfalls etwas Allgemeines. Sie ist ihrer Natur nach in Potenz zu allen möglichen Formen. Es scheint jedoch nur so, denn die Materie ist nicht in ihrer Allgemeinheit Subjekt für die Form, sondern als eine bestimmte und partikuläre. Jede Form, die von der Materie angenommen wird, wird von einer bestimmten Materie aufgenommen d. h. von einer Materie, die mit einer bestimmten Quantität behaftet ist, und diese bestimmte Materie ist dadurch keiner andern Form mehr mittheilbar. Die Incommunikabilität liegt darum in der Materie.*) Und nicht nur die Unmittheilbarkeit des Individuums gründet in der Materie, auch die Zeitlichkeit und Räumlichkeit wurzeln in derselben, denn die Materie ist ja das Substrat aller Veränderung und folglich aller zeitlichen und räumlichen Bestimmungen. Die an sich unveränderliche und überzeitliche Form wird nur dadurch veränderlich, wandelbar und vergänglich, weil sie vom Stoffe oder dem Princip aller Wandelbarkeit und Hinfälligkeit aufgenommen ist. Es steht somit nach dem Aquinaten fest, daß die Materie und zwar die durch die Quantität bestimmte Materie — materia signata — das Princip der Individuation ist.

Noch auf eine andere Weise begründet der heil. Thomas seine Lehre vom Individuationsprincip. Die Körper werden dadurch erkennbar und intelligibel, daß der Verstand in der Abstraktion alles Sinnliche und Materielle abstreift, gewissermaßen die Natur und Wesenheit von den materiellen Banden befreit und des Sinnlichen entkleidet. Auf diese Weise wird die körperliche Substanz immateriell und übersinnlich und dadurch befähigt, in den immateriellen Verstand

---

*) Sed huic objici potest, quod materia de sui natura communis est, sicut et forma, cum possit una sub pluribus formis esse, unde haec communitas sua potest impedire ipsam, ne sit principium primum individuationis. Sed sciendum est, quod impossibile est, formam uniri materiae, quin sit particularis, et quod eam sequatur quantitas determinata, per quem modum non est ultra communicabilis materia alicui alteri formae, quia haec quantitas cum alia forma reperiri non potest cum eadem determinatione: et ideo materia non est communicabilis secundum eandem determinationem, sicut forma est. Ibid.

aufgenommen zu werden.*) Wenn aber das Universale dadurch entsteht, daß der Verstand von allem Materiellen absieht, dann muß nothwendig die Materie es sein, welche das Allgemeine zum Individuum einengt und es allen Wandelbarkeiten von Zeit und Raum unterwirft.

Weil die Menschenseele Form des Leibes ist, darum muß auch für sie die Materie der Grund ihrer Individualität sein. Wohl ist die Seele als geistige Substanz von der Materie unabhängig und durch ihr eigenes Sein individuell und ein für sich bestehendes Wesen; aber keineswegs liegt in ihrem geistigen Sein der Grund für die Vervielfältigung der Seele innerhalb einer und derselben Species. Die Seele kann nur dadurch innerhalb einer Art multiplicirt werden, daß sie zu vielen Materien i. e. zu verschiedenen Körpern in Beziehung besteht. Die menschlichen Seelen sind darum numerisch viele in einer Art, weil sie zur Vereinigung mit vielen Körpern bestimmt sind. Die Seele ist diese menschliche Seele, weil sie in diesem Leibe ist.**) Trennt sich die Seele vom Leibe, so existirt sie wohl noch fort, aber sie ist ohne den Leib keine vollendete menschliche Individualität, keine volle menschliche Persönlichkeit. Weil aber die Seele die wesentliche Beziehung, die sie zu ihrem Leibe hat, auch nach der Trennung vom Leibe beibehält, so kann sie auch nach der Trennung vom Leibe als Individuum unterschieden und charakterisirt werden.

Selbstverständlich kann diese Theorie dort keine Geltung haben, wo es keine Zusammensetzung aus Materie und Form gibt, wie bei den geistigen Substanzen. Die rein geistigen Substanzen, weil ohne alle Beziehung zur Materie, sind durch ihre eigene einfache und geistige Natur individuell und subsistent. Weil aber in der geistigen Welt alle Materie fehlt, darum kann es nicht mehrere Individuen derselben

---

*) Videmus formas non esse intelligibiles in actu, nisi secundum quod separantur a materia et a conditionibus ejus: nec efficiuntur intelligibiles in actu nisi per virtutem substantiae intelligentis, secundum quod recipiuntur in ea et secundum quod aguntur per eam. Unde oportet quod in qualibet substantia intelligente sit omni modo immunitas a materia. De ente et essentia c. 4.

**) Licet anima intellectiva non habeat materiam, ex qua sit, sicut nec angelus: tamen est forma materiae alicujus, quod angelo non convenit. Et ideo secundum divisionem materiae sunt multae, multi autem angeli unius speciei omnino esse non possunt. S. th. I. qu. 76. a. 2 ad 1; cf. ibid. ad 2 u. c. G. l. II. c. 51. 73. 81.

Spezies geben, sondern nur eines in jeder Spezies. Die reinen Geister sind deßhalb nicht numerisch von einander verschieden, wie die Menschengeister, sondern specifisch. Das ist der große Unterschied zwischen der Körper= und der Geisterwelt. Die Körperwelt hat wenige Arten, aber zahllose Individuen dieser Spezies; die Geisterwelt hat zahllose Individuen, von denen jedes eine specifisch andere Natur repräsentirt. Welch ein Reichthum und welch außerordentliche Mannigfaltigkeit von Wesen muß daher das himmlische Reich vor der irdischen Welt auszeichnen! Es ist das auch leicht erklärlich. Je näher die Wesen dem höchsten Individuum und dem höchsten Sein kommen, desto mehr muß in ihnen verschwinden, was die Individualität unvollkommen macht; desto mehr muß das Zeitliche und Veränderliche sich abstreifen, und nicht mehr darf es geschehen, daß dieselbe Natur sich in vielen Individuen vervielfältigt und wiederholt findet; einzig in ihrer Art muß sie für sich bestehen, unmittheilbar einem Andern und über allen Wechsel der Zeit erhaben.

Keine Lehre des heil. Thomas wurde von seinem beständigen Gegner Duns Skotus heftiger angegriffen, als die eben angeführte. Der doctor subtilis verwirft sie vollständig. Alle möglichen Einwendungen, wie sie nur sein Scharfsinn ausdenken konnte, bringt er wider sie vor. Die Materie kann unmöglich das Princip der Individualität sein, ruft er aus. Die Materie ist ja das, was sich fortwährend ändert oder ändern kann; sie nimmt in einem Individuum bald zu, bald ab. Wäre die Materie der Grund der individuellen Existenz, so müßte sich das Individuum als solches fortwährend ändern; es müßte bald mehr Individuum sein, bald weniger, je nachdem die Quantität der Materie wächst oder sich mindert. Das individuelle Sein ist aber ganz und gar unveränderlich; es bleibt in allen Lagen und Verhältnissen dasselbe. Nie und nimmer kann die Materie die Quelle dieser unveränderlichen und unmittheilbaren Daseinsweise sein, die wir Individuum nennen. Sie kann es um so weniger sein, als sie das ganz Unbestimmte ist und als solches nie die Bestimmung und den Unterschied, der zwischen den Individuen herrscht, bewirken kann.*) Aber auch die Form oder die Wesenheit kann nicht die Individualität verursachen, denn die Natur und Wesenheit ist etwas Allgemeines und vielen Dingen Gemeinsames, weßhalb

---

*) In l. II. Sent. dist. III. qu. 4 u. qu. 5.

sie indifferent ist zu jedem Individuum. Aber wenn weder die Materie noch die Form das Princip der Individuation sein kann, wo haben wir dann dieses Princip zu suchen? Skotus antwortet: Der Grund für das individuelle Sein muß etwas Positives und Reales sein, etwas solches, das die allgemeine Form und Natur zur individuellen bestimmt.*) Dieses positive Element ist aber nichts anderes als die individuelle Differenz, welche die Spezies zum Individuum, den homo zum Sokrates determinirt. Sie kommt als individuelle Form zur specifischen hinzu und gibt ihr eine weitere singuläre Bestimmung. Und zwar kommt diese individuelle Bestimmung sowohl zur materiellen Form als zur rein geistigen hinzu. Das Individuationsprincip ist für beide Naturen, Körper und Geist, gleich. Die skotistische Schule bezeichnet diese individuelle Differenz und Form mit „haecceitas".

Andere, darunter Franziskaner und Dominikaner, wie Heinrich v. Gent und Wilhelm Durandus, bekämpfen sowohl die thomistische als skotistische Individuationstheorie. Nach ihnen liegt die Individualität in der Wirklichkeit der Existenz. Individuell wird etwas dadurch, daß es ins Dasein tritt. Die Individualität fügt zur Wesenheit nichts hinzu. „Wodurch ist Sokrates ein Individuum?" fragt Durandus. „Durch seine Wirklichkeit", lautet die Antwort — per quid ergo est Sortes individuum? Per illud, quod est existens.**)

Wir haben diese Theorien hier nicht zu prüfen und ihren Werth zu untersuchen. Ohnedieß steht das Urtheil hierüber allgemein fest. Man hält sämmtliche Lösungen über die Frage des Individuationsprincips für mißlungen. Jourdain nennt die vielfachen Untersuchungen und die leidenschaftlichen Kämpfe über diesen Gegenstand die unnützeste Arbeit des Mittelalters. Die ganze Frage ist ihm nur ein

---

*) Ibid. qu. 6 „utrum substantia materialis sit individua per aliquam entitatem positivam per se determinantem naturam ad singularitatem."

**) Natura universalis et individua seu singularis sunt idem secundum rem: differunt autem secundum rationem, quia quod dicit species indeterminate, individuum dicit determinate, quae determinatio et indeterminatio sunt secundum esse et intelligi. Universale enim est unum secundum conceptum; singulare vero est unum secundum esse reale. Nam sicut actio intellectus facit universale, sic actio agentis naturalis terminatur ad singulare. Nihil existit in re extra nisi individuum vel singulare. Ergo esse individuum non convenit alicui per aliquid sibi additum; sed per illud quod est. Per quid ergo est Sortes individuum? Per illud quod est existens. In l. II. Sent. dist. III. qu. 3.

Erzeugniß jener Subtilitätsſucht, die mit einer gewiſſen Raffinirtheit Spitzfindigkeiten und ſcheinbare Probleme auszuklügeln wußte. Die ganze Frage hat für ihn keine Bedeutung, weil die Frage um das Individualitätsprincip gar nicht geſtellt werden kann, da es ein ſolches Princip nicht gibt.*) Wegen ihrer Inhaltsloſigkeit iſt auch, wie er glaubt, dieſe Frage aus den Handbüchern und philoſophiſchen Werken der Neuzeit vollſtändig verſchwunden und wird nie mehr wiederkehren.

Wir haben ſchon bemerkt, daß wir uns in eine Kritik der verſchiedenen Theorien in dieſer Frage nicht einlaſſen. Aber wenn auch das Urtheil richtig wäre, das Jourbain und viele Andere über die thomiſtiſche und ſkotiſtiſche Löſung fällen, was wir keineswegs zugeben, ſo würde damit dem philoſophiſchen Verdienſte dieſer Lehrer kein Eintrag gethan. Denn ſoviel bleibt beſtehen, daß die Frage um das Individuationsprincip eine neue war. Das Alterthum hatte ihnen kaum einige Andeutungen und Gedanken überliefert, wie wir geſehen. Und wie die Frage ſelbſt, ſo müſſen auch die vielen Unterſuchungen und Erörterungen und die verſchiedenen Löſungen, welche ſie gefunden, als neu und originell bezeichnet werden. Wir fragen: Iſt es nicht ein Fortſchritt und bekundet es nicht ein reges wiſſenſchaftliches Leben, wenn ein Zeitalter neue Probleme aufgreift und Probleme der ſchwierigſten Art und ſie mit dem Aufwande von ſolcher Geiſtesſchärfe und ſolch reichlichem Material biskutirt? Dies iſt ein neuer Beweis, daß man ſich im Mittelalter an jede Frage gewagt und durch keine Schwierigkeit von ihrer Unterſuchung hat zurückſchrecken laſſen.

---

*) Op. c. t. II. p. 378 et suiv. Wir bemerken der Kritik Jourbain's gegenüber nur folgende 3 Punkte: 1. es iſt nicht richtig, wenn J. in der thomiſtiſchen Theorie über die Individualität keine Einheit und keinen Zuſammenhang finden will und behauptet, Thomas habe eigentlich drei verſchiedene Theorien aufgeſtellt; 2. der Umſtand, daß dieſe Frage aus den philoſophiſchen Werken der Jetztzeit verſchwunden, beweiſt nichts gegen die innere Wahrheit der thomiſtiſchen Löſung. Wenn all das falſch wäre, was in unſeren philoſophiſchen Schriften nicht mehr erörtert wird, dann ſtünde es um viele und ſehr wichtige Lehren ſchlimm; 3. noch unrichtiger iſt die Anſicht, daß der heil. Thomas die ariſtoteliſche Lehre von Materie und Form, welche ſeiner Individuationstheorie zu Grunde liegt, falſch verſtanden habe, indem er Materie und Form, die bei dem „Philoſophen" nur logiſchen Werth haben, als reale Beſtandtheile des Seins faßte und ſo den Schatten für den Körper und den Schein für die Realität nahm.

Mag man die scholastischen Untersuchungen über das Individuationsprincip noch so abfällig beurtheilen, so muß man doch ihre Verdienste anerkennen, die sie sich um die Rettung der menschlichen Persönlichkeit erworben. Der Averroismus brachte Alles in Gefahr. Der Mensch wird nach ihm ein rein sinnliches Wesen, das nur sinnlicher Erkenntniß fähig ist. Die Menschenseele wird mit dem Leibe corrumpirt und ist nicht unsterblich. Eine Belohnung und Vergeltung im Jenseits ist dahin. Wir haben bereits gezeigt, mit welcher Heftigkeit und Ausdauer die Peripatetiker des 13. Jahrhunderts mit dem Aufgebot all ihrer geistigen Kraft diesen gottlosen Irrthum bekämpften. Es erübrigt uns nur noch anzugeben, ob dieser Kampf für die Psychologie auch positive Resultate erzielte.

Die christlichen Lehrer bekämpfen den Averroismus vor allem dadurch, daß sie auf die Consequenzen aufmerksam machen, die aus ihm fließen. Wenn der Mensch nicht durch seinen eigenen Intellekt erkennt, sondern durch einen von ihm getrennten, dann gehört der Erkenntnißakt nicht dem Menschen, sondern dem intellectus separatus. Von dieser Consequenz rettet auch die Ausflucht des Averroës nicht, daß der intellectus unicus sich mit den Phantasmen des Menschen verbindet und dieselben im Menschen erkennt, denn treffend bemerkt der Aquinate dagegen, daß in einem solchen Falle wohl die Phantasmen des Menschen erkannt würden, aber der Mensch selber nicht erkennen würde. *) Gehört dem Menschen nicht die Erkenntniß, dann kann ihm auch nicht das Wollen gehören; ohne Intellekt kein Wille. Dann ist aber der Mensch nicht mehr Herr seiner Akte, er ist nicht mehr frei, und damit ist es mit aller Moralität vorbei, Tugend und Laster und alle sittliche Ordnung hat keinen Sinn. **)

Direkt widerlegen die christlichen Lehrer die averroistische Doktrin, indem sie ihre metaphysischen Principien darauf anwenden. Die

---

*) Sicut igitur paries non videt, sed videtur ejus color, ita sequeretur quod homo non intelligeret, sed quod ejus phantasmata intelligerentur ab intellectu possibili. Impossibile est ergo, quod hic homo intelligat secundum positionem Averrois. De unit. intell. Cf. s. th. I. qu. 76. a. 1.

**) Si igitur intellectus non est aliquid hujus hominis, vel non est vere unum cum eo, sed unitur ei solum per phantasmata vel sicut motor, non erit in hoc homine voluntas, sed in intellectu separato, et ita hic homo non erit dominus sui actus, nec aliquis ejus actus erit laudabilis vel vituperabilis, quod est divellere principia moralis philosophiae. Ibid.

Menschen, sagen sie, sind verschiedene Thätigkeitssubjekte; die Thätigkeit des einen ist verschieden von der Thätigkeit des anderen. Dieß gilt namentlich von der höheren, intellektuellen Thätigkeit. Wenn aber die thätigen Subjekte und die Thätigkeit dieser Subjekte verschieden ist, dann kann unmöglich das Princip dieser Thätigkeit ein nicht unterschiedenes oder gemeinsames sein, dann kann unmöglich der Intellekt ein allgemeiner und einziger sein. Ganz besonders beweisen Albert b. Gr. und sein Schüler Thomas die Falschheit des intellectus separatus daraus, daß die vernünftige Seele Form des Leibes ist. Eine und dieselbe Form kann aber unmöglich in mehreren distinkten Subjekten sein: impossibile est, plurium numero diversorum esse unam formam, sicut impossibile est, quod eorum sit unum esse; nam forma est essendi principium.*)

Was wir bei dieser Beweisführung außerordentlich hoch schätzen müssen, ist die Verwerthung des Selbstbewußtseins in derselben. Man wirft der alten Schule sehr oft vor, daß sie in ihrer Psychologie das Selbstbewußtsein nichts gelten lasse. Darum stehe Cartesius so hoch, weil er bei der Erforschung des Menschen nicht von abstrakten Principien ausgegangen, sondern vom Selbstbewußtsein, jener Erkenntnißquelle, die uns am nächsten und uns zu innerlichst ist und daher auch mehr Sicherheit bietet, als alle anderen Erkenntnißwege. Wir geben zu, daß das Selbstbewußtsein für die Psychologie die primäre, wenn auch nicht alleinige Erkenntnißquelle sei, und daß eine Psychologie, die aus dieser Quelle nicht schöpft, höchst unvollkommen bleiben müsse; aber wir geben nicht zu, daß die Scholastik diese Quelle übersehen oder absichtlich nicht benützt habe. Gerade gegen Averroës berufen sie sich auf das untrügliche Zeugniß des Selbstbewußtseins.

Wilhelm von Auvergne widerlegt ausführlich in seinem Werke de universo die Emanationslehre und den intellectus agens der Araber, aber auf das Selbstbewußtsein rekurrirt er in seinen vielfachen Beweisen weniger. Albert führt 38 Beweise gegen den Averroismus zu Feld. Unter diesen zahlreichen Beweisen wird namentlich der dreißigste ganz aus der innern Erfahrung geschöpft. Wenn der Mensch durch einen Verstand erkennt, der ihm äußerlich ist, dann vollzieht sich die Erkenntniß nicht in ihm und gehört auch nicht ihm. Dagegen aber protestirt laut unser Selbstbewußtsein, welches uns be-

---

*) S. Th. s. th. I. qu. 76. a. 2.

zeugt, daß nicht nur in uns sich alle Akte des Erkennens und Wollens vollziehen, sondern daß auch wir selbst es sind, und kein anderer, der sie vollbringt.*)

Viel mehr als Albert benützt der heil. Thomas die innere Erfahrung in seinem Kampfe wider die Einheit des Intellekts. Fast alle Beweise in seiner Schrift de unitate intellectus stehen auf dem Boden des Selbstbewußtseins. Wenn der Verstand, durch den wir erkennen, nur einer ist, dann gehören alle Akte unseres Erkennens und Wollens, überhaupt unser ganzes geistiges Leben, nicht uns, sondern dem einzigen, von uns getrennten Intellekt. Die nothwendige Folge ist dann, daß es für den Einzelnen keine Wissenschaft und keinen Fortschritt gibt, er kann nichts lernen, nichts erfinden; er kann auch keinen Anderen lehren und von keinem Andern Wahrheit und Unterricht empfangen; im Gegentheile, es gibt dann für alle Menschen nur ein Denken und ein Wollen, und alle haben dieselbe Weisheit und Einsicht: lauter Annahmen, welche die tägliche Erfahrung in uns widerlegt und als absurd erklärt. Allerdings kann ein und dieselbe Sache von verschiedenen Subjekten erkannt werden; aber daraus folgt nicht, daß in den verschiedenen Subjekten das erkennende Princip auch dasselbe sei, denn wenn auch das Objekt der Erkenntniß dasselbe, so ist doch der Akt in den verschiedenen Subjekten verschieden und darum auch der Intellekt als das Princip dieser Akte in den verschiedenen Subjekten ein verschiedener.**)

Jourdain hält diese Beweisführung gegen den psychologischen Pantheismus der Araber für einen der gelungensten Theile der tho-

---

*) Trigesima est: quia secundum istas sequitur inconveniens, quod homo scilicet nihil operetur per intellectum, quod est contra hoc quod singuli experiuntur in seipsis. Si enim intellectus agens separatus sit et similiter intellectus possibilis et intellectus agens a formis imaginationis, quae sunt in anima, abstrahat, universale, quod etiam separatum est .... sequitur quod intellectus agens non agit in homine, nec intellectus possibilis recipit in homine hoc vel illud ... et sequitur ulterius, quod iste homo vel ille nihil agit per intellectum, nisi hoc idem agatur in omnibus: cujus contrarium omnes experimur: oportet ergo, quod singuli singulos habeant intellectus. S. th. II. tr. XIII. qu. 77.

**) Est unum quod intelligitur a me et a te, sed alio intelligitur a me, et alio a te, id est, alia specie intelligibili, et aliud est intelligere meum et aliud tuum: et alius intellectus meus, et alius tuus. De unit. intell.

miſtiſchen Lehre und zollt ihr gerechte Bewunderung. *) Er bemerkt, daß man heutzutage in derſelben Weiſe und mit denſelben Gründen die Perſönlichkeit des denkenden Subjekts vertheidigt. Dieſe Anerkennung genügt uns, um behaupten zu können, daß die Pſychologie durch die ſcholaſtiſchen Lehrer Fortſchritte gemacht hat.

d. Theodice.

Wir haben ſchon des Oefteren Gelegenheit gehabt zu bemerken, daß die Gotteslehre den ſchwächſten Theil in der Philoſophie des Ariſtoteles bildet. Der ſchwerſten Irrthümer beſchuldigen ihn ſeine chriſtlichen Schüler im Mittelalter. Es darf uns deßhalb nicht Wunder nehmen, wenn die Gotteslehre durch die Scholaſtik vorzügliche Fortſchritte gemacht hat; um ſo weniger darf es uns Wunder nehmen, als die Offenbarung gerade über Gott und ſein Verhältniß zu den Geſchöpfen ſo viel Licht und Sicherheit gebracht hat, daß der chriſtliche Philoſoph auf dieſen unzugänglichen Höhen feſten Schrittes vorwärts ſchreiten kann. Eines aber muß unſere volle Bewunderung erregen, nämlich wie ſehr die chriſtlichen Peripatetiker es verſtanden haben, die Lehren des Chriſtenthums und die Ideen der Väter mit den Principien und Fundamenten der ariſtoteliſchen Philoſophie in volle Harmonie zu bringen, ſo daß dieſe chriſtlichen Gedanken zugleich als Conſequenzen aus den Principien des „Philoſophen" ſich ergeben. Zeigen wir dieß an den wichtigſten Lehren der Theodice.

In ihren Beweiſen für die Exiſtenz Gottes folgen die Lehrer des 13. und 14. Jahrhunderts nicht dem Pfade des heil. Anſelm, ſondern dem des Stagiriten. Nicht a priori, ſondern a poſteriori, von den Geſchöpfen aus, beweiſen ſie das Daſein eines höchſten Weſens. Faſt alle nehmen die Beweiſe des Ariſtoteles an, welche von der Bewegung in der Welt auf einen erſten unbeweglichen Beweger ſchließen. Der Beweis aus der Bewegung gilt ihnen ſogar als der mehr zwingende. **) Sie begnügen ſich aber damit nicht, ſie fügen den ariſtoteliſchen Beweiſen neue hinzu. So z. B. finden wir beim engliſchen Lehrer zwei weitere Beweiſe für die Exiſtenz Gottes. Er

---

*) Op. c. t. I. p. 303 ff. u. t. II. p. 389 ff.
**) Quod Deum esse, quinque viis probari potest. Prima autem et manifestior via est, quae sumitur ex parte motus. S. Th. s. th. I. qu. 2. a. 3. Beſonders ausführlich iſt der ariſtoteliſche Beweis ex motu entwickelt in der S. c. G. l. I. c. 13. Cf. Alb. Magn. s. th. I. tr. III. qu. 18.

folgert aus den verschiedenen Graden und Abstufungen, die wir in den geschöpflichen Vollkommenheiten und Realitäten wahrnehmen, daß es ein Wesen geben müsse, welches alle diese Vollkommenheiten im höchsten Grade und im höchsten Maße besitzt und darum die Ursache ist für all das Vollkommene und Gute, das im Universum in Abstufungen, beschränkt und gewissermaßen gebrochen erscheint. *)

Aristoteles kennt wohl den Zweck; die Zweckursache spielt bei ihm eine große Rolle und beherrscht das ganze Universum. Alles dient Zwecken und ist vom Zwecke geleitet. Aber der „Philosoph" ist von dieser Zweckmäßigkeit der Welt nicht zu einer höchst intelligenten Ursache, zu einem obersten Regierer und Leiter der irdischen Dinge aufgestiegen. Es lag nahe, von der zweckmäßigen Einrichtung und Thätigkeit der Dinge im Universum eine intelligente Ursache zu erschließen, aber Aristoteles hat diesen Schluß nicht gethan; er blieb bei den Prämissen stehen. Der Aquinate hat aus den aristotelischen Prämissen den Schluß gezogen.**) Der physiko-teleologische Beweis, den die neuere Philosophie den metaphysischen Beweisen sogar vorzieht, und dem selbst Kant, der unerbittliche Kritiker der Gottesbeweise, einige Bedeutung beilegt, ist der zweite neue Beweis, durch den der Engel der Schule die aristotelische Demonstration vermehrt hat. Allerdings hat er den Beweis nicht erfunden; er findet sich schon bei Seneka und Cicero und den heil. Vätern, aber er hat ihn dem peripatetischen System eingereiht.

Der Stagirite lehrt, daß man durch die endlichen Dinge eine Erkenntniß Gottes erlangen kann, aber er lehrt nicht, welchen Sinn seine Kategorien annehmen müssen, wenn wir sie vom absoluten Sein prädiciren. Diese tiefen Untersuchungen haben erst die Lehrer der

---

*) Invenitur in rebus aliquid magis et minus bonum et verum et nobile et sic de aliis hujusmodi. Sed magis et minus dicuntur de diversis, secundum quod appropinquant diversimode ad aliquid, quod maxime est... Est igitur aliquid, quod est verissimum et optimum et nobilissimum et per consequens maxime ens. Quod autem dicitur maxime tale in aliquo genere, est causa omnium, quae sunt illius generis.... Ergo est aliquid quod omnibus entibus est causa esse et bonitatis et cujuslibet perfectionis; et hoc dicimus Deum. Ibid. In der S. c. G. l. c. bemerkt er ausdrücklich, daß er diesen Beweis aus Stellen des Aristoteles gefolgert habe — ex verbis Aristotelis colligi.

**) S. th. I. qu. 2. a. 3 u. c. G. l. c.

alten Schule angestellt. Sie unterscheiden doppelte Vollkommenheiten im Endlichen: solche, die keine Unvollkommenheit einschließen und mit jeder anderen Vollkommenheit verträglich sind (simpliciter simplices) wie z. B. Leben, Freiheit, und solche, die eine Unvollkommenheit einschließen und eine höhere Vollkommenheit negiren (simplices secundum quid) wie z. B. Körper, Ausdehnung. Von den ersteren sagen sie, daß dieselben formal Gott zukommen d. h. das, was der Begriff einschließt, ist in Gott, während die letzteren, gemischten Vollkommenheiten Gott nur uneigentlich und virtuell zukommen, weßhalb sie nur metaphorisch von Gott ausgesagt werden können. Aber auch die reinen und einfachen Vollkommenheiten sind in Gott nicht in gleicher Weise, wie in der Creatur. In der Creatur sind sie beschränkt und participirt und zum Theil accidentell (die Weisheit und Güte z. B. ist für die Geschöpfe etwas accidentelles), in Gott aber sind diese Vollkommenheiten absolut, unbeschränkt und substantial; beßhalb nennen wir Gott die Güte und die Weisheit.*)

Hätte Trendelenburg, der berühmte Aristoteliker unserer Tage, die Aristoteliker des 13. Jahrhunderts nicht so sehr vernachlässigt, so würde er nicht behaupten, daß „wir kein Recht haben, das Unendliche in diese nur im Endlichen gewonnenen und erprobten Kategorien zu fassen und sein eigenstes Wesen dadurch zu bestimmen." Er würde nicht dazu gekommen sein, den Beweisen für das Dasein Gottes die strenge Nothwendigkeit abzusprechen und in ihnen nur „indirekte Begründungen" zu sehen, „die das Grundthema des Unbedingten eigenthümlich ausführen" und nur „andeuten, welcher Zwiespalt entstehen würde, wenn man Gott nicht setzte." **)

Hat Aristoteles über die Erkennbarkeit Gottes mangelhaft geschrieben, so ist seine Lehre über das **Verhältniß Gottes zur Welt** ganz und gar falsch. Nach ihm ist die Welt nothwendig und ewig, wie Gott selbst. Gott ist nicht freier Schöpfer der Welt, sondern nothwendiger Beweger der ewigen Weltkörper. Wir haben diesen Grundirrthum und alle anderen Irrthümer, die daraus fließen, bereits angegeben. Ebenso haben wir schon erwähnt, daß die Scholastiker diese Irrthümer nicht blos widerlegten, sondern auch die entgegengesetzten Wahrheiten begründeten. Der ewigen Welt setzen sie die Schöpfung

---

*) Cf. S. Th. in 1 I. Sent. dist. II. qu. 1. a. 2 u. s. th. I. qu. 13. a. 2.
**) „Logische Untersuchungen", 3. Aufl. II. Bd. p. 464 u. 465.

aus Nichts entgegen. Nach allen Seiten erörtern sie, daß eine Hervorbringung ohne alles voraus gehende Substrat keinen Widerspruch in sich schließe. Es kann kein Widerspruch darin liegen, daß etwas Neues entsteht, was vorher nicht war, denn tagtäglich entstehen in der Natur neue Wesen und fortwährend folgen sich in uns neue Gedanken. Es kann auch darin kein Widerspruch liegen, daß die neue Sache ohne alle Voraussetzung in's Dasein tritt — ex nihilo sui et subjecti, wie die Schule sich ausdrückt, denn ein Widerspruch wäre nur dann vorhanden, wenn man das Nichts gleich dem Sein setzte, was aber der Begriff „schaffen" nicht thut. Schaffen heißt nicht, daß Nichts etwas ist, sondern daß auf das Nichts ein Etwas, ein Sein folgt.*) Das ist kein Widerspruch; dazu ist nur erforderlich, daß eine solche Macht und Kraft existirt, die ohne alles Subject etwas in's Dasein zu setzen vermag. Nicht nur nicht widersprechend ist die Hervorbringung aus Nichts, sondern „schaffen" ist die Gott allein entsprechende Thätigkeit. Gott als die höchste Causalität kann in seiner Thätigkeit von nichts außer ihm abhängen; wie er absolut ist in seinem Sein, so muß er auch absolut sein in seiner Thätigkeit. Gott ist aber nur dann unabhängig in seiner Thätigkeit, wenn er seine Macht bethätigt ohne alle Beihülfe von Stoff oder einem Subject i. e. wenn er schöpferisch thätig ist. Würde Gott nicht wirken können, ohne daß seine Wirkung von einem Substrat aufgenommen würde, so würde sein Handeln dem der Geschöpfe gleich sein, die nur auf etwas Vorhandenes wirken können. Doch wir können diese tiefen Untersuchungen, welche die christlichen Lehrer über die Schöpfung anstellen, nur andeuten; möge man sie in ihren Summen selbst nachlesen. Man wird dann finden, wie sie nicht auf Grund des Glaubens ihre Creationstheorie entwickeln, sondern philosophisch den Ursprung der Welt aus Nichts erweisen. Und man wird bei dieser Beweisführung sehen, wie sie die ewige Welt des Aristoteles durch die Principien des Aristoteles widerlegen. Die Schöpfung aus Nichts ist für das peripatetische System nichts Fremdartiges.

Noch mehr zeigt sich aus der scholastischen Lehre über die Selbst-Erkenntniß Gottes, wie die Peripatetiker des 13. Jahrhunderts den

---

*) Cum dicitur aliquid ex nihilo fieri, haec propositio „ex" non designat causam materialem, sed ordinem tantum, sicut cum dicitur: ex mane fit meridies i. e. post mane fit meridies. S. Th. s. th. qu. 45. a. 1. Cf. Qu. disp. de potentia qu. 3 u. S. c. G. l. I. c. 15—30.

aristotelischen Gedanken zu entwickeln verstehen. Nach Aristoteles
ist Gott eine Intelligenz, und zwar die höchste Intelligenz, die sich
selbst erkennt und in der Erkenntniß der eigenen unendlichen Voll=
kommenheit glückselig ist.*) Aber der „Philosoph" läugnet, daß Gott
die Dinge außer ihm erkennt. Der englische Lehrer corrigirt den
Fürsten der Peripatetiker und zeigt, daß aus der Selbsterkenntniß
Gottes auch die Erkenntniß der außergöttlichen Dinge folgt. Da
nämlich Gott sich vollkommen erkennt, so erkennt er sich nicht blos
absolut, wie er in sich ist, sondern er erkennt sich auch, wie er nach=
ahmbar ist nach außen d. h. wie andere Dinge außer ihm ihn dar=
stellen und repräsentiren können. Indem Gott sein unendliches Wesen
erfaßt, erkennt er alle möglichen Dinge und besitzt die Ideen von
Allem, was existiren kann. Alle Dinge sind in ihm eingeschlossen,
wie die Wirkung in der Ursache enthalten ist. Indem Gott sich selber
schaut, schaut er alle Dinge in sich.**) So kommt der Aquinate auf
dem Boden der aristotelischen Doktrin stehend zu jener meisterhaften
Lehre von den göttlichen Vorbildern.

Von der göttlichen Erkenntniß aller Dinge leiten die scholastischen
Aristoteliker ihre Lehre von der Erhaltung der Dinge und von der
Vorsehung her. Von dem unendlichen Meere der möglichen Dinge
läßt Gott diejenigen in's Dasein treten, welche er will. Und wie sein
Wille der Grund ihres Daseins ist, so ist es auch sein Wille, der sie
in der Existenz erhält. Die Erhaltung der Dinge ist gewissermaßen
eine fortdauernde Schöpfung; sie ist jener fortdauernde Willensakt,
der die Dinge in's Dasein gesetzt.***) Die Creaturen empfangen mit
jedem Augenblick auf's Neue ihr Sein von der Hand des Schöpfers.
Und wie die Geschöpfe ihr Sein nicht aus sich haben und nicht durch

---

*) Αὐτὸν ἄρα νοεῖ, εἴπερ ἐστὶ τὸ κράτιστον, καὶ ἔστιν ἡ νόησις νοήσεως
νόησις. Met. XII. c. 9.

**) Manifestum est enim, quod seipsum perfecte intelligit, alioquin
suum esse non esset perfectum, cum suum esse sit suum intelligere. Si
autem perfecte aliquid cognoscitur, necesse est, quod virtus ejus perfecte
cognoscatur. Virtus autem alicujus rei perfecte cognosci non potest, nisi
cognoscantur ea, ad quae virtus se extendit. Unde cum virtus divina se
extendat ad alia, eo quod ipsa est prima causa effectiva omnium entium,
necesse est, quod Deus alia a se cognoscat. S. th. I. qu. XIV. a. 5.

***) Conservatio rerum a Deo non est per aliquam novam actionem;
sed per continuationem actionis qua dat esse. S. Th. s. th. I. qu. 104. a. 1.

eigene Kraft sich erhalten, so können sie auch nicht unabhängig von Gott ihr Sein entfalten und bethätigen, sie bedürfen dazu der unmittelbaren göttlichen Mitwirkung. Zu jedem Akte in der Creatur im weiten Universum confurrirt Gott und hilft ihn setzen und ergänzt das Unvermögen der Geschöpfe. Wie es kein Sein geben kann, das unabhängig ist von ihm, so kann es auch keine Thätigkeit geben, die sich von der absoluten Thätigkeit Gottes frei wüßte. Und darum gehört jeder Akt der Creatur ganz Gott und ganz dem Geschöpfe; ganz Gott als causa prima und ganz der Creatur als causa secunda.*) Weil aber die göttliche Mitwirkung keine plan- und zwecklose, sondern eine höchst intelligente ist, welche alle Wesen zu dem ihnen gesetzten Ziele leitet, so folgt aus der göttlichen Mitwirkung von selbst die Vorsehung Gottes. Wer wird nun behaupten wollen, daß die Scholastiker mit solchen Lehren den aristotelischen Gedankenkreis verlassen oder daß die Attribute der Erhaltung, Mitwirkung und Vorsehung Gottes den peripatetischen Principien widersprechen? Aristoteles, des Lichtes der Offenbarung beraubt, vermochte nicht, solche Consequenzen aus seinen Principien zu ziehen, obwohl sie darin lagen; seine Schüler im 13. Jahrhundert, unterstützt von der ewigen Wahrheit des Evangeliums, haben solch wundervolle Lehren auf seinen Fundamenten aufgebaut.

Noch eine Lehre der Theodice dürfen wir nicht unberührt lassen, da sie einen neuen Glanzpunkt des mittelalterlichen Peripateticismus bildet; es ist die Lehre vom Ursprunge des Bösen. Aristoteles definirt wohl das Böse richtig und theilt es ein und handelt vielfach von demselben in seiner Ethik. Aber vergeblich suchst du bei ihm die Lösung der Frage: Woher das Böse? Sein Gott ist vom Universum zuweit entfernt; er ist dem Treiben auf dieser Erde zu sehr entzogen, als daß er sich um die Uebel und Miserien dieses Lebens kümmerte. Die heil. Väter und namentlich der heil. Augustin haben allerdings diese Frage gründlich untersucht und den Dualismus der Manichäer, der ein ewiges böses Princip postulirte, bestruirt, aber das Verdienst der wissenschaftlichen Fassung und systematischen Behandlung derselben gebührt den Scholastikern und vorzüglich dem Engel der Schule.

---

*) Non sic idem effectus causae naturali et divinae virtuti attribuitur, quasi partim a Deo et partim a naturali agente fiat; sed totus ab utroque secundum alium modum, sicut idem effectus totus attribuitur instrumento et principali agenti etiam totus. S. c. G. l. III. c. 70.

Das Böse, schreibt der Aquinate im Anschlusse an den Stagiriten, hat an sich kein Sein; es ist etwas Negatives. Aber es ist keine reine Negation, sondern eine Privation. Das Böse negirt eine solche Vollkommenheit und Realität, welche die Sache ihrer Natur gemäß haben sollte. Das Nichtsehen z. B. ist deßhalb kein Uebel für den Stein, dessen Natur das Sehen nicht forbert, aber es ist etwas Böses für den Menschen, zu dessen Natur das Sehen gehört.*) Fast mit denselben Worten drückt Aegibius Romanus seine Lehre über das Böse aus.**) Weil jedoch das Böse kein Sein für sich hat, so kann es nur am Guten existiren; das Böse ist immer an einer guten Sache, der es eine zukommende Vollkommenheit abspricht. Daß aber einem Subjekte eine natürliche und ihm gebührende Eigenschaft fehlt, das kann nur von einer Thätigkeit oder einem Sein verursacht werden. Nur etwas Wirkliches nnd Seiendes kann eine solche Beraubung und einen Defekt hervorbringen, den wir böse nennen. Somit hat das malum seine Ursache im Sein oder im Guten.***) Wie aber kann das Gute Quelle des Bösen sein? Nicht direkt, antwortet der heil. Lehrer, ist das Gute Ursache des Bösen; denn direkt und seiner Natur nach kann das Gute nur Gutes erzeugen. Ein guter Baum bringt nur gute Früchte hervor. Das Gute kann nur indirekt und per accidens das Uebel verursachen, insoferne nämlich als das Gute entweder in seiner Thätigkeit gehindert wird, wodurch der Akt defektuös wird, oder indem es durch den intendirten guten Akt nebenbei und per accidens andere Wesen vernichtet und schädigt und dadurch das Böse erzeugt. Wir können auf diese klare und meisterhafte Entwicklung nicht weiter eingehen und zeigen, wie der heil. Thomas jede Art des

---

*) S. th. I. qu. 48. a. 3.

**) Dici potest, quod malum eo modo habet esse, quo habet privatio, cum non sit malum, nisi privatio boni; et eo modo habet esse, quo habet esse tenebra, quae non est nisi privatio luminis, et quo habet silentium, quod non est nisi privatio vocis. In l. I. Sent. dist. 33. qu. I. a. 1. Cf. Alb. M. s. th. I. tr. VI. qu. 27.

***) Malum est defectus boni, quod natum est et debet haberi; quod autem aliquid deficiat a sua naturali et debita dispositione, non potest provenire nisi ex aliqua causa trahente rem extra suam dispositionen .... Esse autem causam non potest convenire nisi bono, quia nihil potest esse causa, nisi in quantum est ens; omne autem ens, in quantum hujusmodi, bonum est. S. th. I. qu. 49. a. 1.

Bösen durchgeht und von jedem Uebel nachweist, daß es vom Guten verursacht sei, aber nicht per se, sondern nur per accidens *)

Damit hat sich der Aquinate den Weg gebahnt für die Lösung der Schlußfrage in dieser Lehre: utrum Deus sit causa mali. Er antwortet mit Ja. Gott ist der Urheber des physischen Uebels im Universum; aber Gott will nicht direkt diese Uebel und Unglücksfälle und Mühsale. Direkt will Gott das Gute und Beste der Welt und ihrer Geschöpfe, direkt will er die Ordnung und Harmonie im Universum; weil aber die Ordnung und das Wohl des Ganzen nicht möglich ist ohne den Untergang vieler Wesen und ohne mancherlei Schaden, so will Gott indirekt und um des Guten willen auch diese Uebel. Die Uebel aus der Welt schaffen wollen, hieße die Ordnung zerstören, die fordert, daß die Geschöpfe thätig sind und in ihrer verschiedenen Thätigkeit sich gegenseitig bekämpfen und zerstören.**) Das ist der Sinn der beiden Stellen: Deus mortem non fecit (Sap. I. 13) und Dominus mortificat et vivificat (I. Reg. 2). Gott hat den Tod nicht intendirt, aber die Gerechtigkeit, die im Universum herrschen muß, fordert den Tod der Verbrecher als Strafe, und um dieser Ordnung willen ist Gott Urheber des Todes. In keinem Falle aber darf man sagen, daß Gott Ursache des malum morale ist. Das moralisch Böse hat seine alleinige Ursache im freien Willen der Creatur; Gott läßt es nur zu und hindert es nicht. Und dieses moralische Uebel läßt Gott so zu, daß er daraus immer die größten Güter zu schaffen weiß. Gott läßt die Seinen oft grausam verfolgen, weil diese Verfolgungen und Leiden nicht wenig zu ihrer Vervollkommnung bei-

---

*) Cf. ibid. Außerdem handelt der heil. Lehrer vom Bösen in Qu. disp. de Malo; s. th. I. qu. 19. a. 9; c. G. l. II. c. 41.

**) S. th. qu. 49. a. 2: Malum quod in corruptione rerum aliquarum consistit, reducitur in Deum sicut in causam. Et hoc patet tam in naturalibus, quam in voluntariis. Dictum est enim, quod aliquod agens in quantum sua virtute producit aliquam formam ad quam sequitur corruptio et defectus, causat sua virtute illam corruptionem et defectum. Manifestum est autem, quod forma, quam principaliter Deus intendit in rebus creatis, est bonum ordinis universi. Ordo autem universi requirit, quod quaedam sint, quae deficere possint et deficiant. Et sic Deus in rebus causando bonum ordinis universi ex consequenti et quasi per accidens causat corruptiones rerum.

tragen *) — non esset patientia Martyrum, si non esset persecutio tyrannorum. **)

e. Ethik.

Wir haben schon oben erwähnt, daß Aristoteles nach den meisten Erklärern den Endzweck des Menschen nicht erkannte. Damit aber fehlte seiner Ethik die Grundlehre, von der alles Andere seine Stellung und Bedeutung erhält. Nothwendig mußte seine Moral in vielen Beziehungen fehlerhaft werden. Die Ethik ist darum das Feld, auf dem sich die scholastischen Lehrer noch mehr als in der Theodice selbstständig und unabhängig vom Stagiriten bewegen. Die heil. Schrift und die Väter bilden die vorzügliche Quelle, aus der sie schöpfen. Gleichwohl haben sie auch in ihrer Moral die aristotelischen Keime und Grundbegriffe verwerthet und entwickelt, so daß die scholastischen Lehrer auch in ihrer Ethik Peripatetiker genannt werden müssen. Das Folgende wird dafür den Beweis geben.

Aristoteles verlegt das End z i e l in die Glückseligkeit ($εὐδαιμονία$), aber nicht in eine Glückseligkeit, wie Sinnengenuß und irdische Freuden sie gewähren; diese Glückseligkeit überläßt er den Epikuräern und Sensualisten. Auch nicht jenes Glück bildet den Endzweck der vernünftigen Creatur, das im Besitze irdischer Güter, Würden und Ehrenstellen besteht; denn der wahrhaft Weise ist über solche Eitelkeiten erhaben. Der Philosoph von Stagira bestimmt das höchste Gut des Menschen viel höher. Sein höchstes Glück kann sich nur in seiner höchsten Seelenkraft vollziehen, im Intellekte, und es kann nur durch vernünftige Thätigkeit erworben werden. Die Glückseligkeit des Menschen besteht deßhalb in der reinen Erkenntniß oder im Schauen der Wahr-

---

*) S. Th. in l. I. Sent. dist. 46. qu. 1. a. 3.

**) S. Th. s. th. I. qu. 22. a. 2. Sehr schön schreibt in dieser Beziehung der hl. Bonaventura: Vis divina, eliciens bonum ex malo, praepotens est malo, et ideo bonum, quod inde elicit, praevalet bono, quod malum corrumpit; et ideo plus valet Universum nunc, quam valuisset tunc, in quod nunc modo commendatur Sapientia Creatoris. Unde Gregorius in benedictione caerei paschalis: „O felix culpa, quae talem meruit habere redemptorem." Et exemplum est de scypho sano, qui frangitur, et religatur filo argenteo vel aureo, quia melior est post, quam ante, non ratione fractionis, sed ratione relegationis. In l. I. Sent. dist. 46. a. 1. qu. 6. Cf. Alb. M. s. th. I. tr. XX. qu. 80 membr. II. art. 3.

heit.*) Dieses contemplative Leben bringt ihn der Gottheit nahe und macht ihn gottähnlich. Der „Philosoph" schildert in seiner Ethik das Glück, welches die Contemplation und das Leben für die Wahrheit und in der Wahrheit gewährt, mit reizenden Farben.

Die Scholastiker und vor Allen wieder der Engel der Schule verkennen nicht das Großartige dieser Auffassung. Sie sind mit Aristoteles einverstanden, daß die wahre Glückseligkeit nicht im thätigen Leben bestehen kann, das sich um vielerlei Dinge kümmert, sondern nur im contemplativen Leben.**) Sie geben ferner zu, daß die Glückseligkeit in der Thätigkeit des Intellekts***) bestehen müsse und daß sie nur der Lohn sein könne für tugendhaftes Leben: †) aber sie lassen die Glückseligkeit nicht im irdischen Leben sich verwirklichen; sie verlegen dieselbe in ein jenseitiges Leben. ††) Und die $\vartheta\varepsilon\omega\varrho\iota\alpha$ der christlichen Aristoteliker ist nicht ein Erkennen Gottes durch die natürlichen Kräfte der Vernunft, nicht ein abstraktives Erkennen, sondern es ist ein übernatürliches, das bis zum Schoße Gottes selber vordringt und das unendliche Wesen des höchsten Seins mit all seinen Vollkommenheiten erfaßt. †††) Das Schauen und der Besitz des unendlichen Gottes und die daraus resultirende unaussprechliche Glückseligkeit ist das Endziel, welches die scholastische Ethik dem Menschen setzt. Der nie endende Besitz Gottes ist der Lohn für all die Mühsale und das

---

*) $H\ \vartheta\varepsilon\omega\varrho\iota\alpha\ \tau\grave{o}\ \H\eta\delta\iota\sigma\tau o\nu\ \varkappa\alpha\grave{\iota}\ \H\alpha\varrho\iota\sigma\tau o\nu$. Met. XII. Cf. Ethic. Nic. l. X. c. 6. u. 7; l. I. c, 6.

**) Quanto operatio potest esse magis continua et una, tanto plus habet rationem beatitudinis. Et ideo in activa vita, quae circa multa occupatur, est minus de ratione beatitudinis quam in vita contemplativa, quae versatur circa unum i. e. circa veritatis contemplationem. S. Th. s. th. I. II. qu. 3. a. 2.

***) Ibid. art. 4. „Utrum, si beatitudo est intellectivae partis, sit operatio intellectus an voluntatis."

†) Unde etiam secundum Philosophum beatitudo est praemium virtuosarum operationum. Ibid. qu. 5. art. 7.

††) Ad perfectam beatitudinem requiritur quod intellectus pertingat ad ipsam essentiam primae causae. Ibid. qu. 3. art. 8. Nihil potest quietare voluntatem hominis nisi bonum universale, quod non invenitur in aliquo creato, sed solum in Deo.... Unde solus Deus voluntatem hominis implere potest; in solo igitur Deo beatitudo hominis consistit. Ibid. qu. 2. art. 8.

†††) Ibid. qu. 5. art. 5. „Utrum homo per sua naturalia possit acquirere beatitudinem."

Tugendbringen des irdischen Lebens. Nicht eine trockene Regel oder eine finstere Moralvorschrift tritt vor den Menschen und verlangt die größten Opfer um der Tugend willen, sondern der lebendige und persönliche Gott wird lebendige Regel und oberstes Princip alles menschlichen Handelns. Wie hoch steht nicht von diesem Gesichtspunkte aus allein betrachtet die scholastische Moral vor der aristotelischen? So hoch als der Himmel über der Erde, als die Gnade über der Natur, als das Unendliche über dem Endlichen. Erst eine solche Moral, die ihr Endziel im Besitze Gottes hat, hat Gewalt über den zum Sinnlichen und Irdischen geneigten Menschen und vermag ihn zu Opferakten des größten Heroismus zu entflammen.

Der Weg, um zum letzten Ziele zu gelangen, ist die Tugend. Die Tugend bildet deßhalb den zweiten Haupttheil der Moral. Aristoteles definirt die Tugend als einen Habitus (ἕξις), durch den die vernünftigen Potenzen der Seele so vervollkommnet werden, daß sie ihre eigenthümliche Thätigkeit leicht und sicher ausüben. Diese Vervollkommnung und Steigerung der Seelenkraft kann aber nicht gelehrt, sondern muß erworben werden. Die oftmalige Uebung muß die Potenz der Seele nach einer bestimmten Richtung hin vervollkommnen, weßhalb die Tugend ein habitus acquisitus ist. Die Tugend hat nach Aristoteles noch das Eigene, daß sie weder per excessum, noch per defectum fehlen darf, sondern die rechte Mitte zwischen den entgegengesetzten Fehlern einhalten muß i. e. virtus in medio consistit. Die Eintheilung der Tugend anlangend unterscheidet der Stagirite vor Allem ethische und dianoetische i. e. moralische und intellektuelle Tugenden, solche, die den Willen und solche, die den Verstand vervollkommnen. Die vorzüglichste ethische Tugend ist ihm die Gerechtigkeit, welche er ausführlich behandelt. Die intellektuellen und moralischen Tugenden theilt dann der „Philosoph" noch in weitere Unterklassen.

In all diesen Punkten lehren die Scholastiker nicht anders, als Aristoteles.*) Ihre Definition und Eintheilung der Tugend und die nähere Bestimmung jeder einzelnen ist ganz aristotelisch. Doch sind sie bei der Tugendlehre des Stagiriten nicht stehen geblieben, sondern haben derselben vielfache Erweiterung gegeben und ganz neue Lehren eingefügt.

---

*) Cf. S. Th. s. th. I. II. qu. 55—qu. 60.

Die Scholastiker gruppiren alle Tugenden um die vier Haupt- oder Cardinaltugenden.*) Wie die Thüre in der Angel, so gründen und ruhen alle Tugenden in diesen vier. Die Subsumtion aller Tugenden unter die vier Cardinaltugenden ist aber nicht aristotelisch; Aristoteles kennt dieselben nicht, er stellt andere und mehr Haupttugenden auf, unter denen sich wohl auch die vier Cardinal-Tugenden der Scholastik behandelt finden. Allerdings haben die christlichen Peripatetiker diese Eintheilung in vier Grundtugenden nicht erfunden; sie findet sich schon bei Plato, Cicero, Seneka und den Vätern,**) aber sie haben durch ihre Aufnahme die peripatetische Ethik completirt.

Noch mehr original sind die mittelalterlichen Lehrer in ihrer Doktrin über Sünde und Laster. Dem „Philosophen" konnten sie hierüber kaum mehr als die Definitionen entnehmen. Sie selber aber haben bis in's Kleinste die Lehre von der Sünde und den Lastern behandelt. Albert d. Gr. widmet dieser Materie in seiner theologischen Summe allein nicht weniger als acht volle Traktate.***) Nach vielfachen Gesichtspunkten werden die Sünden eingetheilt und dann die verschiedenen Arten derselben erörtert. Ausführlich prüfen sie die Umstände, welche die Sünde erschweren, wie sie auch die Ursache der Sünde, die menschliche Freiheit, eingehend untersuchen. Auf den freien Willen als den Urheber der Sünde üben aber mancherlei Ursachen einen nicht geringen Einfluß. Innerlich beeinflußen ihn die Unwissenheit, die Bosheit (malitia) und noch mehr die Leidenschaften und die verderbte Natur; äußerlich wirken auf ihn die umgebende Welt mit ihrem guten und bösen Beispiel und ganz besonders der böse Feind. All diesen vielfachen Einfluß auf das moralische Subjekt finden wir in vielen und vielen Quästionen eines heil. Thomas und Bonaventura, eines Albert und Skotus erörtert. Nichts ist vergessen, was die Moralität erhöht oder vermindert; nichts ausgelassen, was zur vollständigen Analyse des moralischen Aktes gehört. Und damit ist ihre Lehre über die Sünde noch nicht erschöpft. Sie handeln ebenso aus-

---

*) Ibid. qu. 61.

**) Et sic multi loquuntur de istis virtutibus tam sacri doctores quam etiam philosophi. Ibid. art. 3. Der heil. Lehrer citirt Cicero und den heil. Gregor, welche die Cardinaltugenden lehren.

***) Alb. M. s. th. II. tr. 17—24. Der englische Lehrer behandelt die Lehre de peccatis et vitiis in seiner theologischen Summa I. II. von qu. 71—qu. 90.

führlich von den sieben Hauptsünden, von den schweren und läßlichen Sünden, von den Wirkungen und Zerstörungen, welche die Sünde an der Seele hervorbringt, von den Strafen der Sünde, den zeitlichen und ewigen. Diese Andeutungen dürften genügen, um zu beweisen, wie sehr die peripatetische Moral durch die Scholastiker gewachsen und vervollkommnet worden ist. Jourbain nimmt keinen Anstand zu behaupten, daß die Theodicee und Moral des heil. Thomas mit den größten wissenschaftlichen Leistungen der Neuzeit den Vergleich aushalten. Weder Deskart, noch Leibniz, noch die großen deutschen Philosophen haben besser gesehen; ja noch mehr, sie haben nicht so tief gesehen. *)

Soll der Mensch der Vernunft gemäß handeln, so ist eine Norm nothwendig, welche seine Thätigkeit zum Zwecke in Beziehung bringt und zu der zweckmäßigen Thätigkeit verpflichtet. Diese Norm ist das Gesetz. Das Gesetz bildet den dritten Haupttheil der Ethik. Aristoteles definirt es als den Ausdruck der Vernunft. Er kennt jedoch nur ein menschliches Gesetz, das Staatsgesetz. Allerdings ist nach ihm das Gesetz nicht Selbstzweck, sondern es ist nur Mittel zum $εὖ\ ζῆν$, zum sittlichen Leben; es soll die Staatsbürger zu jener Glückseligkeit führen, welche das Ziel der Moral ist.**) Und weil der Zweck des Gesetzes ein sittlicher ist, deßhalb soll der Gesetzgeber ganz besonders Gesetze geben für Unterricht und tugendhafte Bildung der Jugend. ***) Die Gesetze müssen jedoch mit der Verfassung im Einklang stehen und, damit sie um so mehr wirken, ist der Herrscher als das lebendige Gesetz zu betrachten.

An diese Gedanken haben Albert d. Gr. und der heil. Thomas angeknüpft und daraus die Lehre von den Gesetzen geschaffen. Ganz besonders muß hierin dem englischen Lehrer der Preis zugestanden werden. Wie in seiner Doktrin von den Passionen, so hat er auch auf diesem Gebiete aus dem Wenigen, das der Stagirite und die Väter hinterlassen, ein wundervolles, einheitliches Gebäude zu construiren verstanden. Selbst seine erbittertsten Gegner sind voll des Lobes und der Bewunderung über das, was er über die Gesetze geschrieben. Jourbain hält diesen Theil seiner Werke für die beste

---

*) Op. c. t. II. p. 485.
**) Polit. l. VII. c. 8.
***) Ibid. l. VIII.

Einleitung zum Rechtsstudium, die je geschrieben worden ist und die auch heute noch mit großem Nutzen den Rechtsgelehrten in die Hand gegeben werden kann.*)

Der englische Lehrer definirt das Gesetz als: quaedam rationis ordinatio ad bonum commune et ab eo, qui curam communitatis habet, promulgata.**) Man sieht, wie dieser Definition der aristotelische Gedanke zu Grunde liegt, nur ist er klarer und präciser gefaßt. Diese Definition enthält alle wesentlichen Merkmale des Gesetzes und paßt darum für alle Arten von Gesetzen; sie ist deßhalb auch immer als ein Meisterstück der Spekulation angesehen worden. Während aber der Stagirite in der menschlichen Vernunft die letzte Quelle des Gesetzes findet, geht der Aquinate viel tiefer; er sucht in der göttlichen Vernunft das Urgesetz für alle Gesetze auf. In jedem Regenten, sagt er, muß die Anordnung dessen, was von den Untergebenen geschehen soll, existiren. Nun aber ist Gott der Regierer aller Dinge, folglich muß in ihm ein solch oberstes Gesetz vorhanden sein. Und weil Gott nicht in der Zeit thätig ist, sondern ewig, so muß dieses Gesetz, das die Geschöpfe zu ihrer naturgemäßen Thätigkeit anleitet, ewig sein. Das ist die lex aeterna,***) welche zwar vom Engel der Schule nicht erst ganz erfunden, da sich die Anfänge hiezu schon beim heil. Augustin finden, aber zum Mindesten von ihm vermehrt und in wissenschaftliche Form gebracht worden ist. †)

---

*) La partie de ses oeuvres que nous allons analyser est peut-être la meilleure introduction à l'étude des lois qui ait été écrite: même de nos jours, elle peut être offerte avec confiance aux méditations des jurisconsultes. Op. c. t. I. p. 364.

**) S. th. I. II. qu. 90. a. 4. Die Quästionen 90—109 entwickeln die thomistische Lehre vom Gesetze.

***) Manifestum est, supposito quod mundus divina providentia regatur, quod tota communitas universi gubernatur ratione divina. Et ideo ipsa ratio gubernationis rerum in Deo sicut in principe universitatis existens legis habet rationem. Et quia divina ratio nihil concipit ex tempore, sed habet aeternum conceptum, inde est, quod hujusmodi legem oportet dicere aeternam. S. th. qu. 91. a. 1.

†) Cf. Thömes, op. c. p. 73 sequ. Er schließt seine Untersuchung mit den Worten: Utcunque autem res se habet, id jure meritoque valet, „aeternae legis" nomen ab Augustino adhibitum, materiamque inchoatam saltem, a Thoma tantopere amplificatam, adauctam, locupletatam, illustratamque esse, ut subtilitate atque speculatione doctor angelicus et Aristotelicus Platonicum superaret. Ibid. p. 77.

Da aber die menschliche Vernunft eine similitudo der göttlichen ist, so participirt sie auch an dem ewigen Gesetze. Sie vermag nicht blos das Wesen der Dinge zu erkennen, sie vermag auch die Beziehungen aufzufassen, nach welchen im ewigen Plane die Geschöpfe zu einander geordnet sind, und das Gute und Böse zu unterscheiden. So findet sich auch in der menschlichen Vernunft ein Gesetz — das Naturgesetz. Es ist mit dem ewigen Gesetze inhaltlich identisch; dasselbe Gesetz, insoferne es in Gott ist, heißt lex aeterna, insoferne es im Menschen ist, lex naturalis. Es kann daher kurz definirt werden als participatio legis aeternae in rationali creatura.*) Mit dieser Zurückführung des Naturgesetzes auf das ewige Gesetz verstehen wir, warum sich dieses Gesetz in unserem Gewissen mit solcher Gewalt ankündigt, warum es so strenge zur Befolgung verpflichtet, und warum die Nichtbefolgung desselben Gewissensbisse, quälende Unruhe und das Bewußtsein der Strafbarkeit erzeugt. Es ist nicht unsere Stimme, die wir hören, es ist nicht unser Urtheilsspruch, der uns tadelt oder lobt oder verurtheilt; es ist in der That die Stimme des richtenden und strafenden Gottes.

Was nicht im Naturgesetze enthalten ist, das bestimmt das positive Gesetz. Wird es von Gott gegeben, so ist es lex positiva divina wie z. B. das Gesetz des alten und neuen Bundes; wird es vom Menschen formulirt, so ist es lex positiva humana und kann dann wieder sein entweder lex ecclesiastica oder lex civilis. Aber mag die lex humana von wem immer erlassen sein, sie hat nur so viel Gesetzeskraft, als sie mit dem Naturgesetze und dadurch mit der lex aeterna übereinstimmt. Jedes Gesetz, das dem Naturgesetz widerstreitet, ist eine corruptio legis.**) So führt der Aquinate alle Gesetzeskraft zurück auf das ewige Gesetz in Gott.

Wir begnügen uns, die Eintheilung der Gesetze nach dem englischen Lehrer angegeben zu haben. Unmöglich ist es uns, ihm in der Ausführung und Detailbehandlung zu folgen. Es sind außerordentlich viele Fragen behandelt.

An die Theorie von den Gesetzen schließt sich die Lehre von den Pflich-

---

*) S. th. qu. 91. a. 2. Cf. ibid. qu. 93. a. 2.

**) Omnis lex humanitus posita in tantum habet de ratione legis, inquantum a lege naturae derivatur. Si vero in aliquo a lege naturali discordet, jam non erit lex, sed legis corruptio. Ibid. qu. 95. a. 2.

ten. Die Pflichten sind im Allgemeinen und im Einzelnen erörtert. Man findet in den Werken des Aquinaten die Pflichten des thätigen und beschaulichen Lebens, die Pflichten der Fürsten gegen die Untergebenen und umgekehrt, die Pflichten der geistlichen Oberen und der ihrer Obhut anvertrauten Seelen. Behandelt ist die Frage über die Grenzen des Gehorsams, über die Gewalt des Papstes, über das Eigenthumsrecht, das Zinsnehmen, die freiwillige Armuth, das Almosen, und vieles Andere ist herbeigezogen. Dabei bekundet der Engel der Schule eine Vertrautheit mit dem canonischen und römischen Recht, die überraschen muß. Er citirt außer dem Dekret des Gratian die Rechtsgelehrten Ulpian, Pomponius, Papinius.*) Wir bemerken nur noch, daß all diese Fragen der aristotelischen Ethik gänzlich unbekannt sind. Und doch, das sollte kein philosophischer Fortschritt sein?

f. Politik.

Die erste Periode der Scholastik hat alle philosophischen Fächer fleißig bearbeitet, nur eine Disciplin hat sie gänzlich vernachlässigt, die Politik. Abälard und Anselm haben über die verschiedensten Objekte die tiefsten Untersuchungen angestellt, aber über den Staat, über die socialen Verhältnisse findet man soviel wie nichts in ihren Schriften. Vom 8. bis 13. Jahrhunderte kann die Staatswissenschaft nichts anderes aufweisen, als einige wenige Sammlungen von kaiserlichen Erlassen (Capitularien) und päpstlichen Bullen. Erst das Bekanntwerden der Staatslehre des Plato und noch mehr jener des Aristoteles im 13. Jahrhunderte weckte das Interesse für diese wichtige Disciplin. Die scholastischen Peripatetiker sind die ersten, welche den seit Plato und Aristoteles unterbrochenen Faden wieder aufnehmen und vom christlichen Standpunkte aus sociale und staatsrechtliche Fragen untersuchen. Allerdings trugen zu diesen staatswissenschaftlichen Untersuchungen die gleichzeitigen Kämpfe zwischen der weltlichen und geistigen Gewalt auch das Ihrige bei.

Den ersten Platz auf diesem Gebiete nimmt wieder der Engel der Schule ein. Er behandelt die einschlägigen Fragen nicht blos an vielen Orten seiner Summen und sonstigen Werke (selbst die exegetischen nicht ausgenommen), sondern er verfaßte auch selbstständige

---

*) Cf. S. th. II. II. qu. 96. a. 4; qu. 95. a. 8.

Werke in dieser Materie. Seine Schrift de regimine principum *) gibt uns eine vollständige Staatslehre der damaligen Zeit. Nach dem heil. Thomas muß besonders Aegydius Romanus hervorgehoben werden. Die praktische Philosophie scheint er mit besonderer Vorliebe bearbeitet zu haben. Er schrieb Commentare zu der Ethik, Politik und Oekonomie des Aristoteles. Sein vorzüglichstes Werk ist jedenfalls die Schrift de regimine principum, **) das nicht nur gleichen Namen, sondern auch gleichen, wenn auch ausführlicheren Inhalt mit dem Buche seines Lehrers Thomas hat. Ueber das Verhältniß der päpstlichen Gewalt zur weltlichen Macht verfaßte er einen eigenen Traktat, ***) der aber nicht gedruckt wurde.

In all diesen Arbeiten stehen die scholastischen Lehrer auf aristotelischem Boden; sie knüpfen in den meisten Fragen an den Stagiriten an. Aber was uns in allen philosophischen Disciplinen bisher begegnete, das ist auch hier wieder der Fall: sie bleiben bei Aristoteles nicht stehen, sie gehen weit über ihn hinaus, vervollkommnen ihn und fügen neue Untersuchungen seinem Systeme ein. Um dieß zu beweisen, wollen wir die Hauptpunkte der aristotelischen Politik mit der scholastischen vergleichen.

Nach Aristoteles ist der Staat das Produkt der Natur; die sociale Natur des Menschen fordert das staatliche Zusammenleben. Der einzelne Mensch kann nicht all seine Bedürfnisse befriedigen; er kann nicht aus sich allein seine Fähigkeiten entwickeln und sich zu der ihm zukommenden geistigen und sittlichen Vollkommenheit erheben; er bedarf dazu wesentlich der Beihülfe und Mitwirkung Anderer; er bedarf dazu der Societät. Der Staat steht darum höher als der Einzelne, er ist die vollkommenste natürliche Gesellschaft.

Der Aquinate adoptirt nicht blos all diese Gedanken über den Ursprung der Societät, er ergänzt sie vielfach. Aristoteles bemerkt in seiner Politik, daß allen lebenden Wesen mit Ausnahme des

---

*) Diese Schrift gehört jedoch nicht ganz dem heil. Thomas, sondern nur das I. Buch und ein Theil des zweiten ist von ihm verfaßt. Der Tod hinderte ihn an der Vollendung Ptolomäus von Lucca soll es nach hinterlassenen Skripten des englischen Lehrers vollendet haben. Cf. Thömes, op. c. p. 38 sequ.; Jourd., op. c. t. I. p. 141 suiv.

**) Er war Erzieher Philipp des Schönen von Frankreich und schrieb das Buch für seinen königlichen Zögling.

***) Unter dem Titel „de potestate ecclesiastica"; cf. Jourd., op. c. t. II. p. 27.

Menschen die Sprache versagt sei.*) Der englische Lehrer benützt diesen Gedanken, um daraus einen weiteren Beweis für die sociale Natur des Menschen zu formuliren. Weil der Mensch die Sprache besitzt, dieses nothwendige Mittel und Band für die Communikation, so ist er von Natur aus zum Verkehre und zum Zusammenleben mit anderen in der bürgerlichen Gesellschaft bestimmt.**)

So richtig der „Philosoph" über den Ursprung und die Nothwendigkeit des staatlichen Lebens lehrt, so unrichtig denkt er über den Zweck des Staates. Weil er die jenseitige Bestimmung des Menschen nicht kennt, so hat der Staat nur einen zeitlichen Zweck. Und weil er die höchste Gesellschaft ist, darum ist der Staat sich selber Zweck. Der Einzelne ist nur des Staates wegen da und sein ganzer Werth und seine Bestimmung besteht darin, ein guter Staatsbürger zu sein. Aristoteles lehrt, wie man sieht, den Staatsabsolutismus. Der Staat hat wohl eine sittliche Aufgabe; er soll die Bürger tugendhaft machen, aber doch nur zu dem Zwecke, daß sie gute und glückliche Bürger werden. Wie ganz anders in der scholastischen Staatslehre! Der Staat ist nicht Selbstzweck, so wenig wie die Familie; er ist Mittel zur Verwirklichung der sittlichen Weltordnung, er ist Mittel zum finis ultimus, zur ewigen Bestimmung des Menschen.***) Und dieser ewigen Bestimmung hat alle Thätigkeit im Staate, aller Handel und Wandel und die ganze Gesetzgebung sich unterzuordnen. Der Fürst als der Minister und das sichtbare Abbild des Königs der Könige muß in seiner Regierungsthätigkeit immer im Auge behalten, daß den Untergebenen die Erreichung ihrer ewigen Glückseligkeit ermöglicht und erleichtert werde.†) Nicht blos zu guten Staatsbürgern, sondern zu Himmelsbürgern sollen die Unterthanen erzogen werden. Und den Lohn für seine Regierungstugend soll der Fürst nicht in Eroberungen, Siegen und irdischem Ruhme suchen, denn das sei zu niedriger Lohn für wahre Fürstentugend; er soll ihn erwarten im Jenseits, wo Gott

---

*) Nihil frustra facit natura, ut dicimus, homini autem soli ex animantibus sermo tributus est. Polit. l. I. c. 2.

**) Hoc etiam evidentissime declaratur per hoc quod est proprium hominis locutione uti, per quam unus homo aliis suum conceptum totaliter potest exprimere. De reg. princip. l. I. c. 1.

***) Ultimus finis multitudinis congregatae est, per virtuosam vitam pervenire ad fruitionem divinam. S. Th. s. th. II. II. qu. 50.

†) De reg. princ. l. I. c. 14.

seinen treuen Diener mit unvergänglicher Krone schmücken wird. Könige und Fürsten erwartet eine bevorzugte Stelle in der himmlischen Seligkeit. Welch eine großartige Auffassung! Die Scholastik hat das Thun und Handeln des Einzelnen wie der Societät in eine höhere, überirdische Sphäre gerückt; alles im Staate wird von einem überweltlichen Punkte beurtheilt.

Aristoteles unterscheidet drei Staatsformen: Monarchie, Aristokratie und Timokratie. Die Monarchie ist ihm die vorzüglichste Staatsform. Wenn die Monarchie jedoch in die Tyrannei ausartet, dann ist sie die allerschlechteste. Eine aus den drei genannten Regierungsformen gemischte Verfassung scheint ihm die beste. Nicht anders lehren die Scholastiker. Sie kennen keine anderen Staatsformen als die von Aristoteles aufgezählten; sie führen dieselben Vortheile der Monarchie an, wie er.*) Der heil. Thomas eifert mit derselben Schärfe, wie der Stagirite,**) gegen die Tyrannei; auch er zeichnet den Tyrannen in den grellsten Farben.***) Weil die absolute Monarchie so leicht entarten kann, so sucht er diejenigen Beschränkungen aufzufinden, wodurch die Monarchie vor Ausschreitungen bewahrt wird. Der englische Lehrer will eine gemäßigte Monarchie, eine solche, in der alle Glieder des Staates zur Regierung und Mitwirkung herangezogen sind. Zu diesem Zwecke will er, daß der Fürst und die anderen Machthaber vom Volke gewählt werden. Auf solche Weise regiert zwar das Volk nicht wirklich, aber es übt durch seine Wahl Einfluß auf die Regierenden; das Volk regiert per virtutem. †) So

---

*) Cf. S. c. G. l. IV. c. 76. Quod melius est civitatem et regnum regi ab uno quam pluribus, et quod regnum est optimus principatus. Aeg. Rom. de reg. l. III. p. II. c. 3 u. 5. Cf. Alb. Magn. Comment. in Arist. Polit.

**) Polit. l. III. c. 7 — 10.

***) Cum tyrannus contempto communi bono quaerit privatum, consequens est, ut subditos diversimode gravet, secundum quod diversis passionibus subjacet ad bona aliqua affectanda. Qui enim passione cupiditatis detinetur, bona subditorum rapit... Si vero iracundiae passioni subjaceat, pro nihilo sanguinem fundit..... Non pro justitia, sed per potestatem accidit pro libidine voluntatis..... Tyrannis magis boni quam mali suspecti sunt, semperque his aliena virtus formidulosa est... Naturale etiam est, ut homines sub timore nutriti, in servilem degenerent animum et pusillanimes fiant ad omne virile opus et strenuum... De reg. l. I. c. 3.

†) Circa bonam ordinationem principum in aliqua civitate vel gente duo sunt attendenda: quorum unum est, ut omnes aliquam partem habeant

finden wir beim heil. Thomas Gedanken und Maxime, wie sie unseren heutigen Staatsverfassungen zu Grunde liegen. Der Engel der Schule ist ein entschiedener Feind des absoluten Regiments; er will eine Regierung, wie sie so ziemlich in unserem Constitutionalismus verwirklicht ist. Hätte Herr von Sybel die Bücher de regimine principum gelesen, so hätte er sich unmöglich zu einer so unwissenschaftlichen, ja gemeinen Schimpfiade hergeben können, wie sie das jüngste Heft seiner historischen Zeitschrift über den heil. Thomas *) enthält.

Aristoteles will nicht, wie Plato, die Aufhebung der Familie und des Eigenthums im Staate; im Gegentheile, der Staat hat die Familie in ihrem Rechte zu schützen. Aber gleichwohl gestattet er dem Staate starke Eingriffe in die Familie. Der Staat darf die Ehe beschränken, ja er darf sogar die Zahl der Kinder festsetzen, weßhalb er den Abortus für erlaubt hält; wie auch krüppelhafte Kinder nicht auferzogen werden dürfen. Ich brauche nicht anzugeben, daß in all diesen Punkten die Scholastik den „Philosophen" bekämpft und das Recht der Familie wahrt und begründet. Ist sie durch ein solches Vorgehen gegen die Staatsgewalt nicht abermals für die Freiheit eingetreten? Der Umfang vorliegender Schrift gestattet nicht, weiter in's Detail einzugehen und anzuführen, welche Ansichten im Mittelalter über Handel, Waarenniederlagen, Zinsnehmen,**) Besteuerungsrecht, Aemterverkauf, Behandlung der Juden, Kauf und Verkauf, Güterge-

---

in principatu; per hoc enim conservatur pax populi et omnes talem ordinationem amant et custodiant, ut dicitur in 2 Polit. cap. 1. Aliud est quod attenditur secundum speciem regiminis, cujus cum sint diversae species, ut Philosophus tradit in 3 Polit. c. 5. . . Unde optima ordinatio principum est in aliqua civitate vel regno, in quo unus praeficitur secundum virtutem, qui omnibus praesit; et sub ipso sunt aliqui principantes secundum virtutem; et tamen talis principatus ad omnes pertinet, tum quia ex omnibus eligi possunt, tum quia etiam ab omnibus eliguntur. Talis vero est omnis politia bene commixta ex regno, in quantum unus praeest, ex aristocratia, in quantum multi principantur secundum virtutem, et ex democratia, i. e. potestate populi, in quantum ex popularibus possunt eligi principes et ad populum pertinet electio principum. S. th. I. II. qu. 105. a. 1.

*) Jahrg. 1875 II. Heft (33. Bd. p. 342 ff.).

**) Das ganze Mittelalter im Anschluß an Aristoteles erklärte sich gegen das Zinsnehmen. Cf. Aeg. Rom. de reg. l. II. p. III. c. 11; Alb. M. Parvi tractatus de vitiis in communi et specialiter de usura.

meinschaft, Armenwesen, Münzwesen*) und den klimatischen Einfluß**) auf die Tüchtigkeit eines Volkes herrschten. Auch müssen wir es uns versagen, über die damals brennende Frage von der Macht des Papstes über Könige und Völker die Lehre der Peripatetiker kennen zu lernen. Nur eine sociale Frage müssen wir noch herbeiziehen, weil man ziemlich allgemein annimmt, daß sich in ihr ein übermächtiger Einfluß des Stagiriten auf die mittelalterlichen Lehrer geltend mache. Es ist die Frage über die Sklaverei.

Aristoteles tritt entschieden für die Sklaverei ein.***) Wer keine Einsicht besitzt, der ist von Natur aus zum Sklaven bestimmt. Der Sklave hat kein Recht dem Herrn gegenüber; er ist nur Werkzeug. Der Herr soll ihn human behandeln; wenn er aber das Gegentheil thut oder ihn tödtet, so begeht er kein Unrecht. Es ist wahr, die scholastischen Lehrer vertheidigen gleichfalls fast sämmtlich die Sklaverei. Aber die Sklaverei, welche sie für erlaubt halten, ist eine ganz andere, als die heidnische des Aristoteles. Aristoteles läßt die Sklaverei in der Natur begründet sein. Ein Theil ist nach ihm von Natur aus zum Herrschen und ein Theil lediglich zum Gehorchen bestimmt. Der heil. Thomas verwirft diese Ansicht. Von Natur aus gibt es keine Sklaven; von Natur aus sind alle Menschen gleich — omnes homines natura sunt pares. †) Die Sklaverei ist nur eine Folge der Sünde. Wie durch die Sünde der Leib des Menschen den Krankheiten und zahllosen Mühsalen überliefert worden, so ist es auch

---

*) Nach dem heil. Thomas hat der Fürst ganz besonders auf die Ausprägung ächter Münzen Gewicht zu legen, sowie auch Münzeinheit herrschen soll. De reg. l. II. c. 13. Die Armen sollen vom Staatsschatz unterstützt werden. Ibid. c. 15. Cf. „Thomas v. Aquino als volkswirthschaftlicher Schriftsteller" von Dr. H. Contzen. Leipzig 1861.

**) Aristoteles lehrt in seiner Politik, daß die Völker in kalten Gegenden wohl muthig und tapfer sind, aber an Einsicht und Kunst zurückstehen, während umgekehrt die Völker in warmen Gegenden zwar begabt und kunstfertig, aber muthlos sind. Die Völker in mitleren Gegenden allein besitzen Muth und Einsicht, weßhalb sie zu einem vorzüglichen Staatsleben sich eignen. Der englische Lehrer adoptirt diese Ansicht und leitet aus ihr die Pflicht ab, daß die Fürsten zur Anlage einer Stadt oder Gründung eines Reiches ein gemäßigtes Klima aufsuchen müssen.

***) Polit. 1 I. c. 2 u. l. VIII. Cf. S. Th. in l. VIII. Pol. lect. I..

†) S. Th. s. th. II. II. qu. 104. a. 5.

die Sünde, durch die der Mensch an seiner persönlichen Würde eine
Einbuße erlitten. Der geistigen Knechtschaft, welche die Sünde her=
beiführte, folgte auch die leibliche. Durch die Sünde ist auch das
Verhältniß der Menschen zu einander getrübt und ein Theil der
Herrschaft der Andern unterworfen worden.*) Auf die Sünde führen
die scholastischen Lehrer die Sklaverei zurück. Eine einzige Ausnahme
macht Aegidius Romanus, der, wie Aristoteles, die Knechtschaft in
der Natur begründet sein läßt.**) Die Sklaverei der Scholastik ist
aber ganz besonders dadurch eine andere, als die des Aristoteles, weil
nach allen christlichen Peripatetikern die Sklaverei sich nicht auf den
ganzen Menschen erstreckt.***) Der Sklave wird nicht zur Sache; er
behält seine persönlichen Rechte. Und wie sehr diese persönlichen Rechte ge=
wahrt werden, geht daraus hervor, daß der heil. Thomas dem Herrn sogar
keinen Einfluß gestattet auf die Verehelichung; †) ja der Herr ist verpflichtet,
den Sklaven so zu verkaufen, daß seinem ehelichen Leben kein Eintrag
geschieht. ††) Selbstverständlich darf der Herr den Sklaven nicht ver=
stümmeln oder verletzen und noch weniger tödten. Unter solchen
Milderungen verliert die Sklaverei alles, wodurch sie des Menschen
unwürdig nnd unerträglich wird. Eine solche Sklaverei ist viel er=
träglicher, als unsere moderne Sklaverei, die Tausende von Arbeitern
in den Fabriken dem leiblichen und geistigen Untergange weiht.

Ehe wir unsere Untersuchung über den Fortschritt der Staats=
wissenschaft im Mittelalter schließen, bemerken wir noch, daß man auch

---

*) Aliquis dominatur alicui ut servo, quaudo eum cui dominatur, ad
propriam utilitatem sui scil. dominantis, refert. . . . In statu innocentiae
non fuisset tale dominium hominis ad hominem. S. Th. s. th. qu. 96. a. 4.

**) Quod aliqui sunt naturaliter servi et quod expedit aliquibus aliis
esse subjectos: . . . Ostendemus, servitutem aliquam naturalem esse, quod
naturaliter expedit aliquibus esse subjectos. De reg. l. II. p. III. c. 13
u. l. III. p. II. c. 7.

**) S. Th. s. th. II. II. qu. 104. a. 5.

†) Tenetur homo homini obedire in his, quae exterius per corpus sunt
agenda; in quibus tamen secundum ea quae ad naturam corporis pertinent,
homo homini obedire non tenetur, sed solum Deo: quia omnes homines
natura sunt pares, puta in his quae pertinent ad corporis sustentationem
et prolis generationem. Unde non tenentur nec servi dominis nec filii pa-
rentibus obedire de matrimonio contrahendo vel virginitate servanda aut
aliquo alio hujusmodi. Ibid.

††) S. th. III. qu. 52. a. 2.

in neuester Zeit diese Fortschritte mehr zu würdigen anfängt. Ein Kenner auf diesem Gebiete schließt die Darstellung der thomistischen Staatslehre mit den Worten: „Im Großen und Ganzen können wir aber die thomistische Staatslehre als ein leuchtendes Bild, als einen mahnenden Spiegel der Gegenwart entgegenhalten. Sie enthält den Grundstock unserer geistigen Capitale auf dem hochwichtigen Gebiete der Gesellschafts- und Staatswissenschaften, indem sie uns, wie in Vorstehendem nachgewiesen ist, sehr bedeutsame Anhaltspunkte für die Kenntniß der Natur der Gesellschaft, wie der Gesetze, welche dem Dasein und der Entwicklung derselben zu Grunde liegen, gewährt." *) Mit ähnlichem Lobe schließt Contzen die bereits citirte Schrift über die Volkswirthschaftslehre im Mittelalter und rechtfertigt dabei den englischen Lehrer von dem Vorwurfe, daß er „ganz Aristoteles folge", mit der Bemerkung: „Derjenige würde sehr im Irrthum sein, welcher glaubte, in den Schriften von Thomas seien nur aristotelische Gedanken zu finden; wir begegnen vielmehr bei ihm häufig auch selbstständigen Erörterungen, welche seine eigene Anschauungsweise darstellen". **) Damit widerlegen sich von selber die Behauptungen, als besäße das Mittelalter keine eigene Staatslehre, und als seien die damaligen Lehrer bei Aristoteles stehen geblieben. Es ist unwahr, wenn Raumer schreibt: „Auffallend ist es, daß weder Albert noch andere Philosophen sich gedrungen fühlten, der aristotelischen Politik gegenüber, eine christliche oder kirchlich wissenschaftliche aufzustellen und zu begründen, sondern an jener festhielten, obgleich für die wichtigsten Hauptstücke, z. B. die Sklaverei, ihr alter Boden verloren war." ***) Mag die Politik des Mittelalters in vielen Beziehungen noch so mangelhaft sein, mag sie noch soviele Fragen vermissen lassen, die heute von Bedeutung sind, soviel steht fest: das Mittelalter hat in der Staatswissenschaft Fortschritte gemacht, und wenn auch nicht alle seine diesbezüglichen Lehren, so sind doch viele, und namentlich die Grundlehren, auch heute noch von Bedeutung und werden es immerdar bleiben.

---

*) „Zur Würdigung des Mittelalters mit besonderer Beziehung auf die Staatslehre des heil. Thomas von Aquin" von Dr. H. Contzen. Cassel 1870 p. 25.
  **) p. 16.
  ***) „Geschichte der Hohenstaufen", Bd. 6. p. 567.

g. Naturwissenschaft.

In einem noch viel höheren Grade als die Philosophie sollen die Scholastiker das Studium der Natur vernachlässigt haben. Seit Bako von Verulam werden ihnen ob dieser Vernachlässigung und Geringschätzung die heftigsten Vorwürfe gemacht. Das Wort "Erfahrung" hätten sie nicht gekannt. Roger Bakon sei der erste und einzige im Mittelalter gewesen, der dieses Wort begriffen. Die Induktion, jener goldene Weg, auf dem die Naturforschung die Gesetze und die Ursachen der Erscheinungswelt findet, ist dem ganzen Mittelalter verschlossen gewesen. Das Wenige, das sich bei den Scholastikern über die Natur findet, ist nicht aus der Erfahrung geschöpft, sondern a priori, aus Ideen und subjektiven Vorstellungen und Einbildungen abgeleitet. Erst Bako von Verulam, der Vater der neueren Naturwissenschaft, hat das Induktionsverfahren in die Wissenschaft eingeführt.

Der Kenner der mittelalterlichen Philosophie vermag solche Vorwürfe nicht zu begreifen. Die Scholastik soll die Erfahrung nicht gekannt haben? Aber die Erfahrung ist es, auf der die peripatetische Philosophie beruht. Aristoteles und mit ihm die mittelalterlichen Lehrer gehen in all ihren Untersuchungen von dem aus, was durch die Erfahrung als sicher festgestellt ist.*) Aus diesem Grunde wurde

---

*) Es ist ganz irrig, wenn z. B. Lorscheid in seinem "Aristoteles Einfluß auf die Entwicklung der Chemie" (Münster 1872) die aristotelischen Leistungen in der Chemie deßwegen für höchst unbedeutend und der Entwicklung der Naturwissenschaft hinderlich erklärt, weil die Ideen des Aristoteles nicht durch Erfahrung gewonnen, sondern lediglich ein Produkt der Einbildungskraft seien. "Die heutigen Ideen, wenn auch mitunter die Grenzen der wirklichen Erfahrung überschreitend, sind ausgeflossen nur aus der Erfahrung und stehen mit den realen Erscheinungen in Uebereinstimmung. Hingegen sind die Ideen des Stagiriten nur Verbaldefinitionen, Existenzen, die sich der Einbildungskraft darboten, deren Verifikation in der Natur nicht für nothwendig gehalten wurde. Man glaubte eben, daß an sich klare Ideen, welche in sich selbst keinen Widerspruch enthalten, dadurch auch Naturwahrheiten sein müßten. Mit solchen Ideen baute man Systeme, kunstvoll und scharfsinnig, die in ihrer Fruchtbarkeit für Spekulation und Diskussion dem Verstande schmeichelten, jedoch die praktische Arbeit der wirklichen Erforschung der Natur hemmten in dem Glauben, daß subjektive Unterscheidungen und Vorstellungen objektive Thatsachen repräsentirten." Ibid. p. 46. Welch' eine Unkenntniß der aristot. Philosophie verrathen nicht diese wenigen Sätze!

die Scholastik oft des Empirismus geziehen. Alle Scholastiker lehren deßhalb ein doppeltes Wissen und eine doppelte Gewißheit, eine solche die auf der Vernunft und eine solche, die auf der Erfahrung beruht. Nach Albert d. Gr. hat kein Schluß eine Giltigkeit, wenn er der Erfahrung widerspricht — est incredibilis.*) Alle Erkenntniß in der Natur beruht nach ihnen auf der Erfahrung.**) Und daß sie unter dieser Erfahrung nicht eine oberflächliche und ungenaue Beobachtung verstehen, das zeigen die Regeln, die sie darüber aufstellen. Sie verlangen, daß man oft und unter den verschiedensten Umständen das Experiment wiederhole und daß man alle Eigenschaften des Phänomens bis ins Kleinste untersuche, um so das Wesentliche vom Zufälligen unterscheiden zu können. Nur so sei es möglich, die wahre Ursache des Phänomens aufzufinden.***)

Und wie sie den Werth des Experimentes kannten, so auch die Induktion. Auch sie haben die christlichen Peripatetiker von Aristoteles überkommen. Aristoteles gibt einen zweifachen Weg für die Wissenschaft an: der eine geht vom Allgemeinen zum Einzelnen, und das ist die Deduktion; der andere führt umgekehrt vom Einzelnen zum Allgemeinen, und das ist die Induktion. Die scholastischen Lehrer und ganz besonders der doctor universalis haben nur die aristotelischen Lehren weiter ausgeführt. Der genannte Lehrer gibt genau die Regeln an, welche eingehalten werden müssen, wenn der Induktionsschluß allgemeine Giltigkeit haben soll. Unter diesen Regeln steht als erste oben an, daß man so viele Individuen beobachten und so viele Experimente anstellen muß, bis es sich herausstellt, daß die fraglichen Phänomene und Eigenschaften nicht in der Qualität bloß einzelner Individuen, sondern in einer Proprietät wurzeln, die der ganzen Art

---

*) In l. VIII. Phys. tr. II. c. 2.

**) Omnis notitia nostra in scientia naturali fundatur super experientiam. Duns Scot. in l. I. Phys. qu 6. Cf. Alb. M. in l. I. Met. tr. I. c. I., in welchem der doctor universalis die Metaphysik und Physik mit einander vergleicht und bezüglich letzterer bemerkt: quod nullo modo possibile fuit in physicis speculabilibus, in quibus experientia multo plus confert quam doctrina per demonstrationem.

***) Multitudo temporis requiritur ad hoc ut experimentum probetur ita, quod in nullo fallat. . . . Oportet enim experiri non in uno modo, sed secundum omnes circumstantias probare ut certe et recte sit principium operis. Alb. M. in l. VI. Ethic. c. 25.

gemeinsam ist. Dann erst gibt die incomplete Aufzählung das Recht, das Gleiche von der ganzen Spezies zu behaupten. Die heutige Logik hat diesen Regeln nichts Neues beizufügen gewußt.*)

Das Mittelalter kannte aber nicht bloß die Erfahrung und die gesunden Principien für die Erfahrungswissenschaft, es hat auch davon Gebrauch gemacht. Allerdings geben wir gerne zu, daß es nicht soviel davon Gebrauch gemacht hat, als es vielleicht im Interesse der Naturforschung zu wünschen gewesen wäre. Aber wer bedenkt, daß dem Mittelalter eine andere geistige Aufgabe gestellt war, die alle seine Kräfte in Anspruch nahm: es hatte das Abendland vor dem hereinfluthenden Islam zu schützen und es mußte für die christliche Wahrheit ein wissenschaftliches System schaffen, — der wird diesen Mangel naturwissenschaftlicher Studien erklärlich finden. In Zeiten, wo die höchsten und idealsten Güter der Menschheit zu vertheidigen sind, muß nothwendiger Weise die Untersuchung und Beschreibung der Mineralien, Pflanzen und Thiere zurücktreten. Man wird dieß um so mehr erklärlich finden, wenn man noch erwägt, daß den Lehrern der damaligen Zeit alle Hülfsmittel fehlten; es fehlten die Instrumente, es fehlten die naturwissenschaftlichen Sammlungen, und dazu waren noch die Träger der damaligen Wissenschaft Mönche, die an ihre Zellen gebannt waren.**) Aber trotzdem, wie schon bemerkt, haben sie das Feld der Erfahrung betreten und daselbst nicht uninteressante Funde gemacht.

Der Dominikanermönch Vincenz v. Beauvais († 1264) hinterließ uns ein großes encyclopädisches Werk des gesammten Wissens damaliger Zeit. Das speculum naturale nimmt den dritten Theil desselben ein und enthält bis in's Kleinste, was man damals in der

---

*) Alb. b. Gr. handelt ausführlich von der Induktion in Analyt. Priora l. II. tr. IV. c. 23; ibid. tr. VII. c. 4. Ebenso kennt Scotus die Gesetze der Induktion und entwickelt sie in l. II. Analyt. Prior. qu. I. n. 8; ibid. quaest. VIII. n. 5. Beim englischen Lehrer finden sich zerstreut dieselben Grundsätze bezüglich des Induktiv-Verfahrens. In l. II. Sent. dist. 23. qu. II. a. 2 ad 2 schreibt er: Ex multis experimentis universale colligimus, quod est principium artis vel scientiae, und in f. Summa theol. warnt er, voreilig von der Erforschung einiger Individuen auf die species zu schließen: Quod accidit alicui naturae, non invenitur universaliter in natura illa; sicut habere alas, quia non est de ratione animalis, non convenit omni animali. I. qu. 51. a. 1.

**) Cf. Kleutgen, Philos. b. Vorzeit, II. Bd. Erst. Hauptst. I. Kap. „Von der Ausbildung der empirischen Naturlehre in neuerer Zeit."

Physik, Alchemie und in den anderen Zweigen der Naturwissenschaft wußte. *)

Viel höher steht **Albert der Große**. An vielen Stellen seiner Werke berichtet er, daß er genau die Sache untersucht, daß er Beobachtungen und Experimente angestellt habe. In seinem Buche der Meteore schreibt er von einem wunderbaren Phänomen, daß nämlich der Neckar auf eine Meile weit drei Stunden des Tages ausgetrocknet war, so daß man auf dem Grunde Fische fangen konnte; unterhalb und oberhalb jener Meile fehlte aber das Wasser nicht. Er bemerkt dann, daß er bald darauf an diese Stelle kam und das Phänomen untersuchte und es für leicht erklärlich fand. **) In dem Werke de animalibus erwähnt er der verschiedenen Sagen bezüglich der Befruchtung der Fische: „Ich glaube, daß von all diesem nichts wahr ist; denn ich habe selbst fleißige Beobachtungen angestellt und ich habe darüber die ältesten Fischer am Meere und an den Flüssen gefragt, und habe mit meinen eigenen Augen gesehen und mit meinen Ohren gehört, daß die Fische zur Zeit der Begattung die Leiber an einander bringen und bei der Berührung Eier und Milch von sich geben." ***) In der Schrift de somno et vigilia beschreibt er Schlafwandler, die er selber beobachtet hatte. Oben haben wir schon angeführt, wie Albert den Aristoteles bezüglich des Mondregenbogens auf den Grund hin corrigirt, daß er und seine Freunde, „die wahre Beobachter sind", es aus Erfahrung wüßten.

Mittelst dieser fleißigen Beobachtung hat dieser scharfsinnige Geist auch auf dem Gebiete der Natur Resultate zu Tage gefördert, die selbst unsere jetzigen Forscher anstaunen und bewundern. Wie in der Philosophie, ist er auch in der Physik weit über Aristoteles hinausgegangen. Es sei uns erlaubt einige seiner Leistungen zu erwähnen.

Die Stelle der jetzigen Chemie vertrat damals die **Alchemie**.

---

*) Stöckl schreibt von ihm: „Er verdient als einer der größten Gelehrten, Sammler und Bearbeiter fremden Stoffes einen sehr ausgezeichneten Platz in der Geschichte; denn es ist eine immense Gelehrsamkeit und eine staunenswerthe Belesenheit, welche in seinen Schriften zu Tage tritt. Gerade aus diesen seinen Schriften kann man sich einen richtigen Begriff von dem Umfange der Studien machen, welche in den Klöstern während des 13. Jahrh. in der Stille betrieben wurden." Geschichte der Philos. d. Mittelalters, II. Bd. p. 349.

**) De Meteor. l. II. tr. II. c. 13.

***) De animalibus ed. Jammy t. VI. p. 177.

Hier ist Albert besonders Meister. Er kennt bereits viele Verbindungen von Metallen, wie die Verbindungen des Schwefels mit verschiedenen Stoffen; er weiß die chemischen Eigenschaften vieler Stoffe, wie des Arseniks, Phosphors, Schwefels u. s. w. Große Gewandtheit besitzt er im Destilliren. Albert ist der erste, welcher die chemische Affinität im Sinne der heutigen Chemie ausgesprochen.*)

Für die Mineralogie ist er gewissermaßen der Schöpfer. Er selber schreibt in den 5 Büchern de mineralibus folgendes: „Darüber habe ich keine Bücher des Aristoteles gefunden, nur theilweise Excerpte. Was Avicenna darüber im 3. Kap. des I. Buches geschrieben, genügt nicht. Ueber einzelne Arten der Steine schrieben nach ihrer Erklärung Hermes Cuates, König der Araber, Dioskorides, Aaron und Joseph, die auch über die Edelsteine sich aussprachen. Wenig genügende Erkenntniß verschafft uns auch Plinius in seiner Naturgeschichte, der die Ursachen der Steine nicht richtig und nur im Allgemeinen andeutet. Wir werden deßhalb, nicht immer ihre Meinung anführend, eine genügende Belehrung ertheilen, wenn wir angeben die Materie und Verbindung der Mineralien, ihre nächste Ursache, ihre Form und ihre Accidentien u. s. w."**) Es ist wahr, seine Mineralogie enthält viel Irriges, viel Sagenhaftes und oft geradezu Lächerliches, aber das muß ihm jeder Leser zugestehen, daß er für seine Zeit in diesem Gebiete enorme Kenntnisse besessen. Er bemerkt auch hier wieder, daß er fremde, metallreiche Länder besucht und daselbst die Natur der Metalle erforscht habe.

Noch größer ist Albert als Botaniker. Von den 8 Büchern de plantis schließen sich die ersten 5 Bücher an das gleichnamige aristotelische Werk an, erweitern dasselbe jedoch über das Doppelte und vervollkommnen es in jeder Beziehung. Die letzten 3 Bücher sind selbstständig von ihm bearbeitet. In diesen 8 Büchern verräth er oft einen solchen Tiefblick und solch gesunde Ansichten, daß selbst die größten Forscher ihm ihre Anerkennung nicht versagen können. So kennt er z. B. ganz genau das Schlafen und Wachen der Pflanzen und weiß es wissenschaftlich zu erklären. Er führt das Schließen und Oeffnen der Blumenkelche bei Tag oder Nacht ganz richtig auf

---

*) Cf. Histoire de la Physique et de la Chimie par F. Hoefer, Paris 1872 p. 365 suiv.

**) De mineralibus lib. V. tom. II. ed. cit. p. 211.

die durch die Sonnenwärme bewirkte Ausdehnung der Säfte der Blumenblätter zurück und das Schließen auf ein durch Kälte bewirktes Zusammenziehen. Ernst Meyer kann nicht umhin, einer solchen Erklärung die ehrenden Worte beizufügen: „Sollte wohl in den fünf Jahrhunderten von Albert bis auf Linné etwas Besseres über den Pflanzenschlaf gesagt worden sein? ich zweifle." *) Die Belesenheit, die genaue und fleißige Beobachtung, die bis in's Kleinste gehende Detailforschung reißen denselben Forscher unserer Tage zu den Worten hin: „Wir finden vor Albert nicht einen einzigen Botaniker, der sich ihm vergleichen ließe, außer Theophrast, den er nicht kannte; nach ihm keinen, der die Natur der Pflanze überhaupt lebhafter aufgefaßt, tiefer durchdacht hätte, als er, bis auf Conrad Geßner und Cesalpini. Dem Manne aber, der seine Wissenschaft zu seiner Zeit vollkommen beherrschte, entschieden förderte und in drei Jahrhunderten nicht einmal erreicht, geschweige denn übertroffen ward, gebührt wahrlich der schönste Kranz." **)

Wir übergehen seine Zoologie, in der er nicht blos die 26 Bücher des Aristoteles verbesserte und erweiterte, sondern auch selbstständig sieben Bücher beifügte, und reden zum Schlusse noch von seinen geographischen Kenntnissen, die er in dem Werke de natura locorum niederlegte. Er spricht daselbst, oft in höchst überraschender Weise, von der Bewohnbarkeit der Erde, von der Länge und Breite der bewohnten Erdtheile, von den Antipoden und der Beschaffenheit ihrer Länder, von dem Einfluß, den Berge, Meere, Ebenen u. s. w. auf das Klima üben, und den wiederum das Klima auf Thiere und Menschen übt, von den Racen u. s. w. Humboldt, der Fürst der modernen Naturwissenschaft, erwähnt dieses Werk des Albertus oftmals rühmend. „Albert zog es bereits durchaus nicht in Zweifel, daß die Oberfläche der Erde bis zum fünfzigsten Grade nördlicher Breite bewohnt sei, während noch hundert Jahre früher Edrisi wie Aristoteles den gesammten bewohnten Theil der Erde in die nördliche gemäßigte Zone verlegte. . . . Die erwähnte Schrift: liber geographicus de natura locorum ist ein Abriß der physischen Erdkunde,

---

*) Aufsatz in der Linnäa, Bd. X. Jahrg. 1836. p. 641—741. Ebenso würdigt derselbe die botanischen Verdienste Alb. in s. Geschichte der Botanik. Königsberg 1858.

**) Ibid. p. 731.

in welchem der Verfasser, nicht ohne Scharfsinn, entwickelt, wie der Unterschied der Breite und die Beschaffenheit der Erdoberfläche gleichzeitig die Verschiedenheit der Klimate bedingen."*) In seinem Cosmos nennt er die Lehren des doctor universalis über Klima, Sonneneinfallswinkel und Wärme „ganz überraschend" und er gesteht, daß er sich vielfach „mit dem großen Manne beschäftigt" und dessen Werk de natura locorum in seinem Werke Examen critique de la géographie du quinzième siècle benützt habe. Und das ist jener Albert der Große, den man bis auf den heutigen Tag den „Affen des Aristoteles" zu nennen pflegt.

Gleich groß steht Roger Bakon da. Er hat sich mit noch größerer Vorliebe dem Studium der Natur zugewendet. Die Naturwissenschaften gewähren nach ihm allein zwingende und vollgiltige Beweise; in ihnen allein könne man sich vor Irrthum schützen.**) Ohne Erfahrung könne darum nichts mit Sicherheit und voller Befriedigung erforscht werden. Die Fächer, in denen er sich besonders auszeichnet, sind die Alchemie, Physik***) und namentlich die Optik. Letztere Wissenschaft hat er zuerst bei den Abendländern begründet. Seine Theorien über die Natur des Lichtes, die Lichtbrechung und Fortpflanzung des Lichtes, über das Sehen, die verschiedenen Spiegel, namentlich den Brennspiegel, sind großentheils neu und bis auf den heutigen Tag von Werth geblieben. Er gibt eine ganz genaue und ausführliche Beschreibung vom Auge und namentlich von der Pupille, wie er auch Licht- und Nebelbilder zu erzeugen versteht. Sogar das Schießpulver soll er gekannt und damit experimentirt haben. Wenn jüngst eine naturwissenschaftliche Zeitschrift Albert dem Gr. eine „ächt naturwissenschaftliche Divinationsgabe" beilegt, so gilt dieß noch mehr von dem Oxforder Franziskaner. Er hat staunenswerthe Blicke in die Zukunft gethan und Entdeckungen geahnt, die viele Jahrhunderte später gemacht wurden. So schreibt dieser Mönch des 13. Jahrhunderts: „Es können Wasserfahrzeuge gemacht werden, welche rudern ohne Menschen, so

---

*) Ueber die historische Entwicklung der geographischen Kenntnisse der neuen Welt. Berlin 1852. I. Bd. p. 66.

**) Op. Maj. ed. c. p. 449 u. 465.

***) Ueber seine Leistungen in der Alchemie und Physik siehe die treffliche Schrift von Dr. Schneider „Roger Bakon" p. 73-77 u. ganz besond. b. c. W. v. Charles p. 277—296.

daß sie wie die größten Fluß= und Seeschiffe dahin segeln, während ein einziger Mensch sie regiert, mit einer größeren Schnelligkeit, als wenn sie voll schiffbewegender Menschen wären. Auch können Wagen gebaut werden, so daß sie ohne ein Thier in Bewegung gesetzt werden mit einem unermeßlichen Ungestüm."*) Diese kurzen Andeutungen lassen erkennen, daß Bakon seine Zeit weit überholt, ja daß spätere Jahr= hunderte in naturwissenschaftlichen Bestrebungen nicht so hoch gestanden.

Nicht mit gleichem Eifer, wie sein Lehrer, betrieb Thomas v. Aquin die Erfahrungs=Wissenschaften. Wer aber glauben würde, daß der englische Lehrer die Bedeutung und den Werth der Erkenntniß der Natur nicht zu schätzen wußte, der würde sich sehr täuschen. Ge= treu dem Grundprincip der peripatetischen Philosophie führt er im II. Buche der Summa c. gentes**) viele Gründe an für den Nutzen der Naturerkenntniß. Die Kenntniß der Geschöpfe, sagt er, lehrt uns die göttliche Weisheit, die sich in ihnen spiegelt nach den Worten des Psalmisten: Omnia in sapientia fecisti.***) Und diese Erkenntniß der göttlichen Weisheit führt uns zur Bewunderung und Lobpreisung der göttlichen Macht und Größe, so daß der Mensch zu dem Ausrufe gezwungen wird: Magnum est nomen tuum in fortitudine; quis non timebit te, o rex gentium? (Jerem. 10, 6). Und nicht blos zur Lobpreisung und zum Anstaunen der göttlichen Größe wird der Mensch durch die Erkenntniß des Geschaffenen getrieben, sondern auch zur Liebe Gottes. Denn all das Gute, Schöne und Reizende, das

---

*) Ibid. p. 111. Cf. Charles op. c. p. 296—306.
**) C. 1—4. Aber auch an anderen Stellen empfiehlt und lobt er die Er= forschung der Natur. In l. IV. Meteor. schreibt er Eingangs: Considerandum est, quod scientia istius libri et similiter omnis scientia naturalis non est ab homine despicienda; immo qui eam despicit, despicit se ipsum. Et licet multi dicant, quod scientia naturalis non debet appretiari eo quod non sit utilis ad speculationem divinorum, in qua vita beatissima et felicitas hominis consistit, sicut dicit Phil. in 10 Ethic., tamen isti decipiunt seipsos, quia non solum scientia istius libri, sed etiam tota scientia naturalis, in qua non solum oportet considerare communia, sed etiam specialia et propria unicuique, deservit ad hujus modi speculationem divinorum, quia per manifesta et naturalia tamquam per effectus in cognitionem causarum pervenimus. An derselben Stelle ist noch Vieles zum Lobe der Naturwissenschaft gesagt, und die Nothwendigkeit des Studiums der Natur begründet.
***) Ps. 103, 24.

er in der Natur zerstreut und wie gebrochen findet, das ist in Gott absolut und wie in der Urquelle und fließt von diesem Meere aller Güte in Bächlein auf die einzelnen Geschöpfe über. Noch mehr: die Erkenntniß der Geschöpfe macht den Menschen gottähnlich. Wie nämlich Gott sich selber erkennt und alles Andere in sich: so liest der Mensch durch die Erforschung der Natur die Gedanken heraus, die Gott in sie gelegt; er wird weise durch die göttliche Weisheit. Und wie zur besseren Erkenntniß der Wahrheit, so trägt das Studium der Natur auch bei zur Vermeidung vieler Irrthümer. Wer die Geschöpfe studirt, wird ihr Sein abhängig, beschränkt und unvollkommen finden, und das wird ihn abhalten, die Creatur mit dem Schöpfer zu confundiren oder der Creatur beizulegen, was nur Gott gebührt; er wird nicht in den Irrthum jener fallen, von denen der Weise sagt: Incommunicabile nomen lapidibus et lignis imposuerunt.*) Viele irrige Ansichten über den Ursprung des Bösen, über die freie Thätigkeit Gottes im Schaffen, über Vorhersehen und Weltregierung könnten nicht entstehen, wenn die Geschöpfe tiefer erforscht würden. Der Mensch kann auch nur dann seine Stellung und Würde im Universum behaupten und in rechter Weise geltend machen, wenn er von den unter ihm stehenden Wesen die wahre Erkenntniß besitzt. Es ist darum die Ansicht jener, welche das Studium der Natur für unnütz halten, so schließt der heil. Lehrer, ganz falsch; denn eine falsche Kenntniß von den Geschöpfen trübt auch die Erkenntniß von Gott und bringt dem Glauben Schaden — nam error circa creaturas retundat in falsam de Deo scientiam et hominum mentes a Deo abducit.**) Wie kann man angesichts solcher Lehren behaupten, die Scholastik sei dem Studium der Natur abhold gewesen oder ihre religiöse Ueberzeugung sei einem solchen Studium entgegen gestanden? Droht sogar der Aquinate denjenigen, welche sich das Studium der Geschöpfe nicht angelegen sein lassen, mit göttlicher Strafe, indem er das Wort der Schrift auf sie anwendet: Quoniam non intellexerunt opera Domini et in opera manuum ejus, destrues illos et non aedificabis eos. (Ps. 27, 5).

Leider haben seine großartigen philosophischen und theologischen Werke und sein kurzes Leben ihm nicht soviel Zeit gewährt, um specielle naturwissenschaftliche Studien zu treiben. Gleichwohl finden wir in seinen Werken zer-

---

*) Sap. 14, 21.
**) L. c. cap. III.

streut naturwissenschaftliche Lehren, die beweisen, daß er manche Fächer genau gekannt. So finden sich in Qu. disp.*) überraschende Ansichten über die Natur des Lichtes. Er erklärt das Licht als Bewegungserscheinung und bringt Licht und Wärme in die innigste Verbindung. Ja wenn ein ihm zugeschriebenes Manuscript**) ächt ist, so haben wir in dem englischen Lehrer einen gewandten Alchemisten anzuerkennen. In demselben berichtet Thomas von der künstlichen Erzeugung von Edelsteinen. Man könne den Hyazinth, Smaragd, Rubin und andere Edelsteine so täuschend nachmachen, daß man sie nicht von den wahren zu unterscheiden vermöge. Derselbe Traktat handelt auch von der Glasmalerei, sowie uns der englische Lehrer daselbst auch kennen lehrt, was die Alchemisten unter der lac virginis verstehen und wie sie dieselbe bereiten. Er weist auch nach, daß jene angebliche Verwandlung des Kupfers in Silber durch die Alchemisten nichts anderes sei, als eine Färbung des Kupfers durch Arsenik.

Wir übergehen die übrigen Lehrer, da sie uns keine Schriften hinterlassen haben, die ausschließlich naturwissenschaftliche Gegenstände behandeln. Doch versäumen sie es nie, so oft sich in ihren Schriften Gelegenheit bietet, physikalische Fragen herbeizuziehen. Dieß geschieht besonders in ihren Commentaren zu den naturwissenschaftlichen Werken des Stagiriten und bei Erklärung des Sechstagewerkes in der Genesis. So handelt der doctor subtilis in seinem Commentar zur Physik über die Natur der Cometen, den Ursprung der Quellen und Flüsse, die Bewegung des Meeres, über Blitz, Donner, Erdbeben. Wir finden dort Untersuchungen über das Wesen der Farben, den Regenbogen, das Sehen, so wie er auch über Wachsthum und Verdauen spricht. Er stellt dort die interessante Frage: Ist die Bewegung oder das Licht Ursache der Wärme? Selbst bei dem seraphischen Lehrer, dessen Auge immer der überirdischen Region zugekehrt war, finden sich Untersuchungen über die Natur des Lichtes, ob es körperlich sei und ob es sich durch Ausgießen fortpflanze; ebenso über die Gestalt des Himmels, die Bestandtheile des thierischen Körpers und ähnliche physiologische Fragen.

---

*) Quaest. disp de Potent. qu. 5 art. 8. Hieher gehören auch die Opusc. de mistione elementorum, de occultis operibus naturae u. de motu cordis, welche über die chemische Verbindung der Elemente, die animalische Wärme, die Thätigkeit des Herzens u. dgl. nach dem Stande der damaligen Naturkunde handeln.

**) De essentia mineralium; cf. Hoefer, op. cit. p. 369 sequ.

Aus diesem Wenigen, das wir über die Leistungen des 13. und 14. Jahrhunderts auf dem Gebiete der Natur angeführt haben, ergibt sich, daß es nicht richtig ist, wenn Ritter *) mit vielen Anderen behauptet, die Aufnahme der aristotelischen Wissenschaft habe das Studium der Naturwissenschaften im Mittelalter verhindert und verkümmert, wie auch derselbe Aristoteles schuld sein soll, daß die Rhetorik und Grammatik in diesen Jahrhunderten so außerordentlich vernachlässigt worden. Nicht minder unwahr ist dem Obigen zufolge die bei Charles oft wiederkehrende Bemerkung, als ob Roger Bakon allein das induktive Verfahren gekannt und angewendet und sich dadurch in einen Gegensatz zur Scholastik gesetzt hätte. **) Nach Charles wäre lediglich Bakon über Aristoteles hinausgegangen und hätte die Naturerkenntniß weiter geführt, während alle andern scholastischen Lehrer bei der aristotelischen Naturauffassung stehen geblieben seien und ihm nachgeschrieben hätten. Dem Albert macht er sogar das Lob streitig, das ihm die neuesten und größten Naturforscher ob seiner tiefen Blicke in der Botanik spenden. Charles bemerkt, daß dieses excessive Lob unter einer falschen Adresse aufgegeben sei; es gebühre der griechischen Philosophie, nicht aber dem Dominikaner. ***) Wir haben gezeigt, daß die Scholastik das

---

*) O. c. W. Bd. 7 p. 96 ff. Aus der Zusammensetzung des Lehrpersonals an den Universitäten des 13. Jahrh. ergibt sich ebenfalls, daß die übrigen Fächer durch Aristoteles nicht verdrängt wurden. So wurden bei Gründung der Universität Vercelli (1228) angestellt: 3 Lehrer des bürgerlichen und 4 Lehrer des kirchlichen Rechtes, 2 Aerzte, 2 Grammatiker u. 2 Dialektiker. In Padua wirken um c. 1262 in der philosophischen Fakultät: 3 Professoren der Naturwissenschaft; 6 für Grammatik und Rhetorik, 1 für Logik. In Toulouse lehren um dieselbe Zeit 2 Theologen, 2 Decretalisten, 6 Magister der freien Künste, 2 Grammatiker. Cf. Raumer, op c. Bd. VI. p. 507. Erst gegen Ende des 14. u. im 15. Jahrh. trat jene Vernachlässigung in der sprachlichen Darstellung u. jener mit Recht geschmähte Barbarismus ein.

**) Op. c. p. 112 sq.

***) On a fait du traité d'Albert sur les végétaux un éloge à notre avis excessif et hyberbolique. Albert ne s'écarte guère d'Aristote, et c'est le philosoph grec qui a droit de recevoir les louanges adressées au Dominicain. Ibid. p. 284. Wir bemerken bei dieser Gelegenheit, daß Charles kein objektives Bild von Roger Bakon entwirft. Nach ihm ist der Franziskaner-Mönch Rationalist, der bereits die Keime der modernen Welt in sich trägt und gegen die kirchliche Autorität für freie Forschung kämpft. Charles besitzt zu wenig Verständniß der Scholastik, um diese eigenthümliche Erscheinung, wie sie uns in dem Orxforder Franziskaner entgegentritt, der Wahrheit getreu würdigen zu

Studium der Natur nicht vernachlässigt hat; nicht blos bei Roger
Bakon, sondern bei fast allen Lehrern finden wir mehr oder minder
ein reges Interesse für naturwissenschaftliche Fragen. Die Peripatetiker
des Mittelalters haben auch auf diesem Gebiete die Wissenschaft
weitergeführt und manchen Fund dem überkommenen Erbe einverleibt.
Wenn die Scholastik in der Naturwissenschaft nicht solche Fortschritte
aufweisen kann, wie in der Theologie und Philosophie, so lag das,
wie schon bemerkt, in den Verhältnissen ihrer Zeit. Die Wissenschaften haben ihre Entwicklungsperioden; sie wachsen allmählig. Dieß
gilt namentlich von der Naturwissenschaft. Das Mittelalter war die
Blüthezeit der Theologie und Philosophie, aber die Naturwissenschaft
lebte dort ihre Jugendzeit. Man erwarte in der Jugend nicht die
Früchte des reifen Alters.

Schluß.

Fassen wir das alles zusammen, was wir in den beiden Ab-
schnitten gesagt, so ergibt sich uns als Endresultat, daß die Scholastik
dem Aristoteles nicht blindlings gefolgt sei, sondern daß die mittelalterlichen Lehrer der aristotelischen Philosophie gegenüber sich frei
und selbstständig bewegen. Nicht aus Begeisterung sind sie an das
Studium des Stagiriten gegangen, wie wir gesehen, sondern um die
Gefahr abzuwenden, welche dem christlichen Abendlande von übereifrigen
und fanatischen Aristotelikern drohte. Und wiederum ist es nicht in
erster Linie die Philosophie, welche sie bei dem „Philosophen" suchen,
sondern sie wollen mit Hülfe des Aristoteles einen Gesammtorganis-
mus der Wahrheit, einen christlichen Wissensdom bauen.*) Es ist
wahr, sobald die Lehrer des 13. Jahrhunderts die peripatetische Philosophie kennen lernen, werden sie selber Peripatetiker und Aristoteliker.
Ihr Wissenssystem steht auf peripatetischem Boden. Aber damit haben
sie ihre wissenschaftliche Freiheit nicht verkauft. Das aristotelische

---

können. Was soll man dazu sagen, wenn er die Scholastik als eine wissenschaftliche Richtung bezeichnet, die lediglich aus den durch die Auktorität gegebenen
Wahrheiten Folgerungen zieht?

*) Jourdain läßt aus denselben beiden Gründen die Scholastiker an das
Studium des Aristoteles gehen, wenn er schreibt: „Ils étudient les ouvrages des
philosophes mêmes païens, à la fois pour les combattre et pour en pro-
fiter." Op. c. I. p. 49.

System ist so großartig und so weit angelegt, daß es die freie Geistes=
bewegung der scholastischen Lehrer nicht hemmt. Sie tragen dem
Fürsten der Metaphysik nicht mehr Achtung entgegen, als der größte
Geist des Heidenthums verdient. Weil es die Wahrheit ist, die sie
bei ihm suchen, so corrigiren sie ihn ungescheut, so oft sie glauben,
daß er mit der Wahrheit nicht im Einklang steht. Und der Correk=
turen, die sich der Meister des Wissens, wie Dante den Aristoteles
nennt, gefallen lassen muß, sind viele. Und weil es die Wahrheit
ist, deren Erforschung ein Albertus, Thomas, Skotus und die übrigen
Lehrer ihre reichen Geistesgaben und ihr ganzes Leben weihen, darum
begnügen sie sich nicht, den Stagiriten zu corrigiren, nein sie gehen
weiter: sie lehren klar, was Aristoteles dunkel gesagt; sie lösen die
Fragen, die er ungelöst gelassen; sie entwickeln, was er kaum ange=
deutet; sie werfen neue Fragen auf, wagen sich an neue und die
schwersten Probleme und vervollkommnen nach allen Seiten und in
einem jeden Fache die peripatetische Philosophie.

Wir können mit vollem Rechte auf alle scholastischen Lehrer an=
wenden, was Jourdain von dem heil. Thomas schreibt:*) „Der heil.
Thomas ist Peripatetiker, gewiß; wer möchte zweifeln? er ist es in der
Metaphysik, in der Psychologie, in der Moral, in der Politik, d. h. er hat
in allen Zweigen der Philosophie und in allen wesentlichen Fragen
bei Aristoteles überreiche und wunderbare Lichtstrahlen gefunden, an
denen er sich erleuchtet hat. Aber so groß seine Verehrung gegen das
unvergleichliche Vorbild ist, er betrachtete es nicht als infallibel und
ist ihm nicht überall gefolgt. Wenn er seine Beweisführung für die
Existenz Gottes adoptirt, so verwirft oder zum Mindesten rektifizirt
er dessen Doktrin der göttlichen Attribute. Wenn er seine Definition
von der Seele annimmt, so erläutert und sichert und beweist er mit
einer Präcision, wie sie Aristoteles nicht kennt und die alle Zwei=
deutigkeit ausschließt, die Geistigkeit, Persönlichkeit und Unsterblichkeit
des denkenden Subjekts. Er approbirt die Grundlagen der peripate=
tischen Moral, aber welch ein neues Gebäude hat er auf diesem Fun=
damente aufgeführt! Ganz gehört ihm der Traktat von den Gesetzen,
die tiefgehende Analyse von Sünde und Laster, die Doktrin der Gnade
und diese Moral der Liebe, sowenig bei den Heiden gekannt, daß man

---

*) Op. c. t. II. p. 478.

kaum drei oder vier Texte des Alterthums citirt, in denen derselben Erwähnung geschieht! Endlich, was die Politik betrifft, wenn der heil. Thomas über den Ursprung der Societät und über die verschiedenen Staatsformen ebenso wie Aristoteles denkt, fühlt man nicht, wie sich durch die Rathschläge, welche er den Fürsten gibt, ein religiöser und freiheitsliebender Zug hindurchgeht, der seine Quelle nicht im Aristoteles hat? Fürwahr, die peripatetische Philosophie erhält durch den heiligen Lehrer eine Correktur und Entwicklung, wodurch sie completirt, verbessert und neugestaltet wird."

Und nicht genug; mit dem gereinigten und vervollkommneten heidnischen Wissen verbinden sie den ungeheuren Schatz von Wahrheit, welchen das Evangelium gebracht und die Väter entwickelt haben, und vereinigen so Vernunft und Gnade, irdische und himmlische Weisheit. Das System, das sie geschaffen, enthält alle Wahrheit, die vor Christus die Menschheit besessen, und es enthält alle Wahrheit, die der Messias gebracht und die Väter gelehrt. Die Philosophie hat darum im Mittelalter einen wahren und großen Fortschritt gemacht. Und wenn man in unseren Tagen das Bedürfniß fühlt, mit der Philosophie der Vorzeit anzuknüpfen und sich an den Gedanken der großen Geister der Vergangenheit zu orientiren, so genügt es nicht, lediglich Plato und Aristoteles zu befragen und ihr Studium zu erneuern, sondern man muß ganz besonders zu der philosophischen Entwicklung des Mittelalters zurückkehren und die Leistungen desselben kennen lernen: Die Scholastik bildet ein wesentliches Glied in der Entwicklung des philosophischen Geistes. Unsere Philosophie wird so lange wesentlich lückenhaft bleiben, als man ihr nicht die Gedanken der großen Geister der Scholastik einverleibt.

Inhalts-Verzeichniß.

Vorwort.
Einleitung 1   Seite

I. Abschnitt.
Die Gründe, welche die Scholastiker zum Studium der aristotelischen Philosophie veranlaßten.

1. Der arabische Aristotelismus und seine Verbreitung im Abendlande . 8
2. Die kirchlichen Verbote aristotelischer Werke 16
3. Der Kampf der Scholastiker gegen den arabischen Aristotelismus . 24
4. Die Franziskaner und die arabische Philosophie . . . 35
5. Die wissenschaftliche Aufgabe des 13. Jahrhunderts und die Brauchbarkeit des Aristoteles zu derselben 44

II. Abschnitt.
Von dem Gebrauche, den die Scholastik von Aristoteles machte.

1. Die Ansicht der Scholastik über die Auktorität in der Philosophie im Allgemeinen und über die des Aristoteles 57
2. Die Scholastiker als Commentatoren des Aristoteles . . . 65
3. Irrthümer, welche Aristoteles nach Ansicht der Scholastiker lehrt . 81
4. Die Scholastiker als Fortbildner und Vervollkommner der aristotelischen Philosophie 94
    A. Philosophischer Fortschritt im Allgemeinen . . . 96
    B. Der philosophische Fortschritt im Besonderen . . . 106
        a. Logik und Ideenlehre 108
        b. Psychologie 112
        c. Metaphysik 118
        d. Theodice 133
        e. Ethik 144
        f. Politik 148
        g. Naturwissenschaft 156

Schluß 167

www.ingramcontent.com/pod-product-compliance
Lightning Source LLC
Chambersburg PA
CBHW031447160426
43195CB00010BB/889